南洋經典菜解密、香料與風土交織
的味覺地誌

# 東南亞
# 飲食
# 香料學

Spiceology of
Southeast Asia

陳愛玲 著

# 目錄

## 推薦序

006 **香料女王的三維空間**
何雪琳 馬來西亞《南洋商報》執行編輯（副刊／商業策劃）

008 **從核心到變異的一場香料邂逅**
林開忠 國立暨南國際大學東南亞學系教授

010 **風味為徑，文化為途**
洪馨蘭 國立高雄師範大學客家文化研究所教授

012 **以菜餚為經，以香料為緯**
徐仲 飲食文化研究者

014 **南洋滋味 繽紛印記**
葉非比 中華民國駐馬來西亞台北經濟文化辦事處代表

016 **風味刑偵學：在東南亞的餐桌上解碼文明**
楊佳賢 馬來西亞飲食節目製作人

## 序

018 以足跡建構東南亞風味學

## 導讀

020 **關於東南亞——我的家**
族裔遷徙與食物傳播
辛香料・風土・飲食習慣

024 **東南亞人的香料哲學**
市場、廚房與地景
辛香料創作與風味圖

002

## 030 肉骨茶，吃文化吃門道 Bak Kut Teh

- 040 核心辛香料・大蒜
- 044 核心藥膳辛香料・當歸
- 046 特別介紹・明日葉
- 048 核心藥膳辛香料・川芎
- 051 RECIPE・福建黑湯派肉骨茶
- 053 風味圖解析・肉骨茶黑／白派

## 056 思鄉，來一包椰漿飯 Nasi Lemak

- 066 核心辛香料・天然植物糖
- 070 砂糖椰子、糖棕、亞答棕櫚糖、椰子糖
- 072 黑果
- 075 RECIPE・椰漿飯（馬來西亞娘惹版）
- 077 風味圖解析・椰漿飯
- 078 風味圖解析・參峇辣椒醬
- 079 風味圖解析・咖哩雞

## 082 沙穀米糊—我們的西米露，他們的飯 Sagu

- 094 核心食材・沙穀椰子
- 096 特別介紹・蝦膏與蝦醬
- 101 RECIPE・安布亞（沙穀米糊）
- 102 RECIPE・薑黃鯖魚咖哩
- 103 RECIPE・遮扎（安布亞靈魂蘸醬）
- 104 風味圖解析・薑黃鯖魚咖哩
- 105 風味圖解析・遮扎

## 106 越南米食，精彩絕倫 Phở

- 118 核心香草・雷公根
- 121 核心香草・刺芫荽
- 122 核心香草・紫蘇
- 126 核心食材・香蕉花（芭蕉花）
- 129 RECIPE・順化牛肉矇粉
- 131 風味圖解析・順化牛肉矇粉
- 132 風味圖解析・香草盤

003

## 東南亞最早的無菜單料理──巴東菜 Masakan Padang

- 134
- 141 核心香草 沙蘭葉
- 144 核心辛香料 白豆蔻
- 145 特別介紹 刺花椒
- 149 RECIPE 巴東馬鈴薯蝦
- 151 風味圖解析·古睞版
- 152 RECIPE 巴東雞肉咖哩（古睞版）
- 154 風味圖解析·卡里歐版
- 155 RECIPE 巴東雞肉咖哩（卡里歐版）
- 158 風味圖解析·仁當版
- 160 RECIPE 巴東鴨肉咖哩（仁當版）

## 黑色當道──囉惹 Rujak

- 167 核心食材 沙梨（太平洋欖梓）
- 170 核心食材 樹番茄
- 173 核心食材 庚大利果
- 174 核心食材 西印度醋栗
- 179 RECIPE 印尼囉惹（安汶版）
- 180 風味圖解析
- 181 RECIPE 馬來西亞囉惹（檳城華人版）
- 183 RECIPE 馬來西亞囉惹（印度裔嘛嘛版）
- 185 RECIPE
- 186 風味圖解析

## 天選之物──參峇 Sambǎl

- 188
- 197 核心香草 長胡椒
- 198 核心辛香料 葷澄茄
- 202 核心辛香料 三敛
- 205 RECIPE 印尼生參峇
- 207 RECIPE 馬來西亞熟參峇
- 209 RECIPE 榴槤參峇
- 210 風味圖解析·參峇

## 蒸蛋的異想世界──烏達 Otak

- 212
- 221 核心香草 買麻藤
- 223 RECIPE 錫江烏達
- 225 RECIPE 廖內群島烏達
- 227 RECIPE 麻坡烏達

004

## 因愛而生，混血麵食代表作──叻沙 Laksa

- 236　風味圖解析・南、北娘惹烏達
- 228　風味圖解析
- 229　核心香草　假蒟
- 233　RECIPE
- 234　風味圖解析・南、北娘惹烏達　娘惹烏達
- 243　核心辛香料　越南芫荽
- 246　核心辛香料　火炬薑
- 249　核心香草　藤黃果
- 253　RECIPE　咖哩麵、咖哩叻沙、娘惹叻沙與加東叻沙
- 256　風味圖解析
- 258　RECIPE　檳城亞參叻沙與暹羅叻沙
- 260　風味圖解析
- 262　RECIPE　吉蘭丹米捲白醬叻沙
- 263　風味圖解析　登加樓紅醬叻沙

## 變溫的食物美學──沙嗲 Sate

- 266　核心辛香料　沙薑
- 274　核心辛香料　洋蔥
- 279　RECIPE　印尼沙嗲（波諾羅戈版）
- 283　RECIPE　印尼沙嗲（峇里島版）
- 284　RECIPE　印尼沙嗲（馬蘭吉版）
- 286　RECIPE　馬來西亞加影沙嗲
- 288　RECIPE　泰國沙嗲
- 290　創作沙嗲與醬的核心筆記
- 291　風味圖解析・沙嗲醬
- 292　風味圖解析・沙嗲肉
- 293　附錄
- 296　香料香草採購地圖
- 300　辛香料風味與特性表
- 306　參考資料

**推薦序**

# 香料女王的三維空間

單是一包椰漿飯，就藏了這麼多我們不曉得的秘密？從命名、裝載容器、配菜等方方面面，愛玲從歷史、香料、地域等角度切入，讓人彷彿置身於椰漿飯的世界裡。細心打量這包椰漿飯後，從愛玲筆中才驚訝地曉得，那錐形包裝上方留個通氣孔的原理，竟與氣候和保存方法相關。

單是一包日常的椰漿飯，在愛玲的眼中，似乎多了一道透視的X光。她剝繭抽絲一般地揭開了錐形包裝，而飯不再只是飯——那加入乳白色液體配上多達幾十種辛辣香料的參峇，還有那竟與印度教有關的香蕉葉，似乎將所有東南亞的飲食歷史與文化一併打包（馬來西亞的俗稱，意味：外帶）進了這包椰漿飯裡。畫面就像步入三維空間的「椰漿飯前世今生」，才讓人明白，一包不到馬幣兩令吉（約合台幣十四元）的椰漿飯，竟蘊含如此多的飲食學問。

香料是否美味？因人而異，但其典故與由來卻必須有證據佐證。或許很多人不知道研究一包椰漿飯的意義是什麼，那就等同於在活著的同時忘記了生命的組合。如此形容，或許更能傳達愛玲想表達的辛香料文化與典故。

是的，〈思鄉，來一包椰漿飯〉一文中，已經充分體現了愛玲對東南亞飲食中香料使用的深厚瞭解。她不僅在文字上鑽研，還多次展開「尋找香料」基因的田野調查，深入前往泰國、印尼等地，只為理清一道美食的起源與由來。

現在，我也來寫寫愛玲與馬來西亞華文報章《南洋商報》的故事。這故事也就像一個三維空間，有著它的深度、廣度和高度。

二○一八年四月十四日，愛玲的第一篇專欄在《南洋商報》上亮相，這段緣分源於馬來西亞美食作者吳梅珍的引薦。那不僅是一個起點，更是一個文化延展的維度。從此，馬來西亞讀者的飲食視野步入了更精緻與富有深層意義的旅程。愛玲以「辛香料顧問」的身分透過專欄道出了日常的辛香料故事，帶領讀者步入另一道三維空間，從味覺和嗅覺，直至視覺的閱讀感受。

跳躍的文字從二○一八年延續至二○二五年，未曾停歇。以每月一期介紹的辛香料文章來總計，愛玲總共撰寫了約一百篇的文章，意味著介紹了整一百種辛香料，這些香料多與我們日常生活相關，隨處可見、可品嚐，卻是往往被忽視的珍寶。

這種長跑專欄寫作的耐力，憑的是對自身專業的熱衷與喜愛，還有滿滿的分享慾望。

而在新書內容的安排上，她也極之細緻，尤其是「風味圖」設計。愛玲通過製圖，呈現出一道道美食的本土風味及其所使用的辛香料，再細緻分析同一道菜在馬來西亞、印尼、泰國等地的味道各有不同的原因。如此安排，我曾在二○二二年愛玲站上TED×Petaling Street演說時看過，至今印象仍深刻。

這一視覺化的呈現，不僅揭示了辣只是辣、麻只是麻的每種辛香料的功能性，它已深入探討了它們在各國料理中的獨特作用。

我也相信，新書出版之後，對於辛香料的認識人們將會更上一層，而每當望見那紅艷辣椒、醇厚咖喱或香濃滷汁時，能多一分珍惜。因為——盤中餐，皆辛苦。

馬來西亞《南洋商報》
執行編輯（副刊／商業策劃）
何雪琳

## 推薦序

# 從核心到變異的一場香料邂逅

愛玲這本《東南亞飲食香料學》，顧名思義，談的是東南亞飲食的風味，她試圖將風味系統化成一門學問，這門學問就奠基在辛香料的搭配上，可以說各種不同的東南亞飲食風味之由來，都可以找到一定比例的各種不同辛香料成分所構造成。這本書可以說是愛玲這些年來對辛香料教學和鑽研的集大成作品。

從辛香料出發，她不只引領我們追溯其歷史淵源，譬如從印度、阿拉伯或中國這些跟東南亞歷史上互動頻密的國家或地區之貿易與傳播過程；也釐清扮演中介角色的各地方商人、宮廷御廚、掌廚的僕人、一般家庭烹飪負責人等，他們如何在其料理知識基礎下，搭配或混合來自不同地區的辛香料，並經過延續傳承或添加創新而逐漸構建出當今的辛香料圖像，形成一套自成邏輯，包含材料、調味、烹飪手法甚或餐桌禮儀的特殊「料理」。這大概是這些年來，透過東南亞香料的活動，足跡遍布東南亞、印度、中國等地區或國家的愛玲，以尋覓食物的歷史軌跡為經，探索辛香料配搭為緯，並最終呈現於本書的各章節內容。

市面上不乏談論辛香料的書籍，有的是偏向植物學的辛香料專業介紹；有的則是搭配世界貿易、殖民征服歷史來談論辛香料移動和傳播；更多只是單純辛香料菜餚的食譜書，因而愛玲的這本書，為辛香料書寫注入另外一個層面的意義：即闡明辛香料風味的構成和隨地域風土及族群的變異。

這本書只是開始，其所展開的議題還有很多值得進一步探究或深化的地方，譬如說新馬地

008

區知名的肉骨茶有著各種不同派別，但派別之間是否涇渭分明就很難說了，就像飲食研究學者表明的：我們其實很難找到「純」的菜餚，因此宣稱某種菜餚為某個華人方言群的代表，並認為各個華人方言群都獨具特色，可能忽略了食物本身是最容易產生「雜糅」(hybridity) 的一種文化元素。也許在華人移民之前，他們原鄉的飲食料理就已經是混雜的了，加上他們移民到東南亞之後，更因採用當地食材、風土、辛香料等而變得更為複雜。

辛香料風味學是找出某個地區或某種菜餚的核心辛香料構成，抓住這個核心再添加周邊其他次要的辛香料以產生變異，變異本身可能是區域、族群、食材等等因素下導致的結果。在這本夾雜著東南亞當地故事、人物、充滿地方語言特色描述，既輕鬆又有幾分嚴肅的書裡，使得本書既有在地的故事性，又飽含對辛香料知識的水分，因此，值得對辛香料或東南亞飲食文化有興趣的廣大讀者來細細品嚐，是為序。

國立暨南國際大學東南亞學系教授

2025 年 6 月 9 日 於埔里

# 推薦序

## 風味為徑，文化為途 Flavor as the path, culture as the journey.

翻開此書的當下，猶如轉開一只充滿熱帶氣息的香料罐。縱使僅有透過文字與圖片，書頁翻動時儼然散溢出香茅、薑黃、南薑香氣，層疊生成我們對某道料理的想像，更在愛玲的文字描述下，牽起一段歷史、一種身體感受，以及一份濃厚的文化情緒和記憶。

既然是「香料學」，就呈現出愛玲為此學問所多年累積的系統知識，因此它不僅僅是介紹香料或南洋食譜的敘事，也是作者經過多年在東南亞料理世界中的耕耘與創發。不論是田野觀察、香料應用，還是飲食書寫和推廣，愛玲所寫下的既是各類香料的知識背景和料理科學，更寫出了她認為香料是如何沉澱與反映著種植與食用之人的土地與技藝、情感和愛憎。這是屬於香料飲食文化的系譜，也是愛玲用生活經歷所交織出來的味覺經緯。

我所認識的愛玲，她總是在書桌與廚房、辦學和活動之間，活躍地展現她對於香料無限的好奇心。她開設香料課程、舉辦料理工作坊，也曾在市場與餐廳中和廚師對談。她透過孜孜不倦的紀錄，將對南洋風味的理解與記憶，妥善納入她所建立的香料學系統。

猶如文化人類學家瑪麗・道格拉斯（Mary Douglas）描述，食物的分類與組合反映了社會對秩序的理解。對個人或許也是。愛玲透過書寫，區分她內心對於南洋香料的辛料、香料與調味料之系譜。一方面看似她在說著關於香料的故事，另一方面也是香料正盈滿了她的飲食語言。

愛玲寫香料，更說菜餚。菜餚既是文化規律的展現，也是族群記憶的食物版本。她的敘事寫得精采極了，既提到人們對菜色的分類和偏好，也沒有疏忽了菜餚中隱藏的品味值與區辨值。誰能分辨「不見天」這種豬肉部

010

位？誰會在南洋餐中搭配鐵觀音？誰知道叻沙不同流派的差異？這些不只是知識，更是皮耶・布赫迪厄（Pierre Bourdieu）所言的一種生活裡的文化資本，我們從香料料理背後的知識製造，嗅到人在社會中被安置的座標。

事實上，所謂「東南亞飲食」本身就具有豐富的混和與雜揉性。愛玲在書中描述的南洋料理其元素或許都有著多元性，包括著中國、印度、馬來、歐洲等文化交會下的結果。料理也不只是食物的生成方式，更是關係著人與人之間的關係，愛玲沒有忘記和我們聊起她所記錄到的料理技術背後，跨世代的經驗與智慧如何在當代激發的傳奇故事。

也許我們都從各類料理或飲食文化的論戰中看到偏好，同樣的這也延伸了飲食與身分認同的關係。對我們來說，某些味道可能不只是好吃與否，更代表「我們是誰」、「我們來自哪裡」這樣的情感與記憶。愛玲喜歡從每一種香料中，如記者般追出多線故事，或許是一段口述、一個家族的記憶，又或者是某一片土地的風土氣味。

如果再仔細看，有沒有發現愛玲也提到了南洋料理在當代城市文化中的興起？她也正是重要的推手之一。全球化下地方飲食的再興往往不僅僅是懷舊，如同我所認識的愛玲，她或許正是經由味道建構她與自身文化認同的過程，而且熱烈地邀我們一同探索和深化，一起讀著她寫給東南亞香料國度的情書。也許下次當我又在餐廳聞到香茅、碰到叻沙、嚐到薑黃的時候，我會想起這本書，以及愛玲孜孜不倦於那條從風味走向文化的路。

國立高雄師範大學
客家文化研究所教授

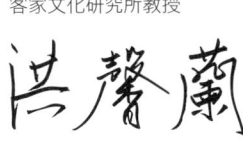

洪馨蘭

### 推薦序

## 以菜餚為經，以香料為緯

我一直喜歡透過書籍的架構來觀察作者的邏輯思維，而在翻閱這本書的章節設計後，我只能豎起雙手拇指，深深讚嘆。

坊間介紹辛香料的書籍不少，大多以香料本身為敘事軸線，雖然知識性十足，卻常令人感到距離感。畢竟許多香料如當歸、肉豆蔻、丁香等，產地多不在台灣，即便在烹飪時偶有使用，也多半混入複方藥包中，單論其名，總覺得難以貼近。

愛玲老師這本書則全然不同。她以東南亞數道經典菜餚作為敘事主軸，這些菜餚在台灣都能見到，讀者立刻產生熟悉感。每道菜色的介紹都兼具感性的故事鋪陳與理性的文化解析。以〈肉骨茶〉一章為例，從八〇年代初期的檳城早餐談起，描繪庶民與權貴間「吃巧」的飲食情境，隨後介紹肉骨茶的各大流派：黑派、白派、新加坡派與滷湯派，對研究型讀者來說，是絕佳的知識脈絡。同時也不忘補充創新變化，如乾肉骨茶、海參豬腳筋肉骨茶等，展現作者兼具深度與廣度的觀察。

以上企劃純屬正常發揮，接著的章節就展現愛玲老師的獨特見解，那就是「如何吃出品味」。這裡的「品味」並非龍蝦、松露、魚子醬的奢華堆砌，而是日常餐桌中的講究。例如在〈肉骨茶〉章節中，從分切方式談起，呈現馬來西亞人在細節中展現的挑剔與品味。

當每道菜餚介紹完畢，緊接著附上實用食譜，更難得的是，書末還有兩項極具價值的設計：其一是將菜餚中關鍵香料單獨介紹；其二則是透過「風味圖」進行香氣溝通。香料最難掌

握之處往往在於「複方」的平衡與層次，而愛玲老師透過風味圖清楚指出：當歸為主味、黨參為香味擔當、熟地調和視覺與嗅覺，胡椒、八角等數款則作為副味。以此分析使肉骨茶的風味秘密一目了然。

乍看這本書是介紹菜餚，細讀之下卻是香料的知識寶庫；而在更深層的脈絡中，說的其實是東南亞飲食文化的繽紛與深邃。如此縝密而精彩的書籍架構與內容安排，再次證明愛玲老師是台灣辛香料風味學的第一把交椅。

飲食文化研究者

## 推薦序

# 南洋滋味 繽紛印記

前兩年我剛派駐馬來西亞，在華文媒體讀到愛玲深入淺出、充滿趣味的香料介紹，好奇這是何方女子，能將香料世界如此出神入化演繹。後來在奇特的緣分下得以見面，聽她述說從食物、食材、辛香料到文化、歷史、社會學的行腳與追尋，踏遍南亞與東南亞的土地，燃燒的是窮究飲食脈絡，建構傳承體系的熱情，卻又有著理性與感性的均衡。因為她的分享與教導，許多台灣學員在課程中得以一窺食物與香料的堂奧，曾經陌生的世界倏然開展，在廚藝創作中湧起幸福感與成就感。那次品嚐她的手作沙茶醬，彷彿有著南國風土雨露的多層次滋味，打開了味蕾的疆界。

愛玲對待香料是經年累月的研析、親近與採集，在巨大心力的投入中有著學術研究的嚴謹，所以能夠建立系統並且自如運用搭配，而又旁徵博引精彩有趣的風土文化詮釋，讓讀者興味盎然。這本《東南亞飲食香料學》涵蓋範圍更廣，精選十種代表性食物，描述它們的源流與傳到各地的演變，解析每一道的風味關鍵因素──核心辛香料與香草植物，以及仔細思量畫出的風味圖，大家還可以依樣畫葫蘆動手做！

人們常說認識一個地方的風俗民情，食物是相當容易的切入點。我對東南亞食物勇於嘗試且樂於探索，對味道中的香料植物運用甚為好奇，在檳城熱帶香料花園凝視流連，試著辨識。在愛玲的細膩描述中，千滋百味的記憶這十種食物幾乎都吃過，還可以粗淺比較不同版本鮮活起來──馬來西亞肉骨茶的百家爭鳴，溼與乾、黑與白各擅勝場。平民美食椰漿飯的馬

來裔、華裔、印度裔版本。沙穀布丁佐麻六甲椰糖的舌尖喜悅，還有西米露為主要食材的摩摩喳喳竟然是熱的！峴港與河內樸實小店的超美味鮮甜酸辣口感，溫暖在心間。更早前派駐印尼時，第一次嚐到囉惹醬水果沙拉難以形容的複雜鹹甜酸辣口感。為了心頭好美味絕倫的巴東牛肉（仁當牛肉）奔赴西蘇門答臘旅行。不太吃辣的我嚐到馬來餐廳六種秘製參峇辣椒醬的層層驚喜。印尼小食攤香蕉葉包裹燒烤的好吃細長白色烏達，到了馬來西亞麻坡竟變成一大方塊的紅色辣味。檳城清爽酸辣的亞參叻沙，吉隆坡椰漿咖哩味香濃的橘紅頭海鮮叻沙。在峇里島吃不停口的香茅鑲肉沙嗲，以及各地豬雞牛羊魚及內臟沾濃甜花生醬的沙嗲。這些伴隨著食物與香氣的場景與人情，在時光推移中依然熠熠生輝。

近年來台灣與東南亞的連結日漸加深，在林立的東南亞餐廳及小吃店中，在逐漸容易取得的東南亞辛香料、香草植物與食材中，在前往東南亞旅行品嚐美食中，在和東南亞朋友互動中，跨文化的體驗與交融持續進行。愛玲就像懷抱著拳拳心意的領路人，使我們對東南亞食物的理解立體而豐富起來，人人可成為東南亞美食鑑賞家，吃其然也知其所以然，在其中獲得豐盈的滿足。祝福愛玲帶著天命、秉持初心，在香料圍繞的園地中繼續開創驚奇與美好。

中華民國駐馬來西亞
台北經濟文化辦事處代表

葉非比

**推薦序**

## 風味刑偵學：在東南亞的餐桌上解碼文明

與愛玲吃飯，是一場體力與腦力的雙重考驗。

我曾經跟愛玲吃過一次飯，那是一頓真正意義上的「風味學術論壇」。她不是那種能在飯桌上徹底放鬆的人，我甚至覺得，她不是在吃飯，她是在辦案。語氣不重，但每一個問題都像是在撬開一道風味的真相。那醬是不是你們自己熬的？這組合是誰想出來的？當年輕侍者支吾其詞，她請對方去問主廚；主廚來了，她便與他聊了起來。我們那頓飯，從中午吃到餐廳午休，整個場子只剩我們，像是一場儀式、一場文化記錄的現場。

這樣的她，做任何事都無法放過自己。

疫情期間，我邀她為節目錄一段談話，預想只是簡短的三十分鐘，她卻錄了好幾個小時，一段段、細緻到我不忍心刪減。她是那種要求自己永遠處於能量最滿格狀態的人。她認真地對待每一顆丁香、每一撮茴香，也用同樣的細膩與敬意，對待書寫、田野與傳統。

讀這本《東南亞飲食香料學》，你會發現，她的文字是一種味覺與記憶的交織。她不只寫「吃什麼」，她追問「為什麼吃」、「為什麼是這樣吃」、「為什麼這種吃法會留下來」。她在書中談到食物的混種與融合，談食材如何被殖民歷史與跨海遷徙改寫，談一包椰漿飯裡，那被蕉葉裹住的鄉愁、香氣與階級暗碼。那是歷史、地緣、文化流動與口味演化的縮影，她寫得紮實，考據嚴謹，卻又從不失溫度與個人觀點。

這種近乎刑偵鑑識的考究精神，貫穿了整本書——從香料分子結構的「指紋比對」，到烹飪技法演變的「現場重建」——讓《東南亞飲食香料學》讀起來像一部飲食版的《CSI犯罪現場》。愛玲的筆，既是顯

微鏡也是時光機：她能從錐形香蕉葉飯包，推演出十九世紀人們普遍的宇宙觀，溯源到印度教階級符碼；她能從一粒黑果的氰化物殘留量，推演出娘惹廚房的解毒智慧；也能在一瓢參峇辣椒醬裡，牽扯出東南亞的政治鬥爭與殖民貿易的傷痕；甚至連棕櫚糖的結晶弧度，都能對照麻六甲港的貿易清單。她寫的不是食譜，是飲食文明的DNA。

法律訓練賦予她一種對細節的天然敏感──條文要逐句推敲，論述要層層堆疊，這種思維模式被她移植到飲食文化的書寫上，使她總能在一碗西米露、一道醬料裡，讀出歷史的紋理與文化的縫隙。這種書寫，讓食物不再是味覺體驗，而是「舌尖上的考古學」──你能嚐到三佛齊王朝的商船、荷殖時期的廚房抗爭，以及移民用鐵鍋改寫的族群邊界。

味覺不爭論，卻默默修正我們對過去的想像；它不喊口號，卻重塑我們記得的世界。愛玲筆下的東南亞餐桌，是一口永不熄火的文化實驗鍋：她尤其擅長捕捉「混血食物」的政治隱喻：椰漿飯從馬來甘榜便當，變成航空雜誌上的「國族象徵」；海南咖哩雞如何透過「減辣增香」，在馬來西亞職場午餐中成為跨族裔妥協方案。

愛玲擁有一種少見的能力：她用味道做文化田野，用嗅覺閱讀歷史地圖。這本書不是工具書，也不是食譜，而是一本深度書寫飲食如何構成「我們是誰」的文本。她不只為東南亞發聲，更為那些被主流歷史略過的、從街邊攤、母親灶腳到移民行李箱裡的香料與料理記憶，留下了原生文化的珍貴紀錄。

這樣的人出書，是讀者的福音：她每寫一頁，都是為文化留下的一碗熱湯，一撮辛香，一次誠懇的凝視。

也因此，我更希望她多回來馬來西亞，多跑田野，多寫這片土地的味道。

馬來西亞飲食節目製作人
阿賢——

# 序

## 以足跡建構東南亞風味學

醞釀這本書超過十五年。

一切都要從二〇〇八年開始說起,從事文字翻譯工作多年,突然萌起轉換跑道,因緣際會下開設「吃香喝辣聊南洋文化」這門課。當時一心求好求變,天真地想藉飲食來闡述東南亞各國歷史、文化和節慶,偏偏當時廚藝不精,眼見開課迫在眉睫,只好回去東南亞討救兵。

所幸我的運氣不差,透過朋友引薦認識各國精通料理大師,有些是家裡長輩,有些是族裡耆老⋯⋯重點是能從最基礎的調配香料開始,這是多麼不容易的事。慢慢的,我意識到東南亞料理有太多香料需要釐清學習,從小吃不代表都知道,即便知道也不表示能融會貫通,於是決定前往印度打掉重練。

七次印度之行並沒有得到我想要的解答,但阿育吠陀打坐修身期間意外領悟不少單方香料的運用法則,於是二〇一九年產出《辛香料風味學:辛料、香料、調味料!圖解香氣搭配的全方位應用指南》。經過多年演練,這套心法得以延續至今,無論在教學、研發,能舉一反三,自在運用,實現香料調配自由。

有心法,仍要落實田野研究,每年按慣例,學期前腳一結束,後腳馬上飛回東南亞收集資料,剛開始在馬來西亞,慢慢延伸到鄰近國家,後來為了溯源跑遍十一個國家,最東邊巴布亞、最西邊巴東、最南邊國家東帝汶、最北邊緬甸,這段路走了近十七年,仍未完;待續。或許,傾我這一生永遠沒有盡頭。

一開始就意識到食物溯源的重要性,不是為了證明它屬於哪一國的菜,繼而論戰。長久以來我們身處共同區域,歷經流轉與變異,這些深植在基因裡的風味是我們共同的資產,而今,即將進入AI數位年代,東南亞食物必須站在理解「最初」與開創「爾後」下,精益求精,透過香料排序組合,保留核心,老菜

新作，更上一層樓，賦予東南亞菜全新面貌，藉此提升價值與競爭力才是當務之急。

這本書講述的每一道經典菜皆以故事或食物為起始點，再輔於單方辛香料介紹貫穿全文，有著特定標誌符號和自我認同，接下來闡述單方香料用法和其辛香料屬性、六味屬性、五感、風味筆記、風味表現以及適合搭配的食材，透過科普知識串聯實用面，是我多年對單方香料的累積，已經跳脫東南亞人運用的範疇。如果有願，我希望這些香料都能在每一個人的手中，活靈活現，順手捻來，不只在東南亞菜裡演繹自若，對那些想要創作風味的愛好者，但願你們信手拈來，華麗轉身。

在寫這本書的這些日子，因研究路徑太長太廣而數度卡關，也為了想要深入探尋食物源頭面臨種種挫折，不只一次萌生放棄念頭，還好最後心境創造實相，憑著信念終於走完走後一哩路。謝謝麥浩斯出版社、謝謝我的總編編輯許貝羚，感謝馬來西亞南洋商報編輯何雪琳提供《香料尋奇》專欄，東方日報編輯林建榮給予《食知有味》與台灣停泊棧編輯張幸雯常態邀稿《其食如此》，你們的信任和給予空間，讓我得以將走訪足跡龜速累積，最後集結成冊。

最後不免要再多說一句，香料就像人類世界的群體，各自有自己的脾性與屬性，讓它們扮演自己最擅長角色，尊重差異共融共好，唯有理解、包容和合作才能達到風味平衡。

願你們，香氣繚繞，自由自在。

陳愛玲

二○二五年夏 於波爾圖

導讀

# 關於東南亞—我的家

二〇〇八年當我遞上人生中第一張開課大綱，就注定與東南亞結下不解之緣，這場人生轉捩點，讓我有機會回溯自己前半輩子居住的地方，另一個更重要原因——我想要釐清一道食物究竟蘊藏多少顛沛流離。

然而，東南亞是一個龐大的區域，總面積約四百五十萬平方公里，大約相當於一千兩百五十個臺灣。根據薩德賽（D. R. SarDesai）[2] 在《東南亞史》一書中的分類，東南亞可劃分為「大陸東南亞」（Mainland Southern Asia）與「島嶼東南亞」（Insular Southern Asia）。這十七年來，我四處走訪，剛開始有目的性，漸漸的變成一種常態，學校前腳剛放假，後腳緊接著就買機票出門。旅程從離我最近、有黃袍佛國[3] 之稱的泰國開始，往西是佛塔之國[4]——緬甸，回頭往東，是唯一不靠海，有東南亞屋脊[5] 稱謂的寮國，隔壁是儒家之國[6]——越南，再往西則抵

達中南半島古國[7]——柬埔寨。我住在馬來西亞，只須開車便可縱遊這些國家，因此對「大陸」東南亞深刻有感。

島嶼東南亞的馬來西亞以多元文化著稱，一國橫跨兩地：西馬位於馬來半島，東馬則是婆羅洲（Borneo）的一部分，你得飛越南中國海才能抵達。跨境之後首先來到汶萊，在這裡夜不閉戶，人們永遠不需為五斗米折腰，被譽為東南亞最後的烏托邦。從沙巴（Sabah）往北約八十公里便是椰子國[8]——菲律賓。若選擇自馬來半島一直往南走，縱然有飛機或火車，最方便也最經濟就是長途巴士，便能直達城市國家——新加坡，距離千島之國[9] 的印尼民丹島不過四十海里。沿著此路線繼續往東走，爪哇—峇里島—龍目島（Pulau Lombok）再到科莫多島（Pulau Komodo）拜訪科莫

---

1. 2008年我從一名專職文字翻譯逐漸轉換跑道，在高雄市第一社區大學開課，迄今17年。
2. 薩德賽（D. R. SarDesai）為加州大學洛杉磯分校（UCLA）教授，東南亞研究權威，2016年1月16日離世。
3. 從皇室到人民皆為南傳佛教信徒，僧侶身穿黃色袈裟、寺院林立。
4. 全國佛塔多達20萬座，風格各異，放眼望去甚是雄偉。
5. 東南亞唯一內陸國家，丘陵山地占國土70%，故有此稱。
6. 越南政治文化社會深受中國影響，奉行孝悌忠恕。
7. 從扶南王朝始，柬埔寨是東南亞國家中歷史最悠久，曾經輝煌一時，國土面積橫跨泰國、寮國及越南。

020

多龍10，接著在松巴島（Pulau Sumba）準備好好耍廢數日，最後一哩路抵達帝汶島（Pulau Timor）。那一刻我終於圓夢，收錄了東南亞最後一個獨立國家——東帝汶。我用足跡親身經歷「島嶼東南亞」實境。

## 族裔遷徙與食物傳播

西元前，人類開始緩慢往南遷徙，少數民族如苗族、瑤族早已定居於北越與泰國北部，傣族則沿著湄南河以徒步方式一路南下。此時，島嶼東南亞也出現另一批新面孔——分布在華南地區的馬來族，即古馬來人（Proto-Malays），俗稱的南島語族，帶來新石器文化。隨後而至的新馬來族（Deutero-Malays），他們與阿拉伯人、印度人、南島族人通婚，多聚居於沿海地帶，擅長捕撈，也熟稔銅和鐵的使用。

時間快轉至十五世紀大航海時代，葡萄牙、西班牙、荷蘭、英國、法國相繼來到東南亞尋找香料，爾後佔領、掠奪、殖民、殺戮與驅逐，揭

開一頁頁血淚交織的歷史篇章。同時期，來自南美洲、美洲與歐洲的作物，以及原產於地中海與中亞地區的辛香料，亦跟著貿易航線乘風破浪抵達東南亞國家，改變了餐桌風貌與調味基礎。

十九世紀，印度南部、中國兩廣、福建的民眾陸續踏上東南亞土地。他們多以契約工身分前來，為了改善原鄉生活，自願將自己抵押給人口販子，也有人在不知情下被賣至海外。當時流傳一句諺語：「十去，六死，三留，一回頭11。」說的是這些異鄉人來到南洋，好不容易靠著活幹死做熬過債務，終於苦盡甘來。「華人致富是靠命換來的。」我的陳姓阿公，常這樣喃喃自語。

印度人則多做開墾、種稻，或在殖民政府家庭中幫傭，其餘是商人或放貸者。以東南亞總人口來說，儘管十九世紀印度裔不到兩百萬人，但他們個性內斂，文化色彩迷人，又積極參與東西方的海上貿易與宗教活動，注定對後來的東南亞有重要影響。

---

8　世界數一數二椰子出口大國，也是東南亞國家最西化的區域。
9　印尼有大大小小共17508個島嶼，比菲律賓7000個足足多一萬多個，故有此封號。
10　世界上最大的蜥蜴。
11　表示十人去南洋，有六人死亡，三人存活，一人決定回鄉。先人冒著生命危險出南洋為了一口飯吃。

印度人帶來調配香料[12]入菜的智慧，小茴香、羅望子、青小豆蔻、薑黃等，部分香料則滲透到宗教與生命禮俗中。尤其是薑黃，從醃漬上色、抑菌效果，到象徵吉祥與尊貴──馬來人視薑黃為喜氣與高貴的象徵[13]，華人將其融入節慶祭祀：彌月薑黃飯取金黃色澤傳遞喜悅，九皇爺誕辰時手繫黃繩，以鎮煞保平安。印尼敦本飯（Nasi Tumpeng）更是融合印度與泛靈信仰的代表作；緬甸魚湯麵（Mohinga）則擷取印度香料與亞系香草植物，烹煮成一碗鄉愁；中國少數民族的米食澱粉，華人熬煮高湯的概念，皆成就東南亞食物樣貌。

華人烹調技法的加入豐富了多元性。油炸、清蒸、爆炒，各籍貫不同的藥膳辛香料和食材，開啟融合的契機。早餐多以米食、麵食為主，並複製大量豆製品，如豆干、豆腐、豆皮，再延伸至天貝。常見增香酥脆的紅蔥酥、蒜酥，醃漬加工品有皮蛋、鹹鴨蛋，都成為常民滋味的一部分。麵和米食也是不容忽視的重點：印尼的索多湯麵（Soto）、各式粥品（Bubur）、米粉（Mihon）

都是代表作，還有馬來半島叻沙（Laksa）、越南河粉（Pho）、泰國河粉（Pad Thai）、印尼蒸燒賣（Siomai）等不勝枚舉，交織出今日東南亞無比精彩的餐桌風景。

## 辛香料・風土・飲食習慣

東南亞是個以南島民族為主體的區域，馬來族占大多數，其他外來移民有各籍貫的華人與各族印度人，這部分比例最小，其中還有異族通婚的後代，殖民時期遷入南洋定居的歐洲人，最後是前來貿易的阿拉伯人。

這片橫跨赤道的土地，起初以採集、狩獵和捕魚為生。緬甸和泰國最早開始種植稻米，順應一年中西南季風與東北季風影響帶來的豐沛雨量。季風同時也是航海人的助力，促使中亞、南亞人揚帆抵達東南亞，開啟早期貿易流通。

南島人和世界上眾多生活在沿海地區的族群一樣，熟悉自然環境生態，隨季節採集野菜、野果，依靠大地的恩賜，這些植物充滿豐盛滋

---

[12] 印度一開始並沒有所謂的咖哩粉，是以單方香料組合運用。　　[13] 薑黃是印度女神拉克希米（Lakshmi）象徵，溫暖幸福美滿。

022

香蕉葉含有對人體有益的多酚，透氣又帶自然葉香，包裹攜帶便利，取之大自然，用完回歸自然更環保。在祭祀活動中亦扮演重要角色──香蕉葉是女神帕爾瓦蒂（Pārvatī）的化身，同時也是象頭神甘涅沙希米（Lakṣmī）和財神拉克（Ganesha）和猴神哈努曼（Hanuman）所喜愛之物。

曾有研究者提到，東南亞是一個複雜而難以在短時間內理解的區域，正因如此，才得以激盪出絢麗火花、混融交織。一方面擷取他族元素後內化，變成自己的一部分，經過不斷排列、重組、再度創新；飲食調味如此，食材變化亦如是。充滿東南亞元素的同時，再深化成為這片土地的風味與記憶，這是一種天生的能力，也是身為東南亞人共同的特質。

味──辛、甘、酸、苦、鹹、澀，並具有一定的食療功能。因此南島民族對山、海、萬物靈非常崇敬，是泛靈信仰者。

印度人不僅帶來味覺上的革命，還有許多生活習慣，包括祭祀和宗教活動。這些文化傳入的推動者，往往是東南亞早期的統治者，為了鞏固地位，引入神王崇拜（Devaraja, god-king, cult）、律法和史詩，辛香料的加入只是剛好而已。

東南亞人以手抓食、使用香蕉葉盛裝食物的習慣，完全從印度文化複製貼上。用手吃飯與吠陀經中的宇宙觀相應，五指分別象徵五大元素──拇指為agni（火）、食指為vayu（風）、中指為akasha（空）、無名指為prithvi（地）、小指為jala（水）。人們以崇敬的心，專注看著香蕉葉上的食物，手捏順便混合各種味道、感受溫度，入口前先聞其香、觀其色，再細嚼慢嚥，五感參與，方成一種完整的飲食儀式。

香蕉葉在印度生活中有多重意義。在種姓制度中，它象徵潔淨，用過即丟來確保不同階級之間彼此不接觸的堅定信仰。以科學角度來看，

## 導讀

# 東南亞人的香料哲學

我少時住在古宅，家裡日日開伙，鄰里往來熱絡，常有老一輩人來家裡串門子，言談中最常聊的話題便是菜餚。早年食物壁壘分明：華人、馬來人、印度人、還有其他混血族群各吃各的，井水不犯河水。平日各自去自己熟悉的市場，跟自己種族的人買菜，甚少，根本沒聽過有相互混食情況，若有也是擷取自己喜歡的風味，重新再演繹。如果連以多元文化為榮的馬來西亞是這般情境，其他國家更不用多說，這些都是文化混融過程，剛開始因為不熟悉，有自我保護的情懷也在情理之中，慢慢的，歷經一代又一代開始適應、互有交流並建立關係，透過分享烹煮經驗、共學甚至分食。使用香料的經驗，亦如是。

另一個因素，是天氣。大陸東南亞和島嶼東南亞都受到炎熱、濕氣重的影響，多吃香料、香草有助於身體新陳代謝、增強免疫力和抗發炎，尤其早期醫療並不發達，更需要累積香料入菜經驗。不單如此，香料也有防腐功能，在沒有冷藏設備的年代，以香料烹調是唯一合乎經濟效益的方式。

在東南亞區域，香料亦隨種族、口味、飲食習慣有所不同，其中扮演關鍵角色的是印度人，藉由宗教、文化，一點一滴進入所有人的生活中，薑黃就是一個好例子[1]。

華人移居過程中也帶來自己家鄉的香料，客家人帶沙薑、潮汕人帶南薑、福建人帶五香，這些香料與本土香料結合，碰撞出更多驚喜，創作或延伸出新的味道，如叻沙、囉惹、潤餅、粿條、藥膳代表有肉骨茶，米麵食代表為越南河粉、粿條、糕點。

少既是多，從陌生到熟悉，不斷擷取、內化、創新、實踐，多元就是東南亞人用香料的哲學。

---

[1] 《辛香料風味學》薑黃篇有很多篇幅討論。

每一個東南亞國家都有這樣的香料攤。

# 市場、廚房與地景

想要認識一個國家,走進市場便可窺探一二。這十七年來走過東南亞各國大大小小市場,大致整理出幾個差異和共同之處。大陸東南亞著重在亞洲系列香草植物,例如聖羅勒(กะเพรา)、卡菲萊姆葉(Kaffir lime leaves)、假蒟(Daun kaduk)、香薷(Vietnamese balm)、刺芫荽,粒狀香料如黑果、長胡椒、丁香、肉豆蔻,用量極少,如是,香草與辛香料的比例大約落在六比四。

島嶼東南亞國家的香草植物以馬來人香草為主要,例如雷公根(Pegagan)、辣木葉(Moringa)、火炬薑(Torch ginger),在粒狀香料運用上比例更高,例如同一種食物,使用更多辛香料來組合風味:乾的胡荽籽和新鮮胡荽、乾的南薑粉和新鮮南薑並用……諸如此類不勝枚舉。此外也有更多果實、核仁來增加風味,如藤黃果、三斂、西印度醋栗和樹番茄、庚大利使用率更高,這部分與大陸東南亞國家

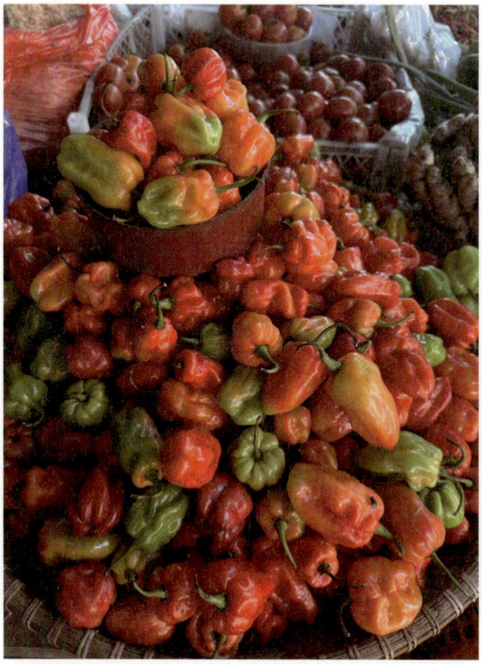

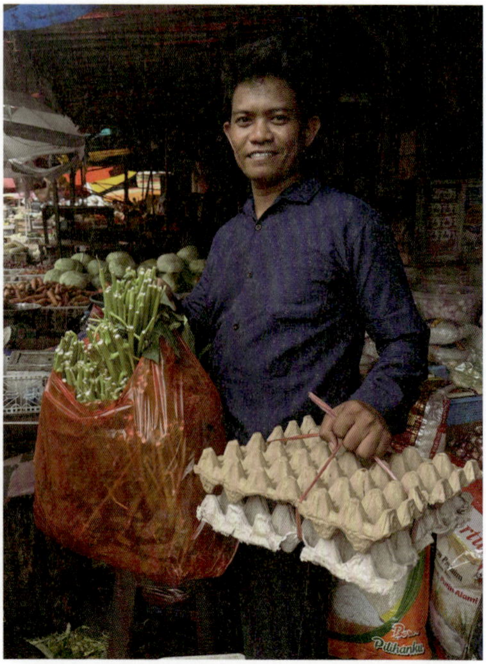
Pilihanku

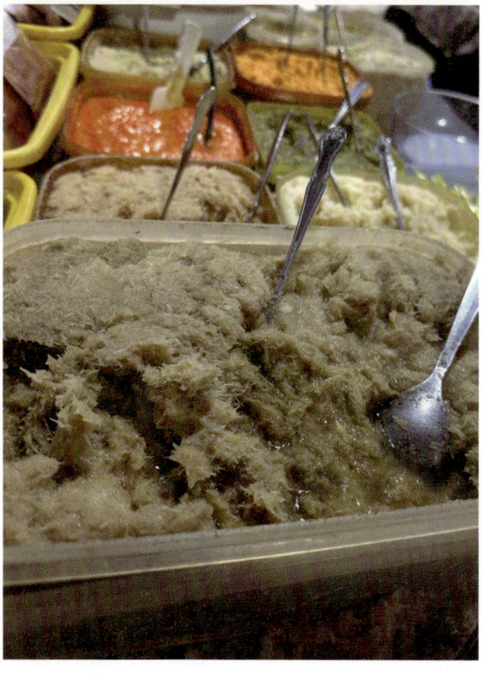

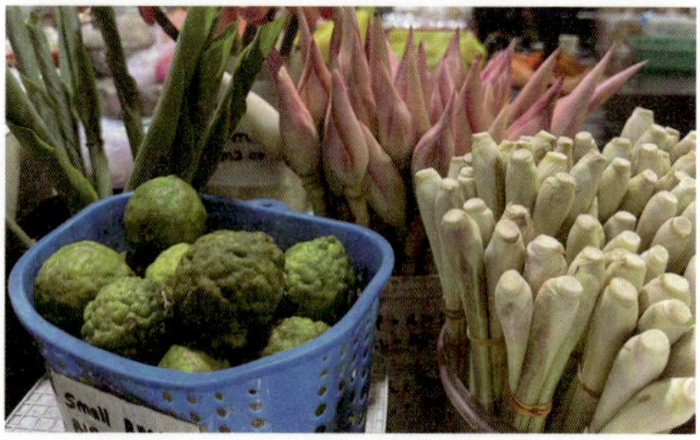
Small

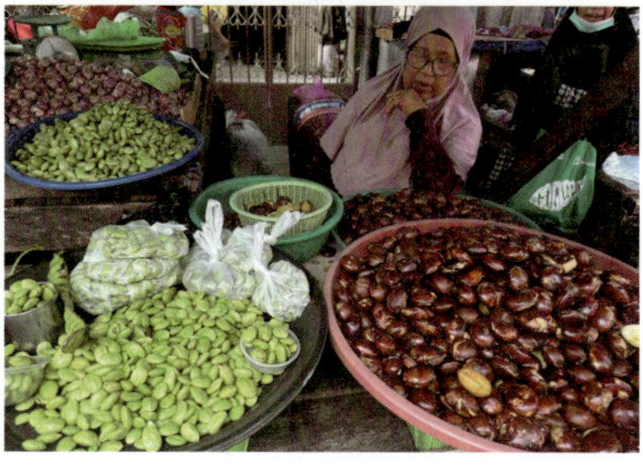

每一個國家的市場裡，都有一攤專賣香料的舖子，新鮮、乾燥一應俱全，椰子是標配，老椰取肉刨去內膜，椰子肉可生食或製作糕點，若取之榨汁就是椰漿，方便買回作為高湯烹煮食物。

傳統東南亞廚房多以木材、竹子或藤搭建，通風不悶熱，鄉村地區備有坑供柴燒烹煮，既便是現代化廚房還是少不了石舂和杵，有深碗造型，也有如泰國高腳木舂，或者完全平板的石板型。印尼人習慣以手腕施力，多數使用淺碗型石舂；大陸東南亞國家香草運用大於粒狀辛香料，高腳木舂可以輕易處理所有舂搗。

既然辛香料和亞系香草是生活中的必須品，家的四周就有跡可循，常種植薑黃、蝶豆花、南薑、薄荷，也有咖哩葉、紫蘇。在印尼香料產地，出門就可看見丁香樹、豆蔻樹，俯拾即是。即便在高度華化的家庭，香蘭葉、香茅還是處處可見，隨時供應日常所需。

有重疊之處，那是因為有著相近的地緣關係，人們往來密切所致。

每一個東南亞國家都有的鮮榨椰漿攤。 　　印尼常見淺碗型石舂。 　　深碗型石舂石杵。

# 辛香料創作與風味圖

多年來，我不斷尋找更便捷、易懂，甚至更入門的方式來解析風味組合邏輯，藉由圖像打開層層機關，讓人得以窺探香料的神秘世界。

辛香料的香氣、風味來自芳香味化合物，隱藏在一顆顆果實、種籽，或一片樹皮、花苞、球莖、地下莖、根、核果、假種皮、柱頭、豆莢、花序和花朵裡。經由酒精、丙二醇、中性油這些介質釋放香氣，經溫度的改變進入食物當中，這段運用辛香料的旅程漫長且艱難，卻又充滿挑戰和腦力激盪。

首先必須理解，創作風味是一件有跡可循的事，以台灣為例，蔥、薑、蒜是最具代表的核心風味，從這個方向出發，納入辛香料的目的是在除肉腥味之餘，順便助

---

風味圖示：

- 乾燥辣椒（全方位）
- 新鮮辣椒（全方位）
- 朝天椒（全方位）
- 石栗（調味）
- 分蔥（調味）
- 香茅
- 大蒜（全方位）
- 南薑
- 蝦粉（調味）

熟食參酌／生食參酌／海鮮專用

028

香、疊香。說到這裡，想像很豐滿，現實卻骨感，單方辛香料有上百種甚至千種，究竟哪一種味且上色。此時理解食物脈絡就變成重要且關鍵的事，這道食物是誰吃？哪一國界的食物？是否有特定族裔符號？抓到重點即能幫助你在創作設計風味時，不至於荒腔走板而失去精髓。

解決初步問題之後，拿出你日常建立的辛香料資料庫，根據辛、香、調味料 **2** 的分類便能老菜新作，既保留傳統，還能創造更多香氣層次，讓人留下記憶點。

不過，辛香料並非越多越好，適量且少部分運用能畫龍點睛，切勿凌駕於食材原味之上。

前面提到風味解析，我利用同心圓的圖像呈現，協助大家能更清楚理解各香料屬性，以及在食物中所扮演的角色。香料風味變異高，原粒風味與烹調後的味道不盡相同，眾辛香料之間的疊加效果亦需要經過熟成，更增加堆砌難度。

同心圓最中心的位置，是建構菜餚的核心味道所在。每一圈配置一種全方位辛香料，它是駕

馭者、控場人，接續再疊香、助香，或者需要調味且上色。依據克數或單方強度排列組合，若有同比例者，則依據過去自己在香料學習中所累積的經驗判斷。

並延續《辛香料風味學》的解說概念，書中介紹的香料，皆清楚分類單方的辛香料屬性──Epice（辛料）、Aromate（香料）或 Condiment（調味料）；除此，更整理出六味屬性──辛、甘、酸、苦、鹹、澀，為該單方所表現的味道；另有五感說明──土、火、風、空、水，代表每一種單方都有對應的感官，這部分是強調食療特性，並加深對單方香料的記憶，方便在腦海中建立起一套完整的資料庫，隨心運用。

辛香料單方各有自己的脾性與屬性，不勉強、不強加，隨食材特性變化運用，保有食材原味之餘，辛香料不過是畫龍點睛，善用建立的資料庫，即能實現香料自由。

**2** 請見《辛香料風味學》。

## Bak Kut Teh
### 南洋

# 肉骨茶，吃文化吃門道

南洋代表菜如若少了肉骨茶，美饌版圖將瞬間缺一角，令人惋惜。馬新人習慣叫「Bak Kut Teh」，按字面音譯來自福建話，不言而喻。20世紀初期，原來是高密集苦力的能量來源，經歲月淬煉，物換星移，肉骨茶躍身世界舞台，完全始料未及。

從全球化到AI數位時代，與其討論肉骨茶發源地，我倒想從巴生、柔佛以及新加坡兩岸三地的風味解析其中微妙之處，以豬肉選用部位思考，當然，特別要提到檳城——我的家鄉之特殊地景與社會文化，自幼時到年長，每天把肉骨茶當早餐也是難得的經驗累積。

**檳城**
廣府白派 - 煲湯型

**馬來西亞**

**巴生港**
福建黑派 - 滷湯型
福建黑派 - 厚實型

**柔佛**
潮汕白派 - 清爽型

**新加坡**
潮汕白派 - 白胡椒型

# 人、故事與地景

八〇年代初期，檳城肉骨茶遍布新關仔角一帶，只賣早市。

賽門（Simon）是名會計師，每天固定到新西蘭茶室報到，夫妻倆是標準的紅毛屎（Ang Moh Sai）[1]，一個埋首看英文報，另一位手掛千萬紅寶石，蹬著細又高的高跟鞋吃當天限量「套腸」和「豬彎」，她不是愛串門子的長舌婦，有人刻意為了巴結她東家長西家短的胡扯，她呵呵大笑，肉骨茶十足是非圈，不管好嘴巴隨時上演興師問罪戲碼。

另一位在地知名百貨高階主管也愛帶太太每天報到，肉骨茶闆娘是廣府人，給他取了個外號：孤寒鬼[2]。太太一把年紀，卻很愛穿超短迷你「窄」裙，臉上整容痕跡一次比一次明顯，她本人一點都不在意，喜歡穿梭在各桌高調說昨天股市又賺進多少錢、期貨有內幕消息，讓她獲利甚多。不過兩夫妻餐桌永遠只吃

---

1 形容受全英文教育的華人，不懂中文。
2 形容一個人吝嗇，一毛不拔。

肉骨茶最便宜的油蔥飯跟正排[3]，一直到我高中畢業都不見變化，是少數肉骨茶圈內最省一族。

鄭姓人家一出門就八台名車，他們是大家族，共八男九女。當家的主人老鄭是當紅政治家，政商關係非常好，妻妾共三人，人怕出名豬怕肥，外人羨慕他左擁右抱，實情背地裡各懷鬼胎，想他哪天兩腿一伸，老婆們上演搶奪財產的戲碼。

老鄭年輕時子然一身來到南洋奮鬥，聽說曾感染瘧疾，因為沒錢醫治，幾度在鬼門關中徘徊，最後命不該絕，被一個老財主收為義子，老鄭感念救命恩情，沒日沒夜辛勤工作，老財主在第二次世界大戰不幸身亡，他隨即名正言順繼承財主生意並和獨生女成婚。老鄭交際手腕高，能言善道，日本人撤退後英國人接手，目不識丁的老鄭靠自學竟然嘰哩呱啦說起英文，拿走不少攏斷事業，加上早年社會底層學得馬來「巴剎」語，走到哪裡都吃得開，功成名就之後，老鄭一躍成為華人政壇的明日之星。

髮妻生四個女兒，成為納妾的理由。第二任是歡場女子，打扮入時，胭脂口紅香水，旗袍開高衩從來沒少過，說起話來嗲聲嗲氣。有了幾個閒錢，老鄭也跟天下男人一樣，吃碗內看碗外，添了第四個兒子後，開始意識女人要有幾分詩書才顯不凡，於是第三任老婆是城裡出名的文青女子，「還君明珠雙淚垂，恨不相逢未嫁時」。三位性格迥異的女子同住一個屋簷下，每天輪番上演世間情。老鄭的肉骨茶桌上氣氛詭異，三個女人眼神從來沒有交集，就像是三個陌生家庭一起併桌吃飯，難為老鄭常常串場演出，雖然嘴裡吃的是肉骨茶極品「不見天」[4]，一家子的關係卻無力回天。

3　豬的肋排，台灣稱子排。
4　豬前腳部位，有肉有筋，見下一段文。

李姓富豪也是肉骨茶的擁護者，數十年如一日。穿拖鞋著汗衫開賓士，三家肉骨茶攤輪流吃：今天新西蘭[5]、明天康乃馨[6]、後天松花江[7]，永遠自備上好鐵觀音，只吃當日限定部位。他和號稱檳城第一跨國企業張先生是麻吉，一見面就大聲問好，勾肩搭背唯恐天下人不知又有新合作計畫。後來兩人乾脆一起合夥，起初相處融洽，後來因為利益分配不均，反目成仇，有一度為了王不見王，李姓富豪乾脆換了坡底[8]另一家肉骨茶，意外引發一群顧客出走潮。

後來我結了婚生了小孩，那幾年就一直待在康乃馨，闆娘是道道地地的廣府人，口才了得，交際功力深厚，走起路來和古代媒人婆如出一轍。她們家的肉骨茶湯清醇味厚，強調兌湯、沒有藥膳味但鮮味迷人，豬各部位熟度拿捏得剛剛好，當嫩的腰子、豬肝粉紅爽口，豬腳醋甜而不膩、豬尾巴口感彈牙，至此，我的標準一直停留在那兒⋯⋯還有炒伊府麵、滑蛋河、福建炒米粉，炭香鍋氣，至今一直留在記憶裡。

九〇年之後，當年商界、政經叱吒風雲的元老都已安享天年，百貨連鎖因為不敵金融風暴關門大吉，會計師終於退休含飴弄孫去了，馬華許子根輸給林冠英，失去檳城首席部長職位，當年轟動政壇。老鄭最後中風癱瘓在床，拖了好幾年才脫離苦海，聽說律師在他身後才公開朗讀遺囑，「薑最後還是老的辣啊！」肉骨茶的老饕們議論紛紛，一代商賈歸於一抔黃土，煙消雲散。

康乃馨肉骨茶因為做出名號生意大好，老闆身體每況愈下，最後只好忍痛讓渡，年輕接手已不復過去重工序、看細節、掌握鑊氣的好功力，扎實底子已消失殆盡。

不管晴天、雨天，從早餐到午餐甚至晚餐宵夜，每一個新馬華人各有自己心目中擁護的肉骨茶攤味道！

---

[5] 店名，如今已歇業。
[6] 店名，如今已歇業。
[7] 店名，如今已歇業。
[8] 坡底指的是現在世遺區和緩衝區一帶。

# 黑白湯味道說分明

說肉骨茶分黑白派已經是後來的事，認真盤算，有四派。

所謂的黑派，不能全然以湯色論斷，福建人飲食向來有「無鹹不成甜，鹹甜湔（淡）無味」之說，肉骨茶裡的湯，泰半因為藥膳辛香料中的熟地，顏色自然較重，久熬之後味道盡出，相對厚實，代表店家多在巴生一帶。

反觀潮汕白派也非一定白色，視覺上顏色較淡，所用的藥膳辛香料也以淡雅為主，如玉竹、生耆。清代美食家袁枚曾說潮汕人味者寧淡毋鹹，這裡指的淡非索然無味，而是清澈、柔中求鮮，常見於廣東人聚居的麻六甲、柔佛州和由少數散落於西部幾家

福建黑湯派肉骨茶。

巴生橋下肉骨茶由李文地第三代經營，湯色風味皆濃郁。

三美肉骨茶湯濃肉鮮，接近滷肉等級的風味。

湯色清澈、風味輕柔屬於潮汕派。

廣府人經營的小店。

一九六五年新加坡脫離馬來西亞聯邦獨立，很多住在南馬的潮汕華人遷徙至對岸定居，擷取胡椒豬肚湯概念加以改良，以東馬沙勞越州盛產的白胡椒為主味，獲得青睞，甚至凌駕於原本就已經存在新加坡的黑湯，從此奠定了新加坡肉骨茶後來的面貌。

至於第四種要屬巴生有一派滷湯型，乍看就是福建滷肉手法，實質用藥膳辛香料熬煮，肉剁大塊一扯即骨肉分離，店家老闆為了保持湯汁濃郁，每天精準計算肉與水的比例，份量固定，代表店家就是巴生三美和毛山稿，老饕直接走到一大鍋混熬豬肉前，完全眼見為憑，現點現切，這一類老店以雞公碗盛裝，要加湯？門都沒有！

乾肉骨茶的出現已經是九〇年代，當時巴生有一位姓葉的攤主力求創新，專研一款乾肉骨茶，後來竟由家中年僅十四歲的兒子葉志安承襲衣缽，而且做得更好，推出後大受歡迎。

乾肉骨茶須掌握四要點，慎選老抽、火候須猛、湯汁要收得剛好且帶黏性，好下飯、肉保持濕度鮮味，調味料不能凌駕於肉之上。葉家乾肉骨茶作法注重細節，方方面面兼顧周全，他們將所烹食材額外添加乾貨（魷魚）以補足肉失去的鮮味，乾辣椒則好下飯，如廣府人吃煲的概念，再添加蔬菜（秋葵）均衡營養，這些肉骨茶料用原湯快炒直到收乾再盛入砂鍋，為肉骨茶闢出一條血路。

近年因應多元化族群和來自全世界的旅客，又開發出海鮮肉骨茶、回教徒專屬雞骨茶等，喜歡膠質的請點海參豬腳筋肉骨茶。老店也開始賣起晚餐和消夜，不想吃傳統味道還有肉骨茶粥、肉骨茶火鍋、肉骨茶炒麵……千變萬化。

加辣椒和秋葵的乾肉骨茶。(圖片提供／楊秋萍)

海鮮肉骨茶所用的藥膳香料比例不同。(圖片提供／楊秋萍)

集海味和骨髓香於一身的砂鍋肉骨茶。(圖片提供／楊秋萍)

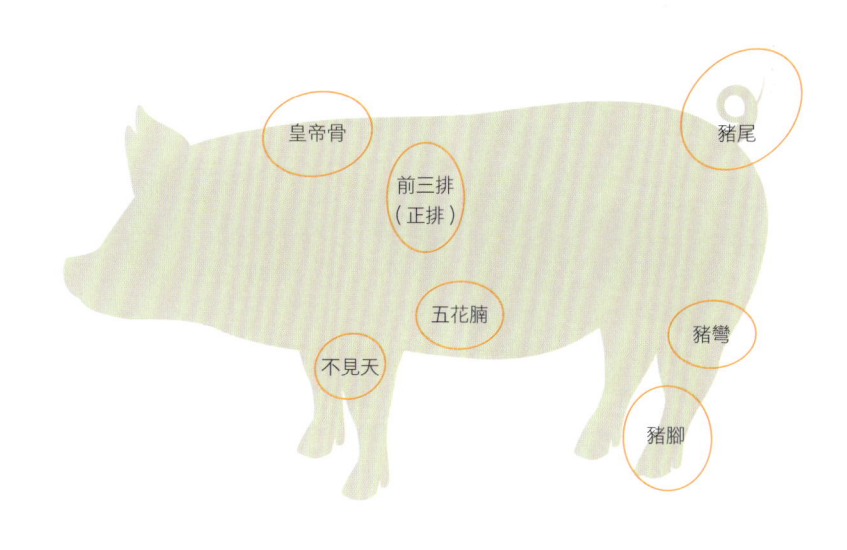

# 肉骨茶部位吃門道

吃肉骨茶一定得找熟門熟路的老饕帶路。最經典部位便是人稱豬頸骨的「皇帝骨」，一頭豬只有一根，耐煮耐熬，不會失去甜味，肉厚實又飽嘴，滿足重度食肉者，不過沒有起個大早只有向隅的份！再來是「豬前腳」，銜接前腿與蹄膀間，瘦肥相間還帶筋皮相連，我詢問肉販，台灣並沒有特別賣這個部位，要吃只能跟肉販套交情，經過三小時細火慢燉，不見油膩肉卻滑嫩彈牙，好吃得沒時間抬起頭，故稱「不見天」。

另一必嚐部位是後腿的「豬彎」，膠質豐厚但羶味重，評定一家肉骨茶到不到位，除火候掌握度，還必須檢視是否帶豬臊味。過水、汆燙、刮去雜質等前置作業一樣都不能少，過程中若有閃失，一整鍋湯就此報銷，已經很少店願意耗時耗神，大多選擇不賣這個部位，以免砸了招牌。

不喜歡吃太油膩就選「排骨」吧。在馬新一帶一定選用腹脇，即帶骨腩排，一層肉、一層薄油脂，吃起來又香又潤；另外還有隱藏版的「豬套腸」，就是讓豬腸穿一層又

一層又再一層的外套,切成斷面如深不見底的漩渦狀,真好看,口感更是一等一,吃起來非常過癮!

想要嚐膠質、不肥膩,當然下手「豬尾巴」最安全,瘦長型最好,整支煮熟再剁,保留甜度和彈牙。豬肚也是另一個肉骨茶食材的好選擇,要吩咐豬肉攤幫忙留肉厚、沒有經過冷凍,搓揉瓢洗後整副下鍋煮,煮好再切,肉汁、香氣更好。

一般來說,早餐吃肉骨茶必點一碗芋頭飯或者蔥油飯,再加一碟油條,浸泡熱湯中吸滿所有鮮味精華,有時候饕客要求店家附送整顆熬煮得軟糯又入味的大蒜,一口湯一口蒜幸福滿分。至於沾醬,要看你是福建人或潮汕人,前者喜歡沾老抽,後者要嘛選擇辣椒、蒜末混醬油,要嘛完全不沾,不過倒是有老店堅持不在餐桌上提供調味料,以免干擾湯汁和肉香。

老店每天分鍋熬煮各部位:腩排、五花肉及豬頸骨同熬,有脂香;豬腳和豬手、豬尾巴混煮取膠質;豬肚、粉腸一鍋,有特殊腸臟氣味;唯

以碗盛裝,不加湯是老店風格,更是老饕吃法。

粉腸一層層往內套,如深不見底的漩渦。(圖片提供/Alex)

有豬彎自己獨立一鍋。分開煮除了精準拿捏時間，也方便管控藥膳比例。

基本上老店不會有菜單，直接走到大鍋前面一目了然。老闆一邊切、剁，一邊和客人確認部位，客人見食材不合自己期待，也可以突然變卦改吃其他部位，最後再按所點兌湯：帶骨的、含膠質的部位，湯頭濃郁需和清爽的相互兌湯，想吃豬腰、豬肝則現點現燙，掌控熟度是基本，這一點廣府人是高手中的高手。由於每日熬製湯頭、各部位的肉有限，老店絕不會讓顧客無限加湯，當然也不講究服務，從進門開始找位子客人自顧自地開始忙碌，自己泡茶、洗茶壺燙茶杯，取碗筷、湯匙，店家忙不過來時還得充當跑堂清潔桌面，分不清楚到底誰是主誰是客！

把食材分類好掌控熟成時間。

老店沒有菜單，客人走到攤前直接點選部位。

## 核心辛香料

# 大蒜

華人發跡之後才依不同籍貫和飲食習慣調整肉骨茶口味，如果有百家肉骨茶攤就有百家配方，造就今日全馬百家爭鳴景象，但無論再怎樣變化，有一個共同辛香料不曾改變——大蒜。

記得有一次為一場飲食文化展演熬製肉骨茶，滿室生香，唯獨少了一種味道遺落在桌上，想不通到底出了什麼問題，回頭看見大蒜會心一笑。

另一次到花蓮做田調，嚐在地人詮釋的肉骨茶版本，聞著有幾分神似，一喝入口，身邊的朋友隨即問：是排骨湯還是肉骨茶？！令人莞爾！

從小吃肉骨茶長大的馬來西亞同鄉，走在路上立刻能在第一時間清楚分辨台灣藥膳排骨湯和肉骨茶的差異也真神奇，於是當歸、黨參、熟地差一分多一分都左右整體風味，至於生薑、川芎和肉桂多寡則看各家比例喜好，再怎麼調整，大蒜只能多不能少！

至於大蒜是否要帶皮或去皮各有擁護者。依我多年經驗，前者經過長時間熬煮的確不易造成湯汁混濁現象；去皮後則會完全溶化在湯汁裡，喝起來確實比較濃郁，適合秋冬季節。這幾年走養生風的發酵黑蒜加入肉骨茶，給不喜歡嗆辣生蒜味的族群打開另一扇門。

## 亞洲人的增鮮劑

新鮮大蒜壓碎，蒜氨酸酶（Alliinase）酵素被釋放出來，隨著接觸空氣產生蒜素（Allicin），是強大的抗氧化物，經過烹調後產生鮮味，先人早知其中道理，元朝《農書》：「大蒜，夏日食之解暑氣，北方食肉尤不可無，乃食經之上品。」夏天吃蒜可增進食慾，北方人吃肉不能沒有蒜，是大家眼中的好物，反之南方人吃蒜就顯得婉約：蒜蓉入醬、爆炒、拌麵提味和醃漬助鮮，蒜，看似家常實則尚有許多未開發的用途。

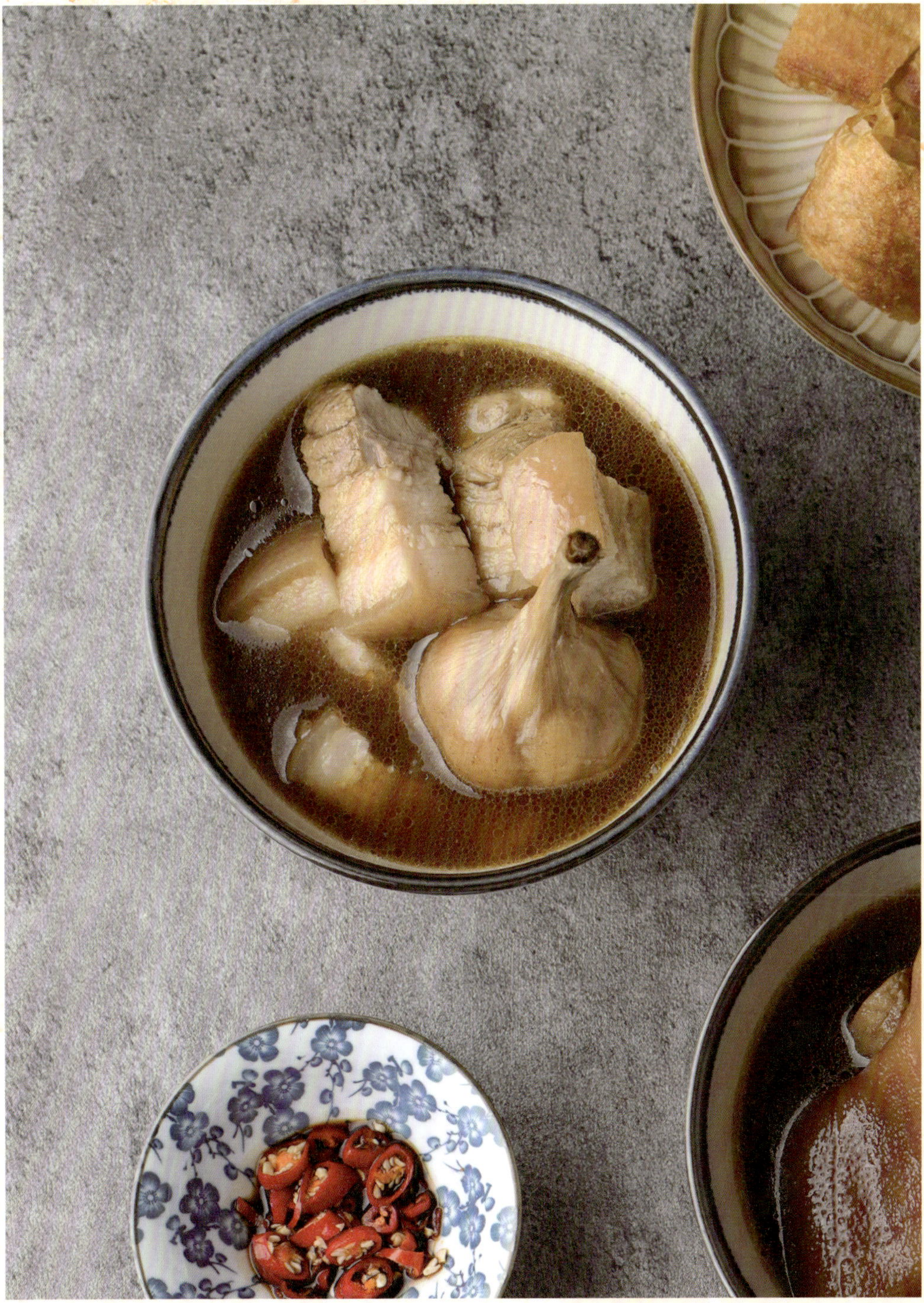

俗話說：「吃肉不吃蒜、香味少一半。」蒜泥白肉、白斬雞蘸醬若多了蒜味，風味立刻升級。經過久燉或炸過的蒜綿密柔和，少了嗆辣味，肉骨茶的老饕們最愛這一味，台灣三杯雞、蒜子燒雞也有異曲同工之妙。小時候不理解大人為何專挑蒜吃，原來肉鮮味早已滲入蒜粒，肉中有蒜、蒜中帶鮮。

韓國人生醃泡菜豈有少了生蒜之理？大把放入韭菜、青蔥、薑末、生蒜與發酵小蝦、辣椒、醬料攪拌均勻，經時間熟成，轉化出大蒜素、有機酸與豐富膳食纖維。蒜的殺菌作用與促進消化酶分泌的特性，使其即便不依賴動物性蛋白，也足以撐起鮮味底蘊。

新馬著名娘惹阿扎（Nyonya acar）是一道七彩繽紛，酸甜微辣的開胃菜。紅蘿蔔、菜豆、高麗菜、小黃瓜、鳳梨、蒜片，放置冰箱低溫發酵，越醃越入味，是道令人讚賞的夏日小菜。

印尼國民配菜——天貝辣椒醬也需要大量蒜末，與南薑、辣椒、紅蔥頭、甜醬油、椰子糖炒到收乾，是印尼人的白飯殺手。

在馬來西亞華人年夜飯的餐桌上，必然少不了蒜苗，蒜與算諧音，潮汕人說：「吃蒜才有得算」、「吃大蒜，吃後有錢忺」[9]，這裡的蒜則是青蒜。

印尼人餐餐無炸物（Gorengan）不歡，桌上一包包炸好的脆脆香酥小點，吃湯麵配蝦餅、吃炒飯也配米餅或魚餅，原味酥炸麵粉餅、地瓜、芋頭、木薯……蒜口味脆餅（Kerupuk bawang）也是其一。

東南亞國家受到華人影響，喜歡將蒜末炸成蒜酥油，湯麵、炒飯時加入一瓢，這是華人正字標記。泰國人喜歡將蒜末炸酥再與豬肉（Moo kratiem）同炒，一道好吃又好做的家常菜讓減重者頻頻失控。

台灣把紅蔥頭酥視為核心味道，讓我想起娘家常備蒜酥油，沒有熬湯的日子，母親起一鍋水燒開，放入快手採摘的一把新鮮薄荷，打個蛋花，澆入一瓢蒜酥油，廚房頓時生香。

東南亞的參峇醬料、咖哩醬少不了比例很高的蒜末，最初辛辣、嗆鼻帶蒜氨酸酶的風味被各種辛香料混搭、揉合，成就鮮味來源。

[9] 「忺」為潮汕話，有錢可藏之意。

# 大蒜

| | |
|---|---|
| 學名 | *Allium sativum* L. 草本／百合科 |
| 英名 | Garlic |
| 別名 | 蒜仔、胡蒜、洋蒜 |
| 主要成分 | 蒜素（allicins）、增精素（scordinin）、銅、鐵、鋅、鍺及硒等元素 |
| 食療 | 增強免疫功能、殺菌、抗發炎 |
| 食用部位 | 蒜為無籽繁殖，萌芽即為「蒜苗」；轉至莖葉成綠色稱「青蒜」；待完全熟成，葉片枯萎，鱗莖結成球體就是「大蒜」。 |
| 保存方法 | 放置網袋吊掛在通風良好的地方 |
| 禁忌 | 服用抗凝血劑者應特別注意攝取 |

### ◆ 辛香料屬性

| | | | |
|---|---|---|---|
| 新鮮大蒜 | 辛料 | 香料 | 調味料 |
| 蒜粉 | 辛料 | 香料 | 調味料（無上色） |

單方／複方

### ◆ 六味屬性

| | | | | | | |
|---|---|---|---|---|---|---|
| 新鮮大蒜 | ⊙辛 | 甘 | ⊙酸 | 苦 | 鹹 | 澀 |
| 蒜粉 | ⊙辛 | ⊙甘 | 酸 | 苦 | 鹹 | 澀 |

### ◆ 風味表現

顯現之味 Apparent Taste

### ◆ 五感

| 聽覺 | 觸覺 | 視覺 | 嗅覺 | 味覺 |
|---|---|---|---|---|
| （空） | （風） | （火） | **（土）** | （水） |

**風味筆記**　新鮮的蒜有刺鼻味；粉末狀的蒜強勢霸氣；過火後的蒜有明顯鮮甜味。加入複合式香料易和全方位香產生相互激盪作用，尤其和辛辣、嗆味、麻味的單方相遇，更顯突出。

**適合搭配**

| 海鮮 | 魚類、貝類、頭足類、甲殼類 | 調配 | 香料鹽 |
|---|---|---|---|
| 肉類 | 家禽、家畜 | 酊劑 | 威士忌、蒸餾酒 |

## 核心藥膳辛香料 當歸

肉骨茶配方中是否一定要加當歸，見仁見智，很多配方沒有，一是成本考量、二是受限某些族群不能食用，例如生理期間、身體虛弱的人。

當歸，是藥膳香料中的全方位屬性，具備活血與補血作用的辛（行氣）、藁本內酯精油的香以及苦味。因此，肉骨茶配方如加入當歸，整體香氣提升以外，能去腥味、能矯味道，還能平衡辛香料與藥膳之間的和諧關係，一舉數得。

當歸產地位於甘肅和四川（岷山山區），在中藥界有藥王稱謂，醫家一致喻為群藥之首，對於病家來說係為治補兩益。關於「當歸」一字由來有兩種說法：血壅而不流則痛，當歸身辛溫以散之，使血氣各有所歸，自古以來就是女生的好朋友，血若堵便痛，此時當歸以其藥性行之，讓氣血有所歸，故名「當歸」。另有說法是，社會動盪不安，夫婿被逼離開故鄉從軍，耕田荒廢「胡麻好種無人種，正是歸時又不歸」，女子思夫心切問，「當歸」了否。

最後李時珍這句「古人娶妻為嗣續也，當歸調血為女人要藥，有思夫之意，故有當歸之名。」正好回應上一句，不言而喻。

說到底，當歸就是漢方人參，十方九歸，在方劑應用甚高，是藥也做食物調味料。

## 當歸在食物裡的角色

當歸是傳統藥膳，這是許多人對它的第一個聯想，但在台灣以外的華人圈，卻用作除腥順便調香的思考，例如當歸烤鴨，另一種值得推播的食材便是羊肉。

羊肉絞肉取已經浸泡當歸的酒醃製後快炒或蒸，隱味香氣隨之飄散，既能變化菜餚又能達到去味，一舉兩得。

冬季天冷，當歸奶茶是另一種讓身體暖和的方式，除此還有當歸泡醋、當歸粥，魚的鮮因此就更鱻了。

# 當歸

| | |
|---|---|
| 學名 | *Angelica sinensis* (Oliv.) Diels　草本／繖形科 |
| 英名 | Angelica root |
| 別名 | 白蘄、補血草、馬尾歸 |
| 主要成分 | 槁本內酯類、異構物、香豆素類、黃酮類、有機酸類 |
| 食療 | 心血管保健、促進血液循環、調經止痛 |
| 食用部位 | 根 |
| 保存方法 | 冷藏 |
| 禁忌 | 體質燥熱（須徵詢醫師）、懷孕、身體太虛弱者不宜。 |

◆ **辛香料屬性**

| | | | |
|---|---|---|---|
| 當歸 | 辛料 | 香料 | 調味料 |
| 當歸粉 | 辛料 | 香料 | 調味料（無上色）|

全方位（單方／複方）

◆ **六味屬性**

| | | | | | | |
|---|---|---|---|---|---|---|
| 當歸 | **辛** | 甘 | **酸** | **苦** | 鹹 | 澀 |
| 當歸粉 | **辛** | **甘** | 酸 | 苦 | 鹹 | 澀 |

◆ **風味表現**

顯現之味 Apparent Taste

◆ **五感**

| 聽覺 | 觸覺 | 視覺 | 嗅覺 | 味覺 |
|---|---|---|---|---|
| **（空）** | （風） | （火） | （土） | （水） |

**風味筆記**

- 當歸入酒、油脂中釋放風味，利於保存，用途更廣。
- 用於菜餚調辛、調香、調味時，須斟酌用量；若用作除腥，則藥膳風味減弱。
- 當歸與同為藥膳辛香料之全方位搭配，例如白芍或辛香料當中的丁香，味道滲透性強且有加乘效果。
- 當歸亦可用作保養品，提取純露製作化妝水或用於泡澡（非生理期），萃取精油亦有助改善手足乾裂等問題。

**適合搭配**

| | |
|---|---|
| 海鮮 | 魚類、貝類、頭足類、甲殼類 |
| 肉類 | 家禽、家畜 |
| 調配 | 香料鹽 |
| 萃取純露 | 泡澡、飲料、調酒 |
| 酊劑 | 金銀花＋白芷、當歸＋荊芥 |

## 特別介紹 明日葉

春天在市場遇見明日葉，你會怎麼調理？烘蛋？清炒或熬湯？以上皆可，但還有其他的料理選擇！

乍暖還寒季節想來一鍋羊肉暖身，明日葉就可以派上用場。如果不習慣直接吃，可藉油煸出香氣，就像煸青蔥油的方式爆炒羊肉；或跟黨參、黃耆、白芷一同與白蘿蔔同熬，可以預期香氣之迷人。

春天享受一罈明日葉酒也很棒。釀期只需要三個月，將整株帶根（去掉葉子）的山當歸撈除，就是快炒海鮮、增加香氣的好幫手。

也可將去掉葉子的山當歸低溫烘烤後、再打成粉，調配香料鹽有意想不到的效果，適合沾食。

如留有明日葉的根，別急著扔，可以用來除去肉的腥羶味。

# 明日葉

| | |
|---|---|
| 學名 | *Angelica keiskei Koidzmi*　草本／繖形科 |
| 英名 | Tomorrow's leaf |
| 別名 | 日本當歸、明日草 |
| 主要成分 | 查耳酮類、揮發油（α-蒎烯、β-蒎烯）、多酚（黃酮類、酚酸） |
| 食療 | 抗氧化、抗老化、改善腸道 |
| 食用部位 | 嫩葉、嫩莖、嫩芽 |
| 保存方法 | 冷藏 |
| 禁忌 | 孕婦、抗凝血藥物者慎食。 |

◆ 辛香料屬性

辛料　　香料（芹菜香）　調味料（澀、甘、苦／可上色）

單方／複方

◆ 六味屬性

辛　(甘)　(酸)　(苦)　鹹　(澀)

◆ 風味表現

顯現之味 Apparent Taste ／中層段 Mid-palate

◆ 五感

| 聽覺 | 觸覺 | 視覺 | 嗅覺 | 味覺 |
|---|---|---|---|---|
| （空） | （風） | （火） | （土） | （水） |

**風味筆記**

- 明日葉有清新草本風味，輕輕搓揉散發土壤氣味，有時候感覺像綠茶又像當歸葉溫潤，是相當有趣的香草植物。
- 全株可應用，質地中空有脆感，似芹菜，製作酊劑應避免使用葉子；反之葉子乾燥後作為保健用品，日本人相信有助於抗衰老。葉子可用作調色，入麵條或飲料。
- 經過加熱，芹菜風味突出，若用作除腥，效果顯著。

**適合搭配**

| | | | |
|---|---|---|---|
| 海鮮 | 頭足類、貝類 | 油封 | 香料油 |
| 肉類 | 羊肉、牛肉 | 酊劑 | 清酒、伏特加 |
| 萃取純露 | 手工皂、化妝水、香氛膏 | 香料鹽 | 宜搭配甘味或柑橘調性 |

## 核心藥膳辛香料 川芎

《神農本草經》最初記載係為上品藥，無毒，「性溫味辛，入肝、膽、心包，為血中氣藥。能活血行氣，祛風止痛。凡頭痛眩暈、風濕痹痛，皆可用。」是大家對川芎的看法。問題來了，難道用川芎入菜就等同吃藥膳？

誠如我所說，印度阿育吠陀有一套藥學理論，我們身為漢人也有一門稱為本草學論述，川芎和薑黃同屬根莖類，性質雖不一樣但卻有著相同的藥食同源目的，只要釐清單方的脾性，入菜就是調味料。

首先，川芎是少數可君可臣亦可佐使，也就是說它具備高度配伍的彈性與藥性協調能力，如若用於少量調香調味，當可勝任增香、疊香、滲透，除腥羶與助香角色。

## 最有穿透力的藥膳辛香料

強烈的芳香中帶有辛香氣味，非常適合作為滷味複方之一，尤其與全方位辛香料一結合，那股穿透力連過三關斬六將也易如反掌。川芎入口自帶些許麻舌感，似痛非痛，很快就能感覺到甘味竄起，緊接著苦味上升；本草學的藥膳香料通常都有這些特質，若以生薑搭配則立即起疊香作用，舉個例子——平常炒蛤仔通常只會用生薑，若加少許切條川芎，搭配生辣椒絲、青蔥段配色，則鮮味明顯，藥膳味下降，薑和川芎形成強烈且平衡的風味。

另一作法便是滷或燜燒，川芎搭生薑、八角與丁香手牽手、肉桂和沙薑一唱一和，用之滷家禽或內臟，同樣能推砌出意想不到的效果。

川芎浸泡酒不僅是添加在藥膳料理，直接使用也能達到去腥效果，例如川芎酒蒸新鮮九孔或扇貝，川芎爆炒豇豆更是一道迷人代表作。

# 川芎

| | |
|---|---|
| 學名 | *Conioselinum anthriscoides* (H.Boissieu) Pimenov & Kljuykov 'Chuanxiong' 草本／繖形科 |
| 英名 | Szechuan lovage root |
| 別名 | 川芎根、香芎 |
| 主要成分 | 揮發油（Z-藁本內酯、丁基酞內酯、新藁本內酯）、川芎嗪、芹菜素 |
| 食療 | 促進血液循環、活血化瘀、抗氧 |
| 食用部位 | 根、莖 |
| 保存方法 | 冷藏 |
| 禁忌 | 孕婦禁用，血小板過低、凝血障礙者不宜。 |

◆ **辛香料屬性**

辛料　　**香料**　　調味料

單＜複方（不宜成為主味）

◆ **六味屬性**

辛　(甘)　酸　苦　鹹　(澀)

◆ **風味表現**

顯現之味 Apparent Taste

◆ **五感**

| 聽覺 | 觸覺 | 視覺 | **嗅覺** | 味覺 |
|---|---|---|---|---|
| （空） | （風） | （火） | **（土）** | （水） |

**風味筆記**
- 根莖有強烈樟腦香氣，藥膳味突出，尤其是四川產，味帶辛而甘能疊香，適合與刺激性花香或亞系香草植物相互搭配，如此能平衡藥膳味道而進一步產生記憶點。
- 川芎生來自有揮發油，氣味走竄擅長滲透，但凡食物有口感而難入味，它即是個好選擇。

**適合搭配**

| | | | |
|---|---|---|---|
| 海鮮 | 貝類、甲殼類 | 酊劑 | 蒸餾酒、黃酒、紹興 |
| 菌菇 | 猴頭菇、茶樹菇、香菇 | 調酒 | 波本威士忌、利口酒、白葡萄酒、奶香類 |
| 海藻 | 裙帶菜、海帶 | | |
| 肉類 | 家禽 | 香料鹽 | 宜搭配甘味或柑橘調性香料 |

050

# 福建黑湯派肉骨茶

老一輩福建人喜食肥豬肉、豬腳或肥中帶嚼勁的豬彎，台灣稱豬後腳跟，這個部位肉厚豐腴，經過3-4小時慢燉，輕輕一咬，膠質和豬筋融為一體，大口享受肉的豐腴，簡直是人間美味。

講究一點的老店，常早早便事先吩咐熟識的豬肉攤老闆，預留特殊部位，例如：銜接前腿與豬蹄那一團肉，馬來西亞老饕稱「不見天」。為了避免長時間熬煮鬆散分離，會先用線繩將整塊肉捆起來，表面抹上黑抽後，入鍋慢燉，刻意將色澤表現得更黑，因為夠黑，讓人食慾大開。

**5-6 人份**

**熬基底湯**
**材料** 豬大骨及背脊骨 3 公斤
水 8000 毫升

**食材** 排骨頭 2 根
豬三層肉 400 克
豬前腳（不見天）600 克

**配料** 油條 2 根
新鮮辣椒 2 根
醬油適量

**辛香料** 當歸頭 4-5 克
**藥膳包** 蒜球 5-6 顆
黨參 8 克
熟地 5 克
羅漢果半顆
帶皮中國肉桂 3-4 克
甘草 7-8 克
川芎 3 克
生薑 3 克
花椒 2 克
白胡椒粒 12 克
八角 3 克
丁香 3 顆

**調味** 醬油適量
冰糖適量
濾包 1 個

**製作方式**

1. 熬製豬骨高湯底：以80度水將豬大骨、豬背脊骨汆燙出血水及雜質後洗淨，放入8000毫升水中，以小火熬製3小時，取出豬骨，即成高湯基底。
2. 以80度水將排骨頭、豬前腳、豬三層肉汆燙洗淨，放入80度水浸泡30分鐘，額外加入丁香2顆去腥味，備用。
3. 製作辛香料包：把白胡椒、八角、丁香碾碎，與其他香料（蒜球除外）一起裝進濾袋，放入高湯鍋中。
4. 蓋鍋以小火與帶皮蒜頭熬製20分鐘，再把步驟2食材放入一起熬煮：豬三層肉20分鐘、排骨頭30分鐘、豬前腳160分鐘，時間到逐一撈起食材，以免過度烹調造成失去風味。把食材放入另一鍋，上蓋避免表面風乾。
5. 最後把所有食材重新放回湯鍋中，以醬油、冰糖調味後即可熄火。
6. 準備上桌：辣椒切細末加入醬油，吃的時候可以隨意沾食，油條可稍微烤過，沾湯食用。

## 江湖一點訣

- 煮肉骨茶的所有食材最好是大塊大塊煮，千萬不要一開始就切成小塊，這樣才能保留最好的口感和肉汁。

- 食材各部位一定要精準拿捏時間，別把食材煮到甜味盡失，享受肉骨茶應為湯鮮肉豐腴，後端調味只是稍作修整，而非靠一堆調味撐場面。

# 肉骨茶 黑／白派 風味圖

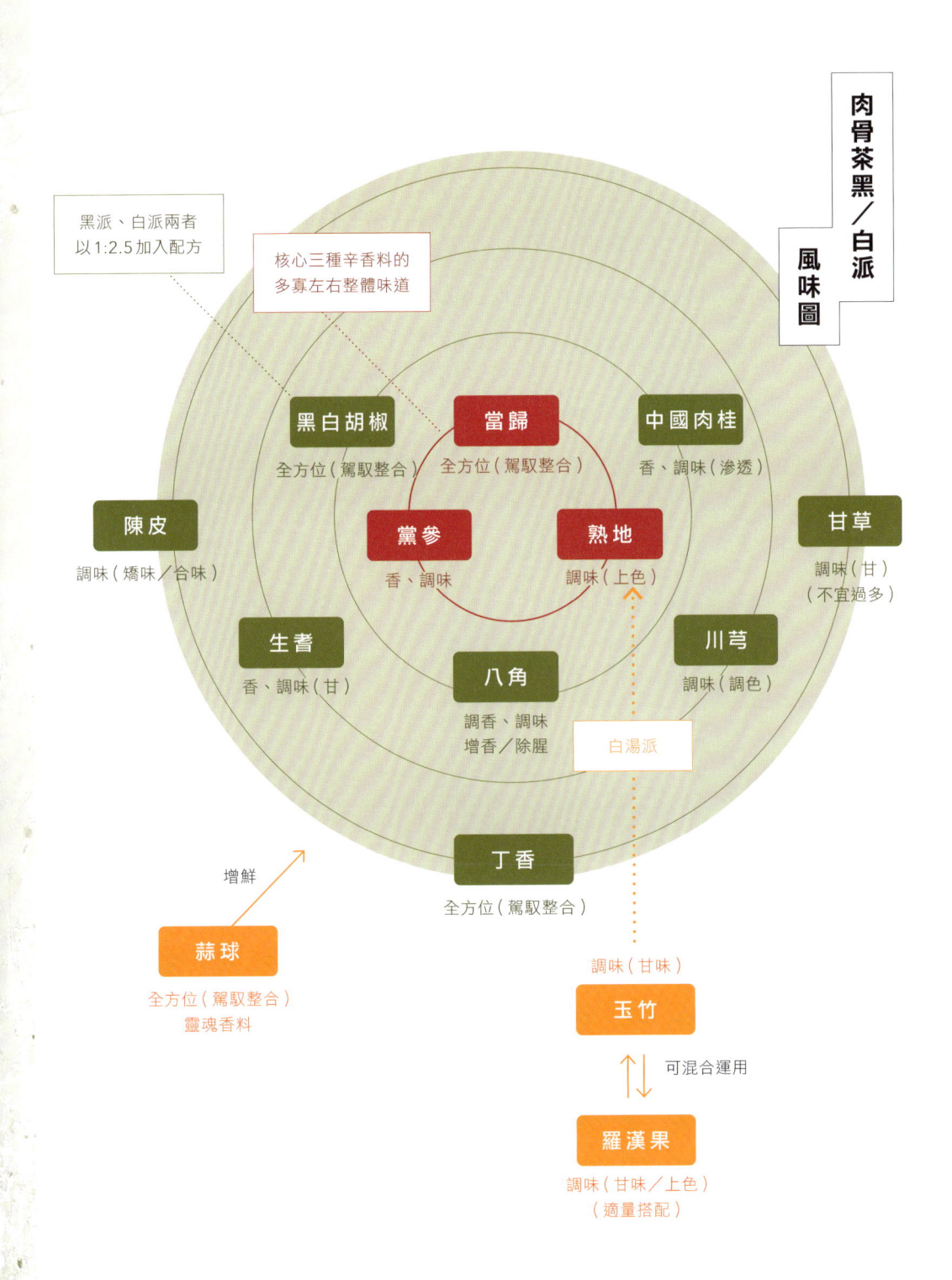

黑派、白派兩者
以 1:2.5 加入配方

核心三種辛香料的
多寡左右整體味道

**黑白胡椒**
全方位（駕馭整合）

**當歸**
全方位（駕馭整合）

**中國肉桂**
香、調味（滲透）

**陳皮**
調味（矯味／合味）

**黨參**
香、調味

**熟地**
調味（上色）

**甘草**
調味（甘）
（不宜過多）

**生耆**
香、調味（甘）

**八角**
調香、調味
增香／除腥

**川芎**
調味（調色）

白湯派

**丁香**
全方位（駕馭整合）

增鮮

**蒜球**
全方位（駕馭整合）
靈魂香料

調味（甘味）

**玉竹**

⇅ 可混合運用

**羅漢果**
調味（甘味／上色）
（適量搭配）

### ◆ 風味解析

黑湯是肉骨茶最初雛型，福建人重肥肉、喜愛濃郁湯頭，藥膳辛香料湯頭偏重，強調藥膳吃有感。除去腥羶單方的有花椒、八角和丁香一樣不能少，有肉就要有桂，能滲能竄，同時助香。當歸勝任主味，左右有兩大護法——黨參、熟地，皆為有份量的單方，比例多寡會決定肉骨茶味道，可以自行調整拿捏，多了則藥膳味偏重，最安全的作法需取之平衡，才能達到相互制衡效果。

少量胡椒在這裡有助香效果，生耆、川芎一方調色，一方調味，恰巧與熟地串成一條直線，川芎與熟地量不宜過多，容易產生明顯苦味。若要改做潮州白派，這裡則以玉竹替代，湯色馬上由黑變清澈，有時候也可以混羅漢果調甘味，稍微帶出微淡褐色（視羅漢果份量），部分廣府人會將丁香換成陳皮，增加柑橘柔和風味，也較接近廣府人對色澤的追求。

另外，若增加玉竹、胡椒份量，減低藥膳香料（或刪去），馬上變身新加坡口味，辛辣帶勁，一喝渾身舒暢。不過附帶一提，黑白胡椒須以1：2.5混合（見《辛香料風味學》胡椒單方），胡椒最好用馬來西亞白胡椒，一半打粗粒一半磨粉才夠味！

乾炒肉骨茶可以用黑湯版配方，材料煮至八至九分嫩度即可瀝乾切片或剁塊，另外準備吊片、乾辣椒、蒜末（片）、洋蔥先入鍋爆香，再把煮好的食材放入鍋內大火爆炒，加入黑抽、醬油、糖和肉骨茶湯汁，收乾水分前加入切段秋葵，有肉有菜、辛辣鹹香媲美台版三杯雞，可以吃好幾碗飯！

馬來西亞臨海小漁村丹絨士拔（Tanjung sepat）在二十世紀後期，應客人要求加入蝦子、魚肉……一起食用，由於原先配方只適合肉類，店家只好自己改良配方，減少藥膳香料比例，凸顯清爽鮮甜，後來一試成名，鄰近州屬紛紛效仿，蔚為風氣。

馬來西亞多元民族特色也充分表現在肉骨茶上，經過改良，雞骨茶因應而生，專為信仰回教族裔量身打造，一道飲食延伸各種吃法，滿足各族群所需，只要稍作配方調整，肉骨茶都能面面俱到，毫無違和感。

## 美食地圖 Data

### 馬來西亞

**福建滷湯型**

◆ **巴生毛山稿肉骨茶**
**Restoran Mo Sang Kor Klang**
- 地址：41, Leboh Bangau, Taman Berkeley, 41150 Klang, Selangor
- 電話：+60 19-272 7728
- 營業時間：07:00-13:30

**福建黑派**

◆ **奇香肉骨茶**
- 地址：7, Lorong Kasawari 4a, Taman Eng Ann, 41050 Klang, Selangor
- 電話：+60 12-324 3838
- 營業時間：07:30-21:00（週一休）

◆ **潮州砂煲肉骨茶**
**Restoran Ciu Zau**
- 地址：7, Jln Utama 2/13, Taman Utama, 85000 Segamat District, Johor
- 電話：+60 16-703 3553
- 營業時間：08:00-14:30（週四休）

◆ **葉銘（乾）肉骨茶**
**Restaurant Yap Meng Klang Utama**
- 地址：1, Lintang Sungai Keramat 10A/KU6, Taman Klang Utama, 42100 Klang, Selangor
- 電話：+60 12-208 7111
- 營業時間：08:00-14:30／18:00-20:30

### 台灣

**福建派、乾炒肉骨茶**

◆ **肉骨潘 巴生肉骨茶專賣**
- 地址：231新北市新店區寶安街22號
- 電話：02-2918-9812
- 營業時間：11:30-14:00／17:00-20:30

**新加坡式**

◆ **松發肉骨茶**
- 地址：110台北市信義區松仁路58號b3（遠東百貨 信義A13）
- 電話：02-2722-0556
- 營業時間：11:00-21:30

### 新加坡

◆ **松發肉骨茶 11 新橋路**
- 地址：Song Fa Bak Kut Teh 11 New Bridge Road 11 New Bridge Rd, #01-01, 新加坡
- 電話：+65 6533 6128
- 營業時間：10:00-21:15

## Nasi Lemak
### 南洋

# 思鄉，來一包椰漿飯

如果要選擇一道代表馬來西亞多元文化特質，同時還要贏得三大民族；馬來人、華人、印度人和少數民族、歐洲後裔和南島族人的喜愛，陪伴我們一起成長的共同記憶，那麼，椰漿飯或俗稱辣死你媽 (Nasi Lemak) 絕對當之無愧！

辣死你媽絕非不雅名詞，其實有雙關語，馬來文 Na（那）si（西）Le（了）mak（媽）；Nasi 是飯，Lemak[1] 在此譯為椰漿[2]，用椰漿替代水提升白飯香氣。馬來西亞人平常說話截長補短，一句「吶那西？」(Dah Nasi belum?)，同時也是問句：「你甲飽末？」(tsiah-pá-buē?)，幾句對話拉近距離，人親土親。

056

# 平民美食人人愛

馬來西亞藝人黃明志曾在二〇〇九年拍攝一部名為辣死你媽2.0的電影，花了近兩年時間籌募規劃，最後終於排除萬難在二〇一一年順利上映，點燃一股椰漿飯風潮。片中演員涵蓋三大族群，把馬式風格和混搭好幾種語言的對話表現得淋漓盡致，透過 Nasi Lemak 跨過族裔飲食禁忌[4]獲得認同，一舉打破馬來西亞中文票房紀錄。

到馬來西亞旅遊，應該會對當地早餐咖啡店（Kopitian）人聲鼎沸、一攤攤麵食文化一字排開的強大陣仗印象深刻。甫坐下還來不及反應，店家便急促促問「喝什麼水？」你一臉疑惑不知所措，一旁安娣（Aunty）、安哥（Uncle）[5]立刻湊向前，主動解釋 Teh Bing[6] 和 Teh Kosong[7] 之差。啊！話題扯遠了……記憶中，小時候咖啡店桌上總是擺放一包辣死你媽，只要銅板價三十仙馬幣，想吃自取，完食再付錢，後來菜市場賣娘惹糕的安娣也加入辣死你媽行列，提供客人現點現包：半邊白煮蛋、一小撮炸花生、二至三片小黃瓜、一瓢靈魂醬汁，想吃豪華版，再加

每一個大馬人[3]都有自己最鍾意的口袋名單，

一包包錐形椰漿飯，遠望像一座座火山。

檳城人和茶室華人版椰漿飯包成錐形狀，顯然受到印度教影響。

1　原文指的是脂肪。
2　台灣人稱之椰漿。
3　馬來西亞的簡稱。
4　大部分華人、印度人不食牛，馬來人不食豬肉。
5　大馬人習慣對中年男子女子的禮貌稱呼。
6　福建話音譯：茶加冰。
7　Kosong：馬來語「零」的意思，意喻茶不加糖不加奶。

057

點一份咖哩雞，另外少不了靈魂醬料——參峇辣椒醬。直到我離開家鄉，椰漿飯依然樸實無華，不分階級高低、大人小孩都愛的一道接地氣小吃。

## 商賈傳播

椰漿飯（Nasi Lemak），不同民族表現的口味和配料也大相逕庭。根據資料記載，末羅瑜人（Malayu）是這道飲食的原創，他們自稱「巫族」，命名來源眾說紛紜。《馬來紀年》（Malay Annals）說衍自蘇門答臘一條巫來由河（Sungai Melayu），也有人說是河水躥急的意思。馬來人為了方便覓食，選擇最靠近海或河一帶落腳，建立「甘榜」（Kampung）[9]群聚生活，務農自給自足。

剛開始椰漿飯以炭火炊煮，小時候最常聽見大人們說，門前只要有一棵椰子樹就餓不死人，想解渴馬上採摘現剖現喝。椰子長老也不浪費，刨細榨取椰漿和著米不斷翻攪，等水分快收乾再蓋鍋燜熟。配菜大都來自淺海水域，捕撈目孔魚[10]，從土裡挖出薑黃，搗碎、醃漬入味再炸酥，空心菜長滿遍地非常容易取得，採摘最嫩的部位炒參峇辣椒醬，全部用香蕉葉包成三角錐形狀，方便攜帶到田埂邊果腹，這是最早的紀錄。

依當時的地理位置，一群篤信婆羅門教的馬來人居住在占碑一帶（Jambi）[11]，遭到巨港（Palembang）[12]日益強盛的三佛齊（Srivijaya）所併吞，當時勢力範圍涵蓋整個馬來半島、西部蘇門答臘、南部爪哇，和現今泰國南部的洛坤府（Nakhon Ratchasima）。靠海上貿易起家的三佛齊信仰印度教與佛教混合崇拜，一直到十四世紀末，不幸被東南亞最後一個印度教國家

8 折合台幣約2.25元。
9 小村落之意。
10 俗稱竹筴魚（Bigeye Scad）。
11 位於現今印尼蘇門答臘東部。
12 位於現今蘇門答臘南部省會。

058

滿者伯夷（Majapahit）收編，或許是三佛齊命不該絕，王子拜里米蘇拉（Parameswara）逃脫至馬來半島，最後落腳麻六甲（Melacca）建國，因天時地利之便，逐漸成為十五世紀各國商人必訪之地，成為馬來半島的貿易中心。當時為了免於遭受鄰國暹羅要脅，麻六甲蘇丹自願成為明朝藩屬，後來受到鄭和及阿拉伯商賈影響而改信回教，直到一五一一年荷蘭入侵之前，一直保有國際商港地位。

後期麻六甲蘇丹腐敗、內政鬥爭頻繁，加上欲俘虜葡萄牙上將迪奧戈・洛佩斯・西奎拉（Sequeira Diogo Lopes de Sequeira）的消息走漏，終被葡萄牙人強大軍艦占領。葡人登陸後大勢宣揚宗教活動，並且強迫往來麻六甲海峽船隻繳稅，兩方人馬宗教不同，加上周邊戰事紛擾，許多穆斯林商人出走至巴達威（今日雅加達）。

泰/馬東海岸
商人飯 (Dasi Dagang)

汶萊
嘉督飯 (Nasi Katok)

亞齊
咕列飯 (Nasi Gurih)

麻六甲

占卑
椰漿飯 (Nasi Lemak)

爪哇
烏督飯 (Nasi Uduk)

**1028-1347 年
末羅瑜國國土
商賈往來貿易路線**

059

據載，馬來商人帶著貨物和以香蕉葉包裹的椰漿飯和鄰居亞齊（Acheh）[13]商人移植到巴達威，他們則稱它咕列飯（Nasi gurih），形容多醬汁的意思。在丹納阿邦（Tanah Abang）小村莊裡的戈仆嘎丈（Kebun Kacang）巴剎[14]叫賣，島上的巽他族（Sunda）稱這樣食物為混搭的飯——勿督（Nasi uduk）。

方便易攜帶，變異性高是共同特色，每傳播到另一地方，配菜就會再改變一次，在汶萊稱為咖督飯（Nasi katok）、泰國南部是達崗飯Nasi dagang（Trader's rice）[15]，商賈頻繁往來這些區域加上異族聯姻，皆加速這道飲食傳播。

## 印度教滲透

東南亞人用香蕉葉吃飯

西元前印度商賈蹤跡早已遍布東南亞，個性內斂的他們不帶任何侵略性，也無意傳播宗教，意外得到在地民眾喜愛，印度文化悄悄潛移默化進入日常生活，例如穿戴沙龍、音樂、舞蹈、飲食儀式和日常香料調味。

三世紀後印度本土制度僵化，開始出現不同階級彼此不接觸規定，香蕉葉變成辨識身分的象徵，葉子間距、色澤、是否完好沒有枯萎或破損，讓人一眼辨識你的階級。以現實角度來看，香蕉葉最經濟也最符合各種食物盛裝和需求，一大片鋪在地上，席地而坐，取一瓢白飯淋上醬汁，豆類、拌醬、餅類各據一方，吃的時候東抓一點西混一些，風味竟然可以互不干擾並各有層次，吃完即丟更符合環保概念，沒有環境汙染問題。如今，香蕉葉證實含有多酚，為身體帶來好處，包覆食物能透氣、防止腐敗，還能隱隱散發清香味，真是一舉多得！

---

13 位於新今蘇門答臘北部。
14 巴剎來自馬來語pasar，指的是市場。
15 達崗飯盛行於吉蘭丹、登嘉樓、廖內群島、彭亨、柔佛。

060

# 食物包成錐形受印度教影響

從小我就有個疑問，為什麼大多食物要包成三角如火山形狀？用香蕉葉將飯菜包得如錐形，涵義頗深。以世俗眼光來看，在沒有保冷設備的年代，椰漿煮成的米飯油脂豐富的確有風險，容易發酸。於是先輩們從生活中累積經驗，想到在包椰漿飯的時候刻意留一個圓形孔洞；從俯視角度看就像是一座火山口，既滿足了攜帶的便利性，靠航行移動的商人得以果腹，食物保持通風一整天也不會酸敗。

這種裹椰漿飯的手法在新加坡、馬來西亞和印尼極為常見。在泰國、寮國、柬埔寨甚至是緬甸則用作盤飾或容器。這些跡象都顯示承襲印度文化，摺成三角錐形狀充分顯示受到宇宙觀影響，建築物越高聳，象徵最高領導者越接近神祇，四周圍繞著護城濠溝，象徵人類世界的小宇宙和神祇世界的大宇宙，柬埔寨的吳哥窟、爪哇婆羅浮屠都反映這種現象，於是大多食物的包裹方式，如椰漿飯、印尼國食——敦本飯（Tumpeng）、馬新娘惹甜糯米椰子絲糕

椰漿飯包成錐形與
印度教有密切關係。

## 配菜選項大不同

台灣人有多愛肉燥飯，馬來西亞人就有多愛椰漿飯！二〇一二年，馬來西亞環球小姐在《inight》將椰漿飯列為「馬來西亞人最引以為傲的食物」。二〇一七年，馬來西亞航空雜誌國際比賽中穿了一件以椰漿飯為靈感的晚禮服，讓人眼睛為之一亮，這還不包括每年舉辦大大小小的年度椰漿飯烹飪比賽。

人們帶著食物頻繁移動而傳播至爪哇、泰國南部以及大馬東海岸，發展出各種樣貌，而椰漿煮成飯的作法，卻改添加當地特有的香葉（Daun salam）、南薑、檸檬葉和薑，香氣明顯不同，甚至撒上華人最愛的紅蔥頭酥。配菜變化更多元，印尼人最愛的天貝（Tempe）、帶殼水煮蛋、太陽蛋或是散蛋，經典的還有俗稱炸蛋的巴拉多醬蛋 16（Telor balado），以及到哪裡都不能缺席的參峇花生辣椒醬（Sambal kacang）。

原來在馬來半島的口味也因為華人商賈加入而起變化，這群人與鄰國爪哇、暹羅 17 或在地南島族聯姻，生下混血第一代——峇峇娘惹。北娘惹嗜酸、南娘惹好甜，椰漿飯也逐漸由椰漿的白色變成以蝶豆花染成藍色，或是以石舂搗碎香蘭葉煮成綠色的飯，色彩繽紛奪目，配菜選擇更豐富，炸魚或江魚仔 18、半顆水煮蛋，偶見羅望子炒蝦子，再加上改良後不辛辣但更

---

16 這道菜餚作法來自印尼西蘇門答臘米南加保人的一道家常菜。他們是一群居住在高山上的母系社會南島族分支，早期以務農為主，荷蘭人入侵土地被侵占，後來從商遊走馬來半島與印尼爪哇島之間，食物因此得以傳播。

17 現在的泰國，1949年之前稱為暹羅。

062

具香氣的一瓢娘惹版參峇辣醬，成為馬來半島最便利的飯包。

遠在馬來半島北部——泰馬邊境陶公府（Narathiwat）、惹拉府（Yala）、宋卡府（Songkhla）和沙敦府（Satun），至今仍見到椰漿飯蹤跡，搭配泰國國湯冬蔭公轉變升級套餐，吸睛得很。

## 儉奢由人

**各族裔風味多元**

麻六甲海峽因為商賈聚集，曾經有過輝煌時期，直到馬來西亞獨立建國前，椰漿飯不斷蛻變、碰撞、融合，從特定的人走入各族群飲食中。平價、易復刻、適口性佳，華人、印度人紛紛仿效，做出自己的版本。

說到華人移民，本有不同籍貫，福建人把自家傳統滷肉功夫帶入椰漿飯成為配菜，先醃漬再油炸定型，加入醬油滷到軟糯，淋在飯上，再混入從馬來人、印度人身上習得的香料知識，做出相對偏甜的咖哩雞 **19**，兩種醬汁一紅一黑，鹹香甜辣，搭上原有的

阿里香蕉葉椰漿飯就在檳城
土庫街，一次包100份。

**18** 鯷科的一種，在東南亞非常常見的小魚。

## 椰漿飯是吃冷的？還是熱的？

早年海南人在富裕人家習得烹煮咖哩的好手藝，渾厚小茴香，帶有些許薄荷香氣的大茴香，入口有溫潤錯覺，時而衝擊時而內斂，創造出獨一無二、專屬於海南人的咖哩雞，澆上海南式滷肉汁相得益彰，互不搶味、彼此襯托，混血椰漿飯深深受到擁護。廣府人卻把椰漿飯當自助餐賣，吉隆坡啤律路人龍從未間斷就知道其好吃程度，除基本配料以外，客人還可以自行選三種蔬菜，其他炸物如山豬肉、炸雞腿、炸雞翅、炸午餐肉都是必點招牌。

馬來人也有自己的極致版，除了花生、水煮蛋、炸酥鰻魚，還會加入小卷咖哩、炸馬鈴薯餅 (Prekedal)、冷當牛肉 (Rendang daging)、炸香料牛肺 (Paru goreng)，曾幾何時他們早已把蘇門答臘米南加保人經典風味納入椰漿飯裡。

印度人滋味則深藏在參峇細節裡，紫色洋蔥、生薑、蒜末、朝天椒，加入象徵聖潔的薑黃和一大把乾辣椒，打成泥狀入鍋熬煮成辣醬，配菜大多以市場常見的目孔魚 (Selaroides leptolepis) 為主，醃薑黃、胡荽子、辣椒粉直到入味滲骨，炸酥，最後那一片鷹嘴豆做成的脆餅 (Plain papad)，完全反映印度人的正字標記！

早期椰漿飯因為要便於攜帶遠行，大多是冷食，後來各族裔爭相模仿開起專門店，保留復古之餘開始創新，標榜將米淘洗至去濃粉質，吸飽水分後用木桶蒸飯，粒粒分明，無論何時都能夠吃到有溫度的椰漿飯；當然也有講究的店家堅持只用現榨而非罐頭椰漿，充滿濃濃古

小黃瓜、滷蛋、空心菜、炸酥鰻魚，澎湃豪華！

---

**19** 海南人下南洋大多從事裁縫、理髮和廚師工作，他們在英軍伙房當伙夫、洋人家裡幫傭或成為有錢峇峇家裡的家廚，因而習得煮咖哩的好手藝。
**20** 材料炒到辣椒素釋出，浮在表面稱為破油。

早味,椰香味清爽雅致。

椰漿飯的靈魂——參峇辣椒醬絕對是重中之重,有生食與熟食兩種。前者在沒有冷藏設備時成了防腐的重要關鍵;後者經過烹煮,可以保存較長時間。參峇辣椒醬隨地域性不同,口味各異,現在所有椰漿飯裡的參峇都是熟醬——分蔥比例特別高,有時候可以用洋蔥替代。將新鮮辣椒或者脹發後的乾辣椒與之混合搗成泥,再加蝦粉炒至破油 20,此時香氣四溢,盛裝冷藏可以保存個把月。小時候住在老宅,家裡常有街坊鄰居串門子,幫忙舂搗辣椒醬,一碟生參峇擠上金桔,拌白飯就可以連吃好幾碗。

參峇是椰漿飯的靈魂風味。

## 核心辛香料

# 天然植物糖

東南亞菜、甜點、涼拌，日常生活少不了大家口中的椰子糖、砂糖椰子。它們都是野生，生長在雨林、叢林、紅樹林，一開始只有南島人知道如何採摘加工，一直到近年研究證實，來自天然的植物糖不但是低升糖且更健康，遂成為人人爭相入手的產品。

我數度到柬埔寨、泰國田野調查，大清早天還沒亮就開始收取花序汁液，避免陽光直曬發酵引起酸敗，過濾後倒入大鍋，起大火炭燒至到水分完全消失，趁熱大力攪拌，再填入手編的棕櫚葉等待凝固，傳統製作一切靠手工完成。以前白糖是舶來品，價格昂貴吃不起，家家戶戶在鄉下種幾棵椰子樹就可以滿足家庭所需，剩餘的還能在自家門前做起小生意，價格親民，對當地人們來說，這就是最天然的糖。

東南亞的小孩，天生有一副辨味觀色本領，記得有一次學生曾問：「放與不放椰子糖有什麼差別，應該吃不出來？」事實上，這些都是粗糖，顏色從淡褐到紅棕或深褐不等，是單醣結晶，加入菜餚、醬料不顯甜膩，有特殊果香味，一吃即分曉。

## 低升糖，健康好糖

東南亞超市貨架上光是椰子糖、砂糖椰子就有好多品牌，究竟有何不同？常常搞不清楚它們之間的差異，光看名稱的確無法釐清到底是哪一種糖，更要命的是，農家也未必搞得清楚，所以乾脆都叫棕櫚糖。

事實上它們都來自棕櫚科但不同屬；有椰屬、桄榔屬、糖棕屬及亞答屬，因為具備胺基酸、維素、礦物質、低升糖等好處，大家趨之若鶩，以為只要標榜棕櫚糖就都是健康糖，事實上根本不是那麼一回事，下次挑選時要多留意成分說明。

柬埔寨、寮國大部分是糖棕，奉為國「樹糖」，是重要的經濟來源，因長年內亂政局不穩，糖棕反倒意外成為重要輸出。當地市集、鄉間道路旁常有小攤販兜售，成分純但水分含量高，不易保存，買回來常出現發霉現象。

印尼和馬來西亞則有四種——椰子糖(Gula merah kelapa)、砂糖椰子(Gula aren)、糖棕(Gula lontar)、亞答棕櫚糖(Gula nipah)，在鄉間比較容易找到。前者椰子風味濃，砂糖椰子相

較於糖棕顏色深、糖味重但有淡淡花香，亞答棕櫚糖風味輕盈。

據載，一八七〇年馬來商賈在麻六甲(Melacca)港已將椰子糖和亞答棕櫚糖商品化，受到大家的歡迎，久之大家都以麻六甲糖(Gula melaka)稱之，其中峇峇娘惹族群受到的影響最深，常將其用於糕點、糖水、醃漬、日常咖哩。我年少時一直覺得娘惹菜有一股蜜糖香，現在想要回味卻早已不復當年，係因馬來半島經濟起飛

在柬埔寨路邊幫忙填充棕櫚糖。

亞答棕櫚喜歡生長在紅樹林及沼澤一帶。

剛脫模的糖棕。

結果纍纍的糖棕果實。

砂糖椰子花序。

椰子花序。

之後改種更具價值的農產品，加上政府一直補助白糖；反觀鄰國印尼蘇門答臘廖內省（Riau）的勞動力依然佔優勢，意外助長天然植物糖蓬勃發展。

另外菲律賓的保和島和宿霧島則以亞答棕櫚為主要，作為建材、手工藝品、包裝素材和生產醋的重要來源。

椰子糖產地則以泰國安帕瓦（Amphawa）地區為最大宗，二〇一五年推行泰菜世界餐桌少不它，接近麥芽膏狀則以塑膠罐子盛裝，方便舀取。

## 華人用植物糖源自娘惹家庭

每年端午節，我總會想起家鄉吃的鹼粽，淋上椰子糖漿，那般滋味，真香！不同於泰國砂糖，椰子是膏狀，印尼、馬來西亞、寮國、柬埔寨國家，清一色皆以棕櫚葉卷成滾筒式包裝，用時需切碎，在鍋中加少許水將糖溶化做糕點，如爆漿糯米球（Ondeh-ondeh）、爪哇帽子糕（Cucur jawa）、爪哇糖棕糯米糕（Kue wajik），還有數不清菜餚裡的甘味，東南亞的華人家庭早就知道植物糖的美味。

在印尼、馬來西亞、寮國、柬埔寨等地，清一色皆以棕櫚葉卷成滾筒式包裝。

◆ 辛香料屬性

辛料　　　　香料　　　　調味料（上色）
單方／複方

◆ 六味屬性

辛　㊣甘　㊣酸　苦　鹹　澀

◆ 風味表現

天然植物糖皆為顯現之味 Apparent Taste

◆ 五感

| 聽覺 | 觸覺 | 視覺 | 嗅覺 | 味覺 |
|---|---|---|---|---|
| （空） | （風） | （火） | （土） | （水） |

### 風味筆記

- 來自花序汁液提煉的糖聞起來香、吃起來不膩口，適合搭配辛味或全方位辛香料，有緩解辣味的功能。
- 甜點宜搭配二砂或黃糖，以免產生酸味。

### 適合搭配

| 醬類 | 辣椒、內餡、果醬、糖漿 | 米食類 | 椰子糖經過發酵加入米食蒸煮 |
|---|---|---|---|
| 甜點 | 蛋糕、餅乾、各種糕點 | 各種菜餚 | 添加甘味 |
| 飲料 | 茶、咖啡 | | |

# 砂糖椰子

| 學名 | *Arenga pinnata* (Wurmb) Merr. 大喬木／棕櫚科 |
|---|---|
| 名稱 | Areng palm（英文）、Gula Enau / Aren / Kabung（馬來／印尼文）、Kaong（菲律賓文）、Taeng（泰文） |
| 別名 | 棕櫚糖 |
| 主要成分 | 多種胺基酸、維生素、磷、鉀、氮、鎂 |
| 食療 | 低熱量、低升糖指數 |
| 食用部位 | 花序汁液煉糖、嫩莖可食、莖髓取澱粉 |
| 保存方法 | 乾燥密封或冷藏 |
| 禁忌 | 適合所有體質，慢性病患食用需徵詢醫師。 |

## 糖棕

| | |
|---|---|
| 學名 | *Borassus flabellifer* L. 大喬木／棕櫚科 |
| 名稱 | Palmyra palm（英文）、Gula lontar（馬來文）、Lontar / Siwalan / Palem lontar（印尼文） |
| 別名 | 扇椰子、天樹 |
| 主要成分 | 葡萄糖、類黃酮、花青素、氨基酸 |
| 食療 | 低熱量、低升糖指數 |
| 食用部位 | 果實、雄花序汁液煉糖、莖肉可食 |
| 保存方法 | 乾燥密封或冷藏 |
| 禁忌 | 適合所有體質，慢性病患食用需徵詢醫師。 |

## 亞答棕櫚糖

| | |
|---|---|
| 學名 | *Nypa fruticans* Wurmb 灌木／棕櫚科 |
| 名稱 | Nipa palm（英文）、Gula nipah（馬來文）、Apong（東馬沙巴文）、Gula merah / Nipah（印尼文） |
| 別名 | 水椰、紅樹林棕櫚、尼伯 |
| 主要成分 | 鈉、磷、鎂、鈣、鐵、銅、鋅、錳和碘 |
| 食療 | 低熱量、低升糖指數 |
| 食用部位 | 花序汁液煉糖、果實（水椰肉、加工成亞答籽罐頭） |
| 保存方法 | 乾燥密封或冷藏 |
| 禁忌 | 適合所有體質，慢性病患食用需徵詢醫師。 |

## 椰子糖

| | |
|---|---|
| 學名 | *Cocos nucifera* L. 大喬木／棕櫚科 |
| 名稱 | Coconut palm（英文）、Gula nira kelapa / Gula merah kelapa（馬來／印尼文） |
| 別名 | 可可椰子 |
| 主要成分 | 鉀、鋅、鐵、維生素 B1、B2、B3、B6 和 C |
| 食療 | 低熱量、低升糖指數 |
| 食用部位 | 雄花序汁液煉糖、嫩果實可喝可食、老果刨細絲榨取椰漿 |
| 保存方法 | 乾燥密封或冷藏 |
| 禁忌 | 適合所有體質，慢性病患食用需徵詢醫師。 |

## 特別介紹 黑果

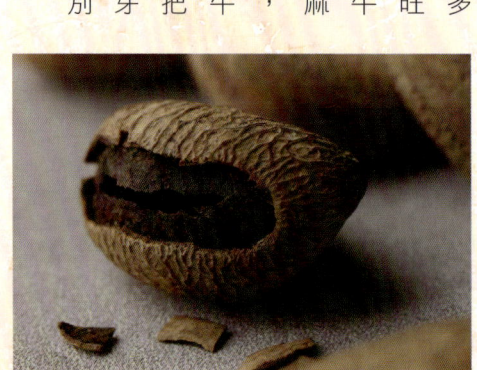

生長在幅員遼闊的印尼及馬來西亞森林，具有生氰糖苷（Gynocardin）的一種果實，是南島族重要的香料，亦用來製作有毒劍眼、藥品。

爪哇、蘇門答臘人等待著碩大、重達三公斤的黑果實從樹上掉下來，果肉在腐化過程中會散發杏仁味，撥開果肉可看見十三至四十顆種籽，含有氰化物，未經發酵不可食用。

從小聽大人們述說黑果故事，尤其老人家，他們從南島人手中得到剛撿拾的黑果種籽，入鍋煮至少兩小時，瀝乾、塗抹灰燼再全部包入香蕉葉中，將之埋在土裡發酵四十天，等毒性完全消失便可料理食物。

黑果透過異族聯姻進入華人家庭，十九世紀住在馬來半島西部蘇門答臘的女人嫁給峇峇家庭，把家鄉的黑果入菜，著名的黑果燜雞（Buah keluak ayam）即非常具有代表性。打破核果、取核仁內已經發酵的泥狀物，混入分蔥、辣椒等辛香料搗成泥，再重新塞入果核內與雞肉一起烹調，彷彿是一種儀式，神聖得不容許你胡來。吃的人更是小翼翼，必先將核內填充物先用小湯匙全部挖取出來，放一旁，再混米飯、雞肉等一起食用，一副陶醉模樣。長大後，再吃這道食物，終於懂了，那是一種鄉愁。

爪哇有非常多黑果料理，如拉旺（Rawon），俗稱黑牛肉湯，一整碗黑麻麻，看似不起眼，入口鮮甜奔放，牛肉軟嫩，店家一把撒入剛發芽的豆芽菜和紅蔥酥，特別有華人味。

黑果必須敲破外殼，取核仁肉使用。

# 黑果

| | |
|---|---|
| 學名 | *Pangium edule* Reinw. 大喬木／鐘花科 |
| 名稱 | Pangi（英文）、Biji kepayang（馬來文）、Buah kluwak（印尼文） |
| 別名 | 足球果、百加果、潘濟樹 |
| 主要成分 | 生物鹼、類黃酮、單寧、氰化物 |
| 食用部位 | 種籽 |
| 其他部位應用 | 果實、新鮮種籽、葉子 |
| 保存方法 | 室溫乾燥處 |
| 禁忌 | 新鮮核果有毒，需要發酵方可食用。 |

◆ 辛香料屬性

辛料　　香料　　**調味料（上色）**
複方、調味＜上色

◆ 六味屬性

辛　**甘**　**酸**　苦　鹹　澀

◆ 風味表現

顯現之味 Apparent Taste

◆ 五感

| 聽覺 | 觸覺 | 視覺 | **嗅覺** | 味覺 |
|---|---|---|---|---|
| （空） | （風） | （火） | **（土）** | （水） |

**風味筆記**

- 黑果有股發酵味，顏色如巧克力，只要入菜就非常有記憶點，是特定族裔的辛香料。
- 大部分使用黑果烹調的菜餚都是複方。這種風味調性適合用在調酒，焦化手法取其發酵味、或澄清取味去色澤，再搭配花香調性，創造出一杯南洋特調。

**適合搭配**

| 肉類 | 雞、鴨、鵪鶉、牛、羊 | 餅乾類 | 曲奇餅、比司吉、脆餅乾 |
| 貝類 | 海瓜子、扇貝、蜆、文蛤 | 重奶油類 | 大理石蛋糕、磅蛋糕 |

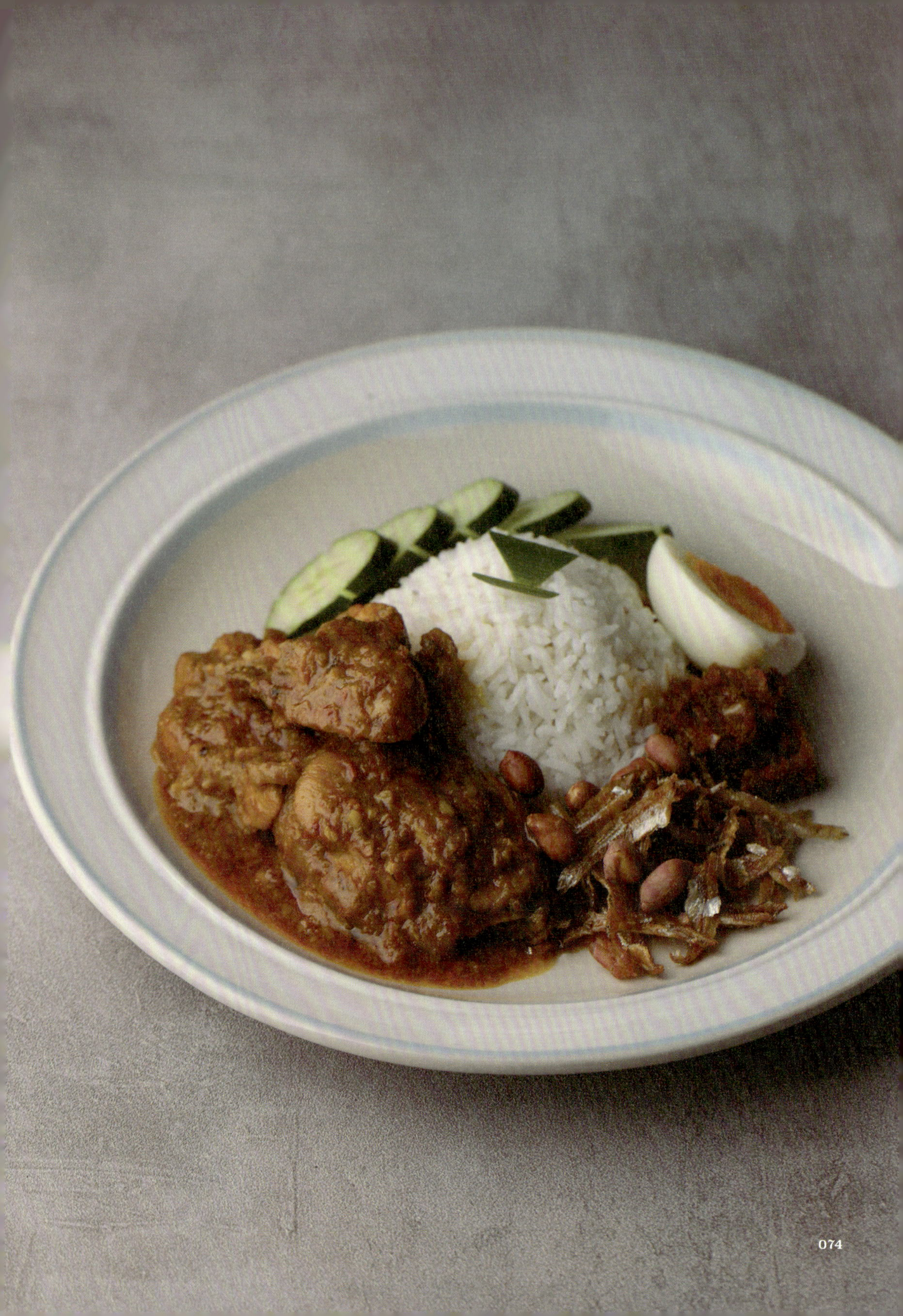

# 椰漿飯

(馬來西亞娘惹版)

這道食物可繁可簡,基本上只要做到飯香不膩就成功一半,另外準備一份參峇辣椒醬、切幾片黃瓜搭配就是基本款。肉桂棒可有可無,香蘭葉則必須添加。

參峇辣椒醬作法也可以改為簡易版,第一步驟把分蔥生味炒到消失,乾辣椒必須浸泡到完全脹發,蝦粉最好乾鍋焙香,全部放入調理機打成泥狀再炒香即可。用椰漿煮的飯不宜隔夜食用,老一輩的人認為太寒涼,吃了對身體不好。

**3 人份**

**主食**
泰國香米 1 杯
香蘭葉 2 片
肉桂 2 公分
稀椰漿 2/3 杯
濃椰漿 1/3 杯
鹽適量

**參峇辣椒醬**
洋蔥 160 克
乾辣椒 10 克
新鮮辣椒 4 條
分蔥 6 瓣
蒜頭 30 克切末
薑約 5 公分切末
香茅 2-3 根
蝦粉 10 克
羅望子 10-12 克
水 50 毫升
油 160 毫升
香蘭葉 2-3 片
椰子糖 50 克
白砂糖及鹽適量

**咖哩雞表層香料**
香茅 1-2 根
丁香 2 顆
中國肉桂棒 5 公分
小豆蔻 3 顆(敲破)

**咖哩雞材料**
雞大骨腿 1 支切塊
水 200 毫升

**咖哩雞香料**
分蔥泥 2 大匙
乾辣椒泥 2-3 大匙
蒜末 2 茶匙
薑末 2 茶匙
胡荽子粉 3 大匙
小茴香粉 1 茶匙
茴香粉 1 大匙
薑黃粉 1 茶匙
蝦粉 1 茶匙
椰漿 1 罐(稀濃分離)
石栗 3 顆

**包椰漿飯材料**
香蕉葉數片
油紙數張

**配菜**
水煮蛋 2 顆
炸好小魚乾 20 克
炸好的花生 50 克
小黃瓜半條切片

**製作方式**

1. 製作椰漿飯：香米洗淨瀝乾，加入稀椰漿浸泡30分鐘。香蘭葉打結、與肉桂棒一起放入米鍋，進電鍋蒸熟後，再取出香蘭葉和肉桂。濃椰漿加鹽調味，等飯煮好後，倒入濃椰漿拌均勻。
2. 製作參峇拌醬：洋蔥切絲，乾辣椒浸泡溫水約40分鐘、撈起瀝乾，與新鮮辣椒、分蔥、蒜末、薑末、香茅、蝦粉混合打成泥，便是香料泥，備用。
3. 羅望子注入清水拌軟即為羅望子泥，備用。
4. 鍋中倒油，放入步驟2香料泥炒至油脂浮在鍋面上，俗稱破油，再加香蘭葉，注入羅望子泥、椰子糖，炒至溶化，試味道，若需要再加適量白砂糖、鹽調味。
5. 製作咖哩雞：石栗切碎備用。鍋中入適量油爆香分蔥，加入辣椒泥、蒜末、薑末，再放胡荽子粉、小茴香粉及茴香粉、薑黃粉、蝦粉炒香；此時若鍋裡稍乾，可加入一些油脂讓它濕潤。
6. 繼續加入所有表層香料翻炒，倒入稀椰漿增加濕潤度，入雞肉翻炒，水200毫升也在此時一起加入，蓋鍋轉小火把雞肉煮至熟，最後加入濃椰漿、石栗，收汁、調味後即可離鍋。
7. 包椰漿飯：香蕉葉洗乾淨、過火使其軟化，先鋪油紙再鋪香蕉葉，將飯盛於碗中倒扣入香蕉葉，加少許參峇辣椒醬、白煮蛋半邊、花生及小魚乾、小黃瓜片，將香蕉葉往內摺起如同築起一座山形，摺完左邊摺右邊，再將油紙包起往內收，最後呈錐形如火山形狀。

## 江湖一點訣

- 椰漿飯要做得好，建議用秈米，浸泡、吸飽水分再蒸熟，濃椰漿等到最後再撥入。

- 椰漿飯切勿冷藏隔夜食用，有變質的風險。

## 椰漿飯風味圖

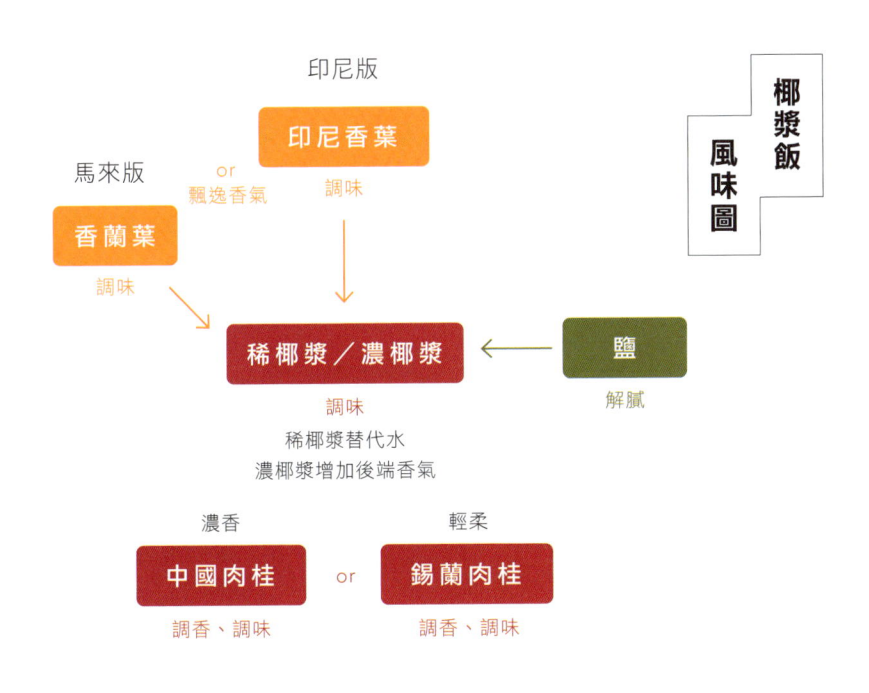

```
                            印尼版
                         ┌─────────┐
                         │ 印尼香葉 │
                         └─────────┘
        馬來版               調味
     ┌─────────┐  or
     │ 香蘭葉  │ 飄逸香氣
     └─────────┘      ↓
        調味      ┌──────────────┐      ┌─────┐
              →  │ 稀椰漿／濃椰漿 │ ←   │ 鹽  │
                 └──────────────┘      └─────┘
                       調味              解膩
              稀椰漿替代水
              濃椰漿增加後端香氣

       濃香                    輕柔
   ┌─────────┐            ┌─────────┐
   │ 中國肉桂 │    or      │ 錫蘭肉桂 │
   └─────────┘            └─────────┘
     調香、調味              調香、調味
```

## ◆ 風味解析

這是廚房小白救贖版。以電鍋、電子鍋製作，適合入門者；鑄鐵鍋、挑戰直火烹煮就交給職人吧。首先把握使用椰漿的幾個重點，以水1：2稀椰漿泡米直到脹發後再煮，切勿完全使用濃椰漿替代水，吃了易脹氣，且會造成米粒夾生；耐心等米粒完全熟透後，再掀鍋淋入濃郁椰漿。

另外，在椰漿中加入少許鹽是重要關鍵，我曾納悶耆老，為什麼堅持要加鹽，老一輩說，鹽可防止腐敗，並可減緩濃椰漿所帶來的膩感，套一句現代思維，鹽的正負離子將椰漿中的蛋白質再形塑讓風味更好。

很多新馬人在煮飯的時候加入新鮮香蘭葉增加清香，印尼人則用印尼月桂葉，有些店家兩種都加，不過我認為擇一即可，香氣混雜反而失去焦點。至於錫蘭肉桂或中國肉桂，兩者一清一沉，擇一即可，太香會掩蓋米的清甜，適時加入新鮮香茅藉以平衡肉桂氣味，讓整體風味達到和諧，則是另一重點所在。

### ◆ 風味解析

熟參峇講究細緻口感，會用兩種以上的辣椒鋪陳基底；新鮮辣椒賦予口感、乾辣椒擅長著色。洋蔥和紅蔥是甘味來源，比例越高越甜，這裡值得注意的是，台版與進口紅蔥頭水分含量不同，前者必須有耐心炒乾，眼見呈黃褐色就可以接續將辣椒放入鍋炒。辣椒也有熟成問題，一定要將水分完全炒乾、生味消失，才不會產生醬料發苦的情況。

蒜末、生薑增加鮮味的同時，和香茅聯手除去蝦粉腥味，香蘭葉的出現賦予清香，空間飄散芋頭味但吃不出來（香蘭在五感中屬於空型），最後棕櫚糖與羅望子加入後端調味，整體顏色更深邃，呈現暗紅色，辛味與甘味達到平衡，鮮味與明顯果香會讓人一直分泌唾液，非常涮嘴。

### 江湖一點訣

靈魂拌醬——參峇需小火熬製至少四十分鐘以上（依食譜的量），煮去水分炒到破油，表面泛紅油，醬體必須呈深紅色，讓各種香料氣味被徹底激發，完全熟成。

## 參峇辣椒醬 風味圖

- **紅蔥頭** 調味
- **香蘭葉** 調味（甘）
- **蒜頭** 全方位／駕馭 — 聯手助鮮
- **薑末** 全方位／駕馭
- **乾辣椒** / **新鮮辣椒** 核心風味 全方位／駕馭
- **棕櫚糖** 調味（上色）
- **洋蔥** 調味
- **蝦粉** 調味（鮮）
- **羅望子** 調味（酸）
- **香茅** 調香、調味（除腥）
- 鋪陳口感

## 咖哩雞風味圖

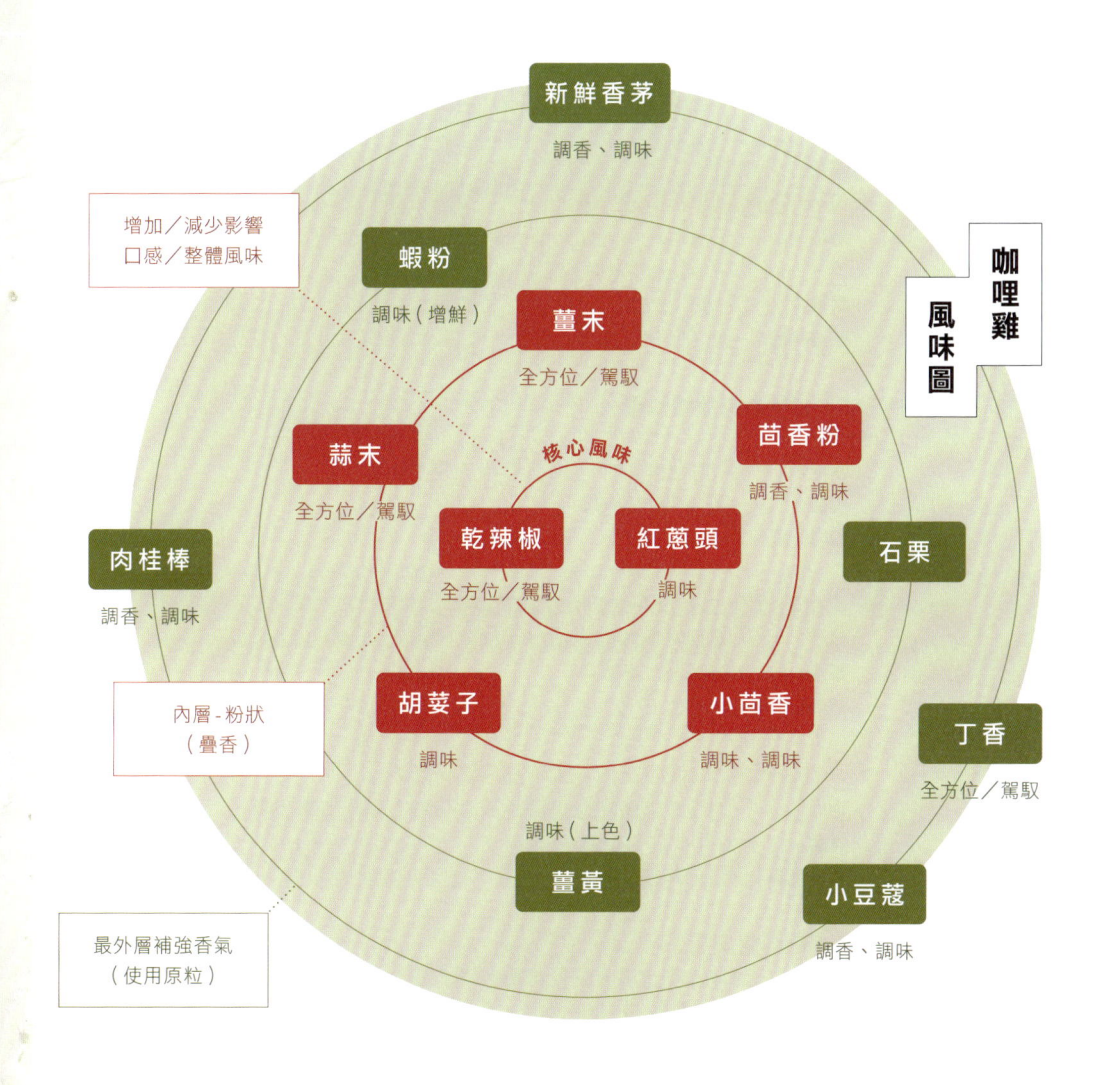

- 新鮮香茅 — 調香、調味
- 蝦粉 — 調味(增鮮)
- 薑末 — 全方位／駕馭
- 茴香粉 — 調香、調味
- 蒜末 — 全方位／駕馭
- 乾辣椒 — 全方位／駕馭
- 紅蔥頭 — 調味
- 石栗
- 肉桂棒 — 調香、調味
- 胡荽子 — 調味
- 小茴香 — 調味、調味
- 丁香 — 全方位／駕馭
- 薑黃 — 調味(上色)
- 小豆蔻 — 調香、調味

核心風味

增加／減少影響口感／整體風味

內層-粉狀（疊香）

最外層補強香氣（使用原粒）

## 風味解析

原版來自娘惹，辛度度低、香氣堆疊有層次，是華人和馬來人融合代表作。以脹發乾辣椒為核心，加上紅蔥頭鋪陳增加醬料口感，形成一道很「有醬料」的咖哩。第二圈堆疊粉狀辛香料：胡荽子和茴香子是調「甘味」香料，小茴香則讓整體風味更接近「咖哩」風味，薑末和蒜末扮演駕馭角色，平衡散發調香、調味屬性的單方。第三圈堆疊「色」和調「鮮」及收「汁」（聚焦收味），栗是箇中好手。至於最外層原型香料，是在補足「表層」香氣。

## 泰國

### 泰國南部版

◆ **Nasi Dagang Sabarang**
地址　　57สะบารัง, Sabarang, Mueang Pattani District, Pattani 94000 泰國
電話　　+66 73 312 646
營業時間　06:00-09:00

## 台灣

**SUGARbISTRO 有機棕櫚糖**

◆ **小食糖**
地址　　100 台北市中正區信義路二段 181 巷 3 號
電話　　02-2396-5965
營業時間　10:00-18:00

◆ **小食糖咖啡 SUGARbISTRO（勝利星村店）**
地址　　900 屏東縣屏東市康定街 22 號
電話　　08-766-9881
營業時間　11:00-19:00

◆ **小食糖咖啡 SUGARbISTRO（左營新光店）**
地址　　813 高雄市左營區高鐵路 123 號（彩虹市集 3 樓）
電話　　0906-215-080
營業時間　11:00-22:00

◆ **池先生（大安店）**
地址　　106 台北市大安區復興南路二段 385 號
電話　　02-2738-9255
營業時間　週一至五 11:30-15:00 ／ 17:00-20:30　週六、日 11:30-20:30

◆ **星馬快餐 Sin Ma Express 海南雞飯 星馬料理專賣店 台北大安店**
地址　　106 台北市大安區復興南路一段 107 巷 25 號
電話　　02-2775-4918
營業時間　11:30-20:30

◆ **馬來舅台所 大昌店**
地址　　807 高雄市三民區大昌二路 390 號
電話　　07-392-5188
營業時間　週一至五 11:00-14:30 ／ 17:00-21:00
　　　　　週六、日 11:00-21:00

◆ **Sayang 南洋茶室**
地址　　802 高雄市苓雅區海邊路 55 號
電話　　0981-594-968
營業時間　11:30-20:00（週二休）

## 美食地圖 Data

### 馬來西亞

**北馬（檳城）華人版**

◆ **人和茶室**
**Jin Hoe Cafe Nasi Lemak**
- 地址　　48, Jalan Cantonment, Pulau Tikus, 10350 George Town, Pulau Pinang, 馬來西亞
- 營業時間　09:00-12:00（週五、週日休）

**北馬（檳城）馬來版**

◆ **阿里香蕉葉椰漿飯**
- 地址　　Beach St, Georgetown, 10300 George Town, Penang, 馬來西亞
- 電話　　+60 16-407 0717
- 營業時間　07:00-13:00（週日休）

**中馬（吉隆坡）馬來版**

◆ **Village Park Restaurant**
- 地址　　5, Jalan SS 21/37, Damansara Utama, 47400 Petaling Jaya, Selangor, 馬來西亞
- 電話　　+60 12-273 8438
- 營業時間　07:00-17:30

**中馬（吉隆坡）客家版**

◆ **客家炸肉椰漿飯**
- 地址　　53, Jalan raja alang, Chow Kit 50300 Wilayah persekutuan, Kuala Lumpur, 馬來西亞
- 電話　　+60 12-333 2334
- 營業時間　07:00-12:45（週一休）

**東海岸（登加樓）泰南版**

◆ **Nasi Dagang Atas Tol - Kg Atas Tol**
- 電話　　+60 13-984 7846
- 地址　　Hadapan Surau Tanah Lot, Kg, 21070 Kuala Terengganu, 馬來西亞
- 營業時間　06:30-11:30

### 印尼

**印尼（雅加達）**

◆ **Nasi Uduk Kebon Kacang Puas Hati ibu Tati**
- 地址　　Jl. Kb. Kacang 1 No.63, RT.1/RW.5, Kb. Kacang, Kecamatan Tanah Abang, Kota Jakarta Pusat, Daerah Khusus Ibukota Jakarta 10240 印尼
- 電話　　+62 21-391 9031
- 營業時間　12:00-00:00

**Sagu**

南洋

# 沙榖米糊——
# 我們的西米露，
# 他們的飯

因為藝人吳尊，大家開始注意這個位於婆羅洲，人口僅有四十幾萬，信奉回教的小國度——汶萊，原油和天然氣產量占全國出口總值百分之九十以上，不說或許很多人不知道，汶幣與新幣等值且互可通用。造訪汶萊究竟要怎麼玩呢？這是很多人的疑問，身邊朋友對我屢次造訪汶萊感到不可思議，笑問「到底都去了什麼地方？」顯見大家對它有多麼不熟。

# 遠在天邊近在咫尺

## 出入境過七次邊界

日子或許過得太愜意，汶萊人特別喜歡在假日攜家帶眷，越過邊境，往東邊可以抵達東馬沙巴（Sabah）。這一條通往首都亞庇（Kota Kinabalu）[1]的路途遙遠，雖然舟車勞頓，大家還是樂此不疲，邊境大排長龍是常有的景象。

汶萊國土特殊，被東馬砂勞越州（Sarawak）境內的林夢省（Limbang division）一分為二，當地人稱為大小汶萊。若從首都斯里巴加旺（Seri Begawan）出發，往東邊沙巴州的方向，首先會遇到第一次邊境檢查站（汶萊進砂勞越）——德東干（Tedungan Limbang）；繼續開五十多公里，抵達第二次邊境出入點（砂勞越進汶萊）——攀達魯安（Pandaruan Limbang）；再往前開約二十公里，又回到汶萊國土——淡布隆（Temburong Brunei），繼續一小時路程抵達拉布（Labu）（此處土地面積僅有兩百九十二平方公里），再行駛約二十分鐘，就再次進入東馬砂勞越邊境督魯山里（Trusan）。

這一趟翻山越嶺，算一算進出邊境多達七次，對島國居民而言，或許是無法體會的生活經驗，卻是大小汶萊居民早已習慣的日常。

汶萊國土被砂勞越一分為二

沙巴

汶萊

砂勞越

馬來西亞

[1] 現已改名哥打京那峇魯，為東馬沙巴州首都。

## 現代烏托邦

**慢到沒有道理**

想輕鬆一點就往西走，越過甘榜雙溪都九（Kampung Sungai Tujoh）馬上入境東馬砂勞越的美里市（Miri），這裡幾乎是兩國一日生活圈，來回車程只需兩個半小時，相當於高雄到台中的距離。相較於往東走，這裡更像逛自家後花園，很多東馬石油探勘高階主管將孩子送到汶萊國際學校就讀，汶萊人民則喜歡到美里走跳，邊界只在咫尺距離。

每次從美里越過邊界，進入汶萊首府斯里巴加旺市，沿途數十公里綠意盎然，白天只覺得城市樸實無華，夜幕來臨才驚覺，貴為首都，竟然連一盞霓虹燈或者廣告看板都沒有，繁華都市該有的喧囂、高樓大廈，被滿滿綠蔭取而代之。如果不是一部部名車呼嘯而過，幾乎會忘了這是原油年產量全球聞名的汶萊。

整個國家面積不到台灣六分之一，只有一家電影院和娛樂中心，沒有酒吧、商場寥寥無幾，不見夜生活，入夜後城市安靜得令人訝異，燈火葳蕤跟它毫無關係，這裡與世隔絕，一片恬靜。汶萊被譽為「和平之國」，步調格外緩慢。人們不追逐物質，房子與車子由政府買單，孩子自出生至成長，教育與醫療全由國家負擔。全國人民不需繳交任何與「稅」沾上邊的俗事，只要你是汶萊土

**往東需經 7 次邊境**

B = Brunei 汶萊
M = Malaysia 馬來西亞

大汶萊　小汶萊　沙巴　砂勞越　馬來西亞

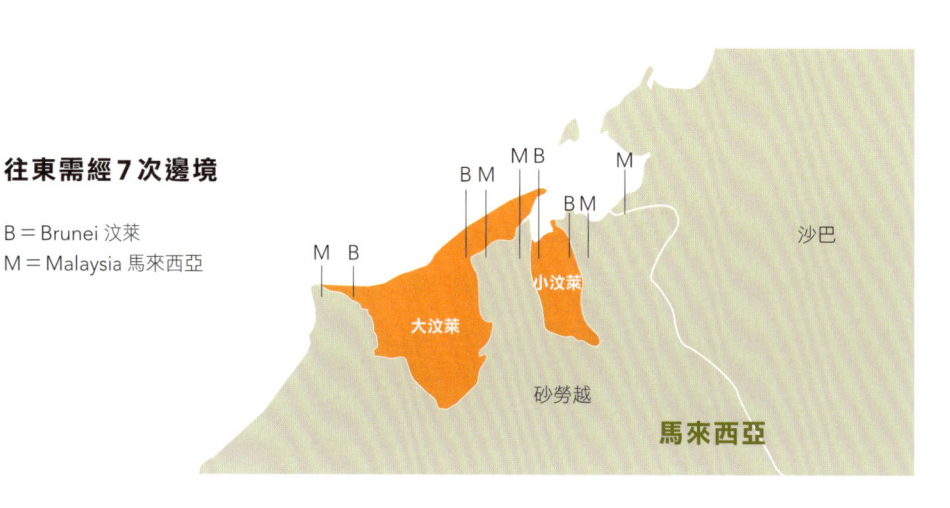

084

生土長的國民，每人每月固定領國家薪水，每一位成年國民皆有房有車，生活寬裕無虞。「你看！簡直就是現代烏托邦，治安好到不必加門窗。」在汶萊工作多年的朋友讚嘆。

斯里巴加旺貴為首都卻沒有光害，夜裡可見到滿天星辰。

汶萊一片綠意，美得像仙境。

## 沙穀米糊風靡封齋日

### 此米是何米

大部分汶萊人不習慣外食，許多攤販是為了因應觀光客或者在家太無聊，出來打發時間，「賺多賺少不重要，可以交朋友聊聊天有趣多了！」其中一攤賣飲料的穆斯林女孩這麼說。

每一年回教例行封齋，太陽升起便開始禁食，全國大小餐廳配合宗教活動不營業，一直到黃昏日落，市集才逐漸熱絡起來。「千萬別在這時候來汶萊，正餐時間找不到東西吃。」朋友認真叮嚀。

一整天沒有進食，人們的步調格外緩慢，空氣中盡是慵懶放鬆的氛圍，低血糖讓說話做事都慢三拍。不過日落之後，市場瞬間恢復生氣，讓我想起某則電視廣告──只要裝上某牌電池，馬力立刻飆升。汶萊唯一一家六星級飯店的高檔餐廳，此時夜夜客滿，營業時間從日落一直到隔天清晨封齋前，座無虛席，人聲鼎沸。

市井小民則喜歡在鎮上的小館點上一桌菜，大家排排坐，等空鳴一響起，立即開動！其中又以賣沙穀米（Metroxylon sago）糊生意最好。將沸水沖入沙穀米後，不斷攪拌直到澱粉熟化，就是人人爭相排隊的美食──安布亞（Ambuyat），再依喜好點三、四道菜搭配，附上醬料，在「封齋飯」（sahur）時間人潮絡繹不絕，小小店面擠得水洩不通。

### 南島民族群飲食記憶

#### 沙穀就是飯

沙穀取自於棕櫚科植物──沙穀椰子樹幹內的莖髓澱粉。宋代趙汝適所著《諸蕃志》提到渤泥國 [2] 民不吃小麥，而以一種稱作「沙弧」的食物為主糧，即是今日東南亞人口中的沙穀

---

2 汶萊古名，亦稱婆羅乃。
3 Sagu 係馬來文拼音。
4 泛指東馬砂勞越、沙巴、汶萊和印尼加里曼丹。

086

(Sagu)3。

除了婆羅洲4，沙穀米糊也廣泛流行於鄰近東南亞島嶼國家，西至蘇門答臘(Sumatera)、東至巴布亞(Papua)、西方人譽為神仙群島的摩鹿加(Moluccas)、蘇拉威西(Sulawesi)、爪哇島等地皆可見。沙穀椰子多生長於雨林河畔或沼澤地，從幼苗到成樹需歷時八年，等到樹幹內的澱粉儲存量達到飽和才能採割，因此南島族社會非常倚重有經驗的耆老，辨識熟成與否、採收細節、遵守大自然禁忌，代代相傳。已開花的沙穀椰子不一定代表澱粉達到收成標準，必須透過採集者(Peramu sagu)進行一連串評估後，才能開始作業。

據耆老口述，沙穀椰子的採收是一項大工程，必須選在旱季進行。部落壯丁全員出動採糧(Sumaku)6，這是凝聚族人向心力的時刻。一連串採集作業分成六個階段，由六組人一起聯合分工。

沙穀椰子樹幹內滿滿澱粉。

去掉樹皮後，露出白色澱粉。

用機器刨成屑。

收集已刨細的沙穀椰子。

5　島嶼東南亞國家包括：馬來西亞、新加坡、印尼、汶萊、東帝汶、菲律賓。
6　此為蘇拉威西托拉基族族語，馬來文為menokok，意指敲碎，在此譯作採糧。

087

第一組人負責探勘採集（Mowuwu）7，當發現沙穀椰子的葉脈變短，出現花蕾即可探針，在沙穀莖髓上鑿洞，採擷部分試味，若發覺流出的汁液呈現混濁，代表澱粉已充足，可以準備採收。

確定砍伐後，第二批人負責搭起簡易鷹架固定，削去沙穀外皮尖銳的刺，讓族人能攀爬至樹身做記號（Mondusa）8；接著由第三組人馬將註記的樹幹伐落（Mondue）9；第四組將長樹幹裁切成一截截（Mowota）10，交由第五組人接手，去除樹皮、將莖髓剖開，再鑿剉出木質纖維（Sumaku）11。此時，繁瑣工序才正式展開，由第六批人負責反覆瓢洗（Lumanda）12，將莖髓和水瓢洗數次，最後分離出沙穀澱粉。

## 雨林下的沙穀哲學

**生命禮俗不缺席**

沙穀對南島族而言，是極為重要的物質資源，不僅視為可被繼承的財產，更象徵生活富足，在婚嫁聘禮中有傳承、豐腴的意涵。婚嫁儀式中，男女雙方各準備一株沙穀椰子幼苗，共同栽種，象徵兩人建立新家庭；沙穀蘊含祝福與健康的隱喻，希冀一對新人未來如同沙穀椰子澱粉飽

---

7,8,9,10,11,12 此為蘇拉威西托拉基族族語。
13 沙穀椰子樹不易染病。

沙穀椰子澱粉
是婆羅洲以東人們的主食

088

滿、人丁興旺，開啟美好生活。

在印尼托拉基族(Toraja)，有一句代代叮嚀子孫的傳統諺語：「Morini Mbuu Mbundi Monapa Mbuu Ndawaro [15]」，意喻「天有不測風雲，人有旦夕禍福，隨時居安思危」：不可過度開墾、濫伐，以免破壞山林水土。

沙穀椰子鬚根強韌有力、深植地底能抵禦山崩、洪水與土石流，樹身更可儲存大量水分與豐富澱粉質，帶來溫飽。

沙穀椰子是叢生(rapu-rapuno)植物，在蘇拉威西島(Sulawesi)的托拉基族眼中，不僅是糧食作物，更象徵家庭關係的緊密與和諧。男子在成婚前，必須先到未來岳父母家開墾闢地、種植沙穀椰子樹，種的面積越大越能彰顯自己的能力，同時保障未來生活無虞。由於沙穀椰子的生長緩慢，加上栽種時期不一，因此一片叢林中，往往可見不同生長階段的沙穀椰子；成樹象徵男人(langgai / otama)、正結花蕾的是女人(otina / omore)、幼苗為孩子(ana ndawaro)，意喻一家人緊密相連。當一對新人締結婚姻，稱之為「瑪喇部」(merapu)，意為將產生新的叢生循環，生生不息。

西元前南島族的主食一直是沙穀澱粉，雖然後來印度

馬來西亞東海岸登加樓一帶的參岑，是榴槤加鹽發酵後而成。

沙穀米糊沾遮扎醬特別開胃。

**14** 居住在蘇拉威西南島族其中一個分支。
**15** 托拉基族族語，翻成馬來語意思為：dinginnya pohon pisang, sejuknya pohon sagu。

## 儀式和禁忌

### 這樣吃最接地氣

人帶來種植稻米的技術，但許多居住在雨林和島嶼之間的族群——如蘇拉威西、摩鹿加群島、伊利安群島、努沙登加拉、加里曼丹（含汶萊）與菲律賓南部島嶼，依然在婚宴、節慶等重要節日保留著吃沙穀的習俗。

熱熱的沙穀米糊非常黏稠且沒有味道，必須用特製竹夾子（candas）捲起，拌著蘸醬遮扎（Cecah）一起食用。蘸醬隨季節、心情和採集而變化，主要有三種。最簡易的是紅蔥頭、辣椒加金桔（Cacah limau）：以石舂微微搗碎保留口感，調入少許鹽巴、棕櫚糖，辛中帶嗆辣、果香的酸、鹹甜調得恰到好處。深植在基因裡的味道，我懂！耆老臉上露出憨厚笑容。「再加蝦膏，可以吃下一大盆沙穀！」

季節性白芒果[16]口感微酸，融合芒果、波羅蜜及成熟梨子的風味，是升級版蘸醬的關鍵食材；講究的店家還會拌入沙丁魚攪拌成碎末，或加發酵小蝦（sambal cencaluk）增添鮮甜味。六、七月榴槤盛產時，取出果肉以鹽巴發酵數日，再混入炒香的舂搗辣椒，就是極致版參峇——登波椏[17]（Sambal

沙穀米餅乾。

三菜一蘸醬及生食蔬菜套餐，頗有華人餐桌影子。

[16] 別名繽再果，印尼稱為瓦尼 (Wani)，馬來西亞稱濱賈 (Binjai)，芒果屬，分布於雨林國家。

tempoyak)。小時候家裡娘惹也有類似吃法，取新鮮榴槤肉、搗成泥狀的辣椒、蝦膏、少許鹽拌勻，配上一盤生黃瓜、臭豆[18]與山野採摘的過貓嫩芽，就是最當季的美味。

搭配沙穀米糊的經典配菜必有生食蔬菜、魚咖哩湯、蔬菜和肉類咖哩四種，頗有華人四菜一餐的概念。蔬菜以蕨類居多：過貓、山蘇再附上切片番茄或大黃瓜。汶萊人喜歡趁熱食用安布亞，捲起沙穀米糊，配上剛起鍋的炸魚，酥脆鮮香。「我們喜歡一家人一起共食，搶著沾酸辣魚醬很有趣，配咖哩牛肉也很好吃，偶爾加菜來點香料牛內臟，越嚼越香，這是汶萊人的幸福日常。」十之八九當地人都這麼說。

沙穀米糊成為一道凝聚家的滋味，承載著歸屬感與彼此連結。然而，這道食物也有禁忌——家中若有喪事，便不可食用。耆老解釋，這與沙穀米糊的質地變化有關：由冰冷、癱軟到凝結僵硬，恰如亡者的軀體轉變，若此時食用，對往生者不敬。「想必是魂歸來兮，仍念著家的味道不捨離去吧！」老人家這麼說。還不忘叮嚀年輕一輩，吃沙穀米糊時千萬不能邊吃邊開玩笑或口出粗言，可能與其咕溜口感有很大關係，嗆著可是會鬧人命！

---

[17] 年幼時家裡親戚是南娘惹，來自麻六甲，受到鄰國印尼蘇門答臘影響，嗜甜。喜歡在榴槤盛產季節取新鮮榴槤果肉加鹽巴發酵數日讓其產生乳酸菌，再加入其他香料拌合，延伸出各種佐餐、拌飯或成為咖哩增鮮調味的素材。

[18] 又稱美麗球花豆，南島族人喜歡生食，華人會將之炒參峇蝦或煮咖哩，生吃豆子只有口感沒有味道，食用之後的兩三天，排氣或大小解的時候會發出濃烈氣味，耆老相信它對腎臟有幫助。

正在炭烤的歐哈。

# 沙穀稱霸島嶼國家

鄰近島嶼國家的南島民族人，也發展出與沙穀米糊相似的食用方式。在十年間，我多次走訪加里曼丹以東，最遠到巴布亞，觀察當地的沙穀米吃法。由於濕沙穀難以保存，巴布亞原住民會加工烤成餅（Sagu lempeng）[19]，便於出海捕撈時攜帶。只需加入滾水，即可迅速溶化成一碗沙穀粥填飽肚子。在香料群島的安汶，沙穀吃法更多元：將濕澱粉入乾鍋烙至熟，再加入棕櫚糖，簡樸美味；或者將沙穀糊包入香蕉葉，直火現烤，口感軟糯、炭香四溢。

西部的蘇門答臘與馬來西亞一帶，則受到華人移民影響，將沙穀澱粉開發成各式麵食。早期北馬人曾將之用在製作叻沙麵條與沙穀麵，質地比一般秈米製作的麵更為滑口。十五世紀起西方殖民者進入東南亞，也改變了人們對沙穀澱粉的想像：混合肉桂、丁香等香料做成沙穀餅乾（Kue bagea），現成為摩鹿加群島伴手禮。馬來半

沙穀晾乾切成一片片塊狀，容易保存。

沙穀烤餅。

**19** 流行於印尼的巴布亞和蘇拉威西。

島著名冰品煎蕊（Cendol）中的粉條，在過去也常以沙穀澱粉製成，口感滑潤彈牙。

台灣常見的甜品摩摩喳喳、香港著名的楊枝甘露、夏日冰涼的手搖飲配料、剉冰選料、港式芋頭西米露，這些其實都是樹薯澱粉、而非沙穀澱粉。沙穀椰子生長緩慢，澱粉淘洗又極其繁瑣，加上部落仍堅持採用傳統手工，根本無法量產。說到底，最重要的是南島族人對大自然的敬崇──吃多少，採多少，避免破壞生態。

對婆羅洲以東的南島民族而言，沙穀澱粉不僅是主食，也是民族文化傳承。即使汶萊如今原油年產已突破1.36億噸，二〇二四年更晉升為全亞洲GDP第二高的國家（僅次於新加坡），人均所得達35,110美元，這片土地上的人們仍保留沙穀米糊那份樸拙的滋味。

著名的煎蕊粉條用沙穀粉製作，口感更彈牙。

## 核心食材 沙穀椰子

汶萊人口中的安布亞,指的就是日曬乾燥之後的沙穀澱粉。沙穀(Sagu)一詞來自爪哇語,意為莖髓裡的澱粉。在東南亞各地有著不同名稱,如:缽缽達(Pepeda)[20]、盧武(Luwu)[21]、倫布亞(Lumbia),馬來半島則以峇勞(Balau)稱之。

沙穀的種植範圍遍布馬來半島以東,西部地區多發展成精緻甜點,東部島嶼國家則保留質樸吃法,將沙穀澱粉以少量水化開後,緩緩沖入沸水使其熟化,再順著同一方向攪拌至透明黏稠,如蒸熟肉圓般光亮,口感軟糯、色澤帶灰白,沒有任何味道,店家必須在蘸醬下功夫。分蔥、新鮮辣椒以石舂敲碎,盡量保留口感,再調入金桔和少許鹽糖調味,最後加入當天配菜的醬汁,攪拌均勻就是靈魂蘸醬,稀稀湯汁配上糨糊般的沙穀米糊,根本就是另類坍塌版清蒸肉圓皮。

在摩鹿加群島,當地人特別示範吃法:把盤子湊近嘴邊,輕輕一吮就滑進口裡,一切餐具都免了,他兩手一攤,一副椰揄表情:「對一個不想多洗一根湯匙的人來說真是福音啊!」

第一次嘗試這種吃法,有點不習慣,時不時偷瞄鄰桌一家大小爭相捲著黏乎乎沙穀,比賽誰捲得又快又俐落。難怪當地朋友訝異,我竟然自己一個人悶著頭吃完,太不可思議了。

香料群島摩鹿加人的沙穀米糊吃法:用嘴直接就盤吸。

沙穀椰子是叢生植物,需要八年才能成樹。

---

[20] 印尼摩鹿加群島和巴布亞人的說法。　　[21] 印尼蘇拉威西和東馬沙巴、砂勞越人的說法。

# 沙穀椰子

| | |
|---|---|
| 學名 | *Metroxylon sagu* Rottb. 大喬木／棕櫚科 |
| 名稱 | Sago（英文）、Sagu（馬來文）、Ambuyat（汶萊文）、Ton sago（泰文）、Sagu tuni（印尼巴布亞）、Rumbia（東馬沙勞越／伊班族、比達友族） |
| 別名 | 碩莪樹、西密棕、西米椰子、西谷米 |
| 主要成分 | 碳水化合物、蛋白質、脂肪、維生素 |
| 食用部位 | 莖髓中淘洗出來的澱粉 |
| 食療 | 健脾、化痰、有助皮膚產生潤澤、解消化不良 |
| 禁忌 | 糖尿病患者忌食 |

◆ **辛香料屬性**

辛料　　香料　　**調味料**

新鮮／乾燥
有口感、無上色，可用作勾芡

◆ **六味屬性**

辛　(甘)　酸　苦　鹹　澀

◆ **風味表現**

**潛在之味 Potential Taste**

◆ **五感**

| 聽覺 | 觸覺 | 視覺 | 嗅覺 | **味覺** |
|---|---|---|---|---|
| (空) | (風) | (火) | (土) | **(水)** |

**風味筆記**　無色無味，沙穀椰子擅長勾芡；單吃需要賦予它調味。

**適合搭配**
**適合所有食材**　用作勾芡
**糕點**　搭配地瓜粉或木薯粉可用來製作糕點

## 特別介紹 蝦膏與蝦醬

東南亞菜離不開蝦醬或蝦膏，無論是著名的蝦醬炒空心菜、新馬參峇辣椒醬、泰式蝦蘸醬（Nam prik kapi）、或越南牛肉湯河粉搭點蝦醬汁（Mam tom），只要有蝦醬，萬事就搞定！

但對外地人而言，往往滿頭問號。走進東南亞商店，眼前盡是各種不同型態的蝦粉、蝦膏、蝦磚、蝦醬，琳瑯滿目，想認識它卻常礙於語言隔閡。東南亞人有自己一套使用蝦膏、蝦醬的方法，近幾年為了方便消費者使用，更出現蝦粉方便包，加上不同地域有不同名稱、質地，究竟要怎麼分辨、怎麼用，讓不少人霧裡看花，剪不斷理還亂。

東南亞鄰近海域盛產毛蝦屬（Acetes），其中包括日本毛蝦（A. japonicas）、紅毛蝦（A. erythraeus Nobili）與普通毛蝦（A. vulgaris Hansen），均勻分布在新馬、菲律賓、印尼、泰國、越南等地。這類蝦型扁身帶透明，捕撈上岸後立刻加入鹽使其發酵，繼而產生游離胺基酸及不飽和脂肪酸，加進菜餚就能創造出鮮味（Umami）。

東南亞人的餐桌上只要有辣椒加蝦醬，哪怕只有一碗白飯也能大快朵頤，若再順手捻來地瓜葉、翼豆、木薯葉炒蝦醬，無論男女老少、不同族裔都能撫慰身心。蝦醬的美味，就是台灣人深植日常且非常講究的「鮮」味來源。

不管是大陸東南亞或島嶼東南亞國家，大致上只分蝦醬和蝦膏兩種，前者常見於緬甸稱Ngapi、柬埔寨為Nam tom bac、越南是Mam tom、菲律賓則稱Bagoong alamang。蝦醬發酵時間不一，鹽巴約為蝦子總重量的三成，發酵三個月，再將醬汁煮沸，顏色稍帶淺棕，獨特磷蝦油脂和濃郁的鮮味不言而喻。

另一種蝦膏則只用蝦頭發酵，封存一年，經長時間陳化後，再煮沸六至八小時以降低水分，

## 蝦膏／醬——最鮮的天然味精

從小只要看著大人生炭火，就知道要烤峇拉盞了，將蝦磚切約一公分厚，放在烤架上不時翻面直到香氣四溢，表面「恰恰」表示水分消失，一搗即碎成粉末。直到我離家求學前，一直深信這就是蝦膏的標準 SOP 作業。

有一年暑假到越南旅行，河粉一端上桌，當地朋友說加蝦醬才是最道地的吃法，沒想到越南版蝦醬與我想像相去甚遠，如醬油般的水狀讓我嚇一大跳。隔年到泰國，又看到市場攤位上滿滿

最後醬體更濃更鮮，呈深棕色半膏狀。泰國稱為 Kapi、寮國為 Kapee，可直接挖取烹煮，也有人堅持燒烤過更香，由於加工方式不同，水分含量也不同。

島嶼東南亞地區多以蝦磚或蝦塊型態出現，水分含量低，表面呈立體狀，新馬稱為峇拉盞（Belacan）、印尼是特拉希（Terasi）。蝦子捕撈起來後，先日曬至水分半乾再研磨細碎，拌入鹽巴再度輾壓成泥狀，放置室內發酵一晚，第二天混入木薯粉塑成長四方、圓筒或扁平狀，最後在太陽下曝曬一日即可裝袋出售。

印尼蝦膏接近陳年黑色，鮮味濃郁。

馬新蝦膏做成磚形。

的蝦膏小山丘，稱斤論兩賣，泰國蝦膏濕度高，烘烤的時間需要更久，是個考驗耐心的活。這才體會到，蝦膏這門學問，遠比我想的複雜得多。

馬來西亞檳城還有另一種蝦膏型態，稠度比川貝枇杷膏濃一點，風味鹹香，有一股很重的鮮味，第一次入口的人大致有兩種反應，不是愛之欲其生、就是恨之欲其死。這股黑麻麻的滋味，卻是檳城人共同的鄉愁。遊子返鄉吃上一碗亞參叻沙 (Asam Laksa) 一如回到家的懷抱，撫慰身心，但若少了那一瓢蝦膏，難掩失落，這一匙蝦膏正是畫龍點睛，將辛、甘、酸、苦、鹹、澀以及鮮味演繹得淋漓盡致；失去蝦膏的亞參叻沙麵，「那是給觀光客吃的！」

不只如此，檳城華人版的囉惹 (Rojak) 22 也是一絕，豆腐、沙葛 23、水翁 24、青芒果、油條、鳳梨、發泡魷魚、芭樂，儘管各家攤子材料不同，集嫩、脆、滑的食材質地於一身，蝦膏絕對是不可或缺的要角，各種風味在嘴裡迸發，一吃永生難忘！甚至廣式豬腸粉 (Chee cheong fun) 遷徙至北馬之後，拌入蝦膏在地化，沒想到意外受歡迎，鮮與腥不過一線之隔，能如此天作之合，讓人嘖嘖稱奇。

檳城亞參叻沙上那一瓢黑色醬就是靈魂標記——蝦膏。

泰國蝦膏較為固體，稱斤論兩賣。

大陸東南亞國家的蝦膏較稀。

22 囉惹，亦稱囉耶，多種綜合蔬果，不同族裔、地域的人們會加入當季蔬果，再混合蝦膏、辣椒醬、甜麵醬、椰子糖、羅望子汁攪拌均勻，作為點心或下午茶，風行於北中馬、泰國南部、印尼等地。
23 台灣稱豆仔薯。
24 當地語言，台灣叫蓮霧。

098

# 蝦膏／蝦醬

| | |
|---|---|
| 學名 | *Marsupenaeus japonicus* 等 |
| 英名 | Akiami paste shrimp 等 |
| 別名 | 秋醬蝦等 |
| 主要成分 | 蛋白質、鈣、鐵、硒、維生素A |
| 食用部位 | 全身／部分地區用蝦頭 |
| 食療 | 強化精力、迅速增強體力 |
| 保存方法 | 冷藏 |
| 禁忌 | 腎病、高血壓、糖尿病、對蝦過敏者 |

◆ 辛香料屬性

辛料　　　香料　　　**調味料**

◆ 六味屬性

辛　**甘　酸　苦　鹹**　澀

◆ 風味表現

顯現之味 Apparent Taste

◆ 五感

| 聽覺 | 觸覺 | 視覺 | **嗅覺** | 味覺 |
|---|---|---|---|---|
| (空) | (風) | (火) | **(土)** | (水) |

**風味筆記**　蝦膏／蝦醬就是增鮮劑。炒菜、蘸醬、沙拉、醃漬、舂搗香料用的增鮮調味料，幾乎沒有替代品，少了這一味，東南亞料理將會失去應有的風味。

**適合搭配**　**適合所有食材**　用作羹湯、爆炒、蒸煮、沾食

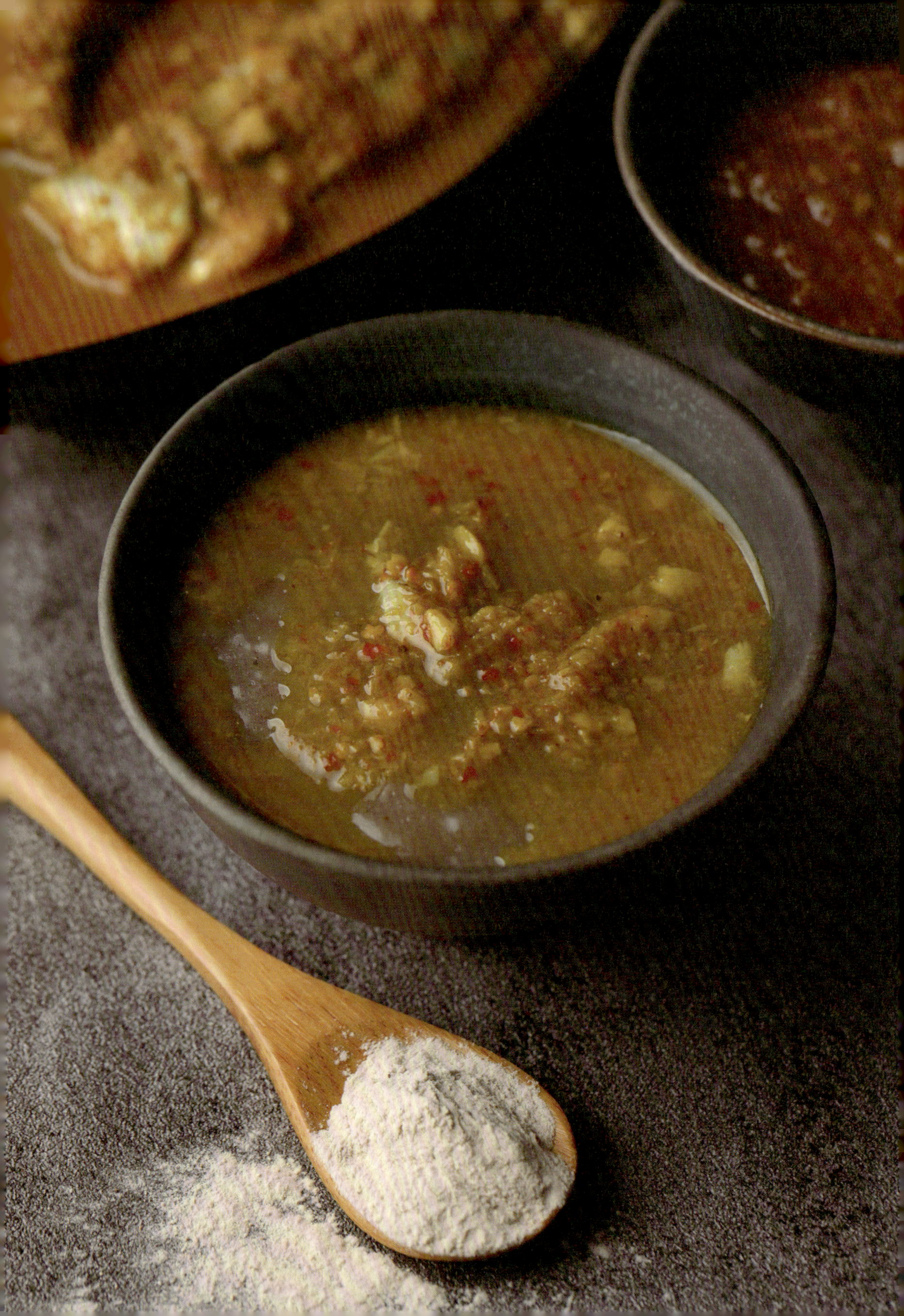

# 安布亞
## （沙榖米糊）

安布亞是以套餐形式上菜，主菜可搭魚類、肉類或是當季野味，由於沙榖米糊無色無味，通常需要搭配酸辣夠勁的沾醬一起享用。

島嶼東南亞的人們習慣將日常烹煮咖哩或搗香料時剩餘的醬汁混合再利用，有時候也會加入發酵食材或當季未成熟的水果一起搗碎，發揮創意做出各式醬料，這些醬料不僅是安布亞的靈魂蘸醬，也可以佐餐或成為開胃菜。

**食材**
沙榖澱粉 100 克
水 600 毫升
鹽少許

**步驟**
1. 將沙榖澱粉放入深鍋，加水、鹽先調至化開。
2. 整鍋放在瓦斯爐上，開小火不斷攪拌至呈現透明狀即可關火（過程中一定要不斷攪拌，避免燒焦）。
3. 準備上桌，趁熱食用（冷卻後會呈現凝固狀）。
若放涼變得過於凝固，不好入口，可再次回鍋加熱攪拌，即可回復濃稠狀態。

# 薑黃鯖魚咖哩

**食材**
小尾鯖魚 6 條
水 300 毫升
油 1 大匙

**香料**
朝天椒 3 根
分蔥 80 克
大蒜 10 克
生薑 10 克
新鮮薑黃 25 克
（或薑黃粉 1½ 茶匙）

**表層香料**
新鮮香茅 2 根
羅望子 50 克
藤黃果 2 片
水 100 毫升

**調味料**
鹽、糖適量

**製作方式**
1. 把所有香料放入石舂或調理機，打成泥狀備用。
2. 新鮮香茅去除外部硬梗，洗乾淨備用；羅望子泡水 100 毫升，以手抓均勻後取 65 毫升羅望子汁。
3. 起鍋熱油，先把步驟 1 搗碎成泥的香料、香茅、藤黃果炒香，加水 300 毫升一起熬煮至出味，約需 10 分鐘，再放入鯖魚煮至滾。
4. 加入羅望子汁 65 毫升，適量鹽、糖調味，待魚熟即可熄火。

### 江湖一點訣

- 薑黃鯖魚咖哩是一道酸鮮風味的配方，作法入門且香料易取得，即使無法取得沙穀澱粉，也很適合直接配飯或麵食。

- 羅望子是調酸味的單方且非常容易上色，要斟酌用量，以免料理整體顏色太黑，影響視覺感。

# 遮扎
（安布亞靈魂蘸醬）

**食材**
金桔 4 顆
開水 80 毫升
薑黃鯖魚咖哩湯汁適量

**香料**
紅蔥頭 80 克
朝天椒 30 克
大蒜 10 克
蝦磚（或蝦膏）5 克

**調味料**
海鹽 1/2 茶匙
細砂糖 2 茶匙

**步驟**

1. 把蝦磚放在直火上烤至外觀恰恰後，便自然呈現粗粉狀，也可用石舂將之搗成粉；若使用較稀蝦膏則不用烤，備用。
2. 準備石舂（若沒有可用攪拌機）。把紅蔥頭放入搗碎，只要敲碎即可。
3. 放入朝天椒繼續搗，同樣稍微搗碎即可，需要保留食材口感。
4. 再放大蒜繼續搗，擠入金桔、海鹽、細砂糖和已烤過的蝦粉，繼續搗至完全溶化在醬汁裡。若用蝦膏則加入攪拌均勻即可。
5. 加入開水和少量薑黃鯖魚咖哩湯汁，拌勻就是遮扎醬。

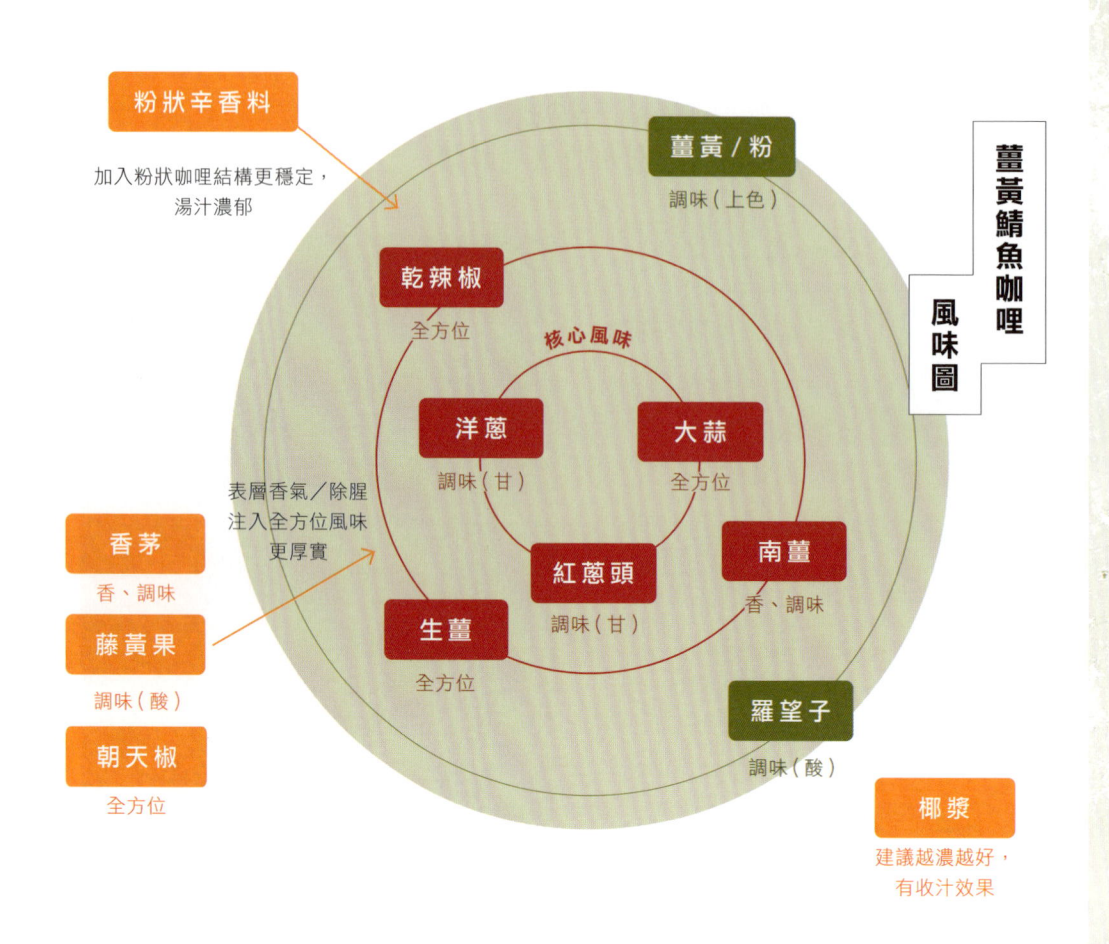

## 薑黃鯖魚咖哩 風味圖

**粉狀辛香料**
加入粉狀咖哩結構更穩定，湯汁濃郁

**薑黃/粉**
調味（上色）

**乾辣椒**
全方位

核心風味

**洋蔥**
調味（甘）

**大蒜**
全方位

表層香氣／除腥
注入全方位風味
更厚實

**香茅**
香、調味

**藤黃果**
調味（酸）

**朝天椒**
全方位

**紅蔥頭**
調味（甘）

**南薑**
香、調味

**生薑**
全方位

**羅望子**
調味（酸）

**椰漿**
建議越濃越好，有收汁效果

## ◆ 風味解析

沙穀澱粉燙熟之後變得黏稠，有口感但沒有味道，需要蘸醬沾食。生活在島嶼東南亞的南島族人，大多生活在河邊或鄰近水道地區捕撈，每日三餐必須準備石舂搗碾香料，製作蘸醬方便採集野菜沾醬生食。

蘸醬以酸味、濃郁、辛辣或發酵風味為主調，例如將季節水果搗成泥，或者利用低發酵食材入醬，是典型搭配安布亞的方式。舂搗之香料不強調搗碾成泥，會刻意保留口感，也不經過烹煮或爆香，取原食材的嗆辣與硫化物質，如紅蔥頭、花椒與辣椒，能補充維生素並有抗菌作

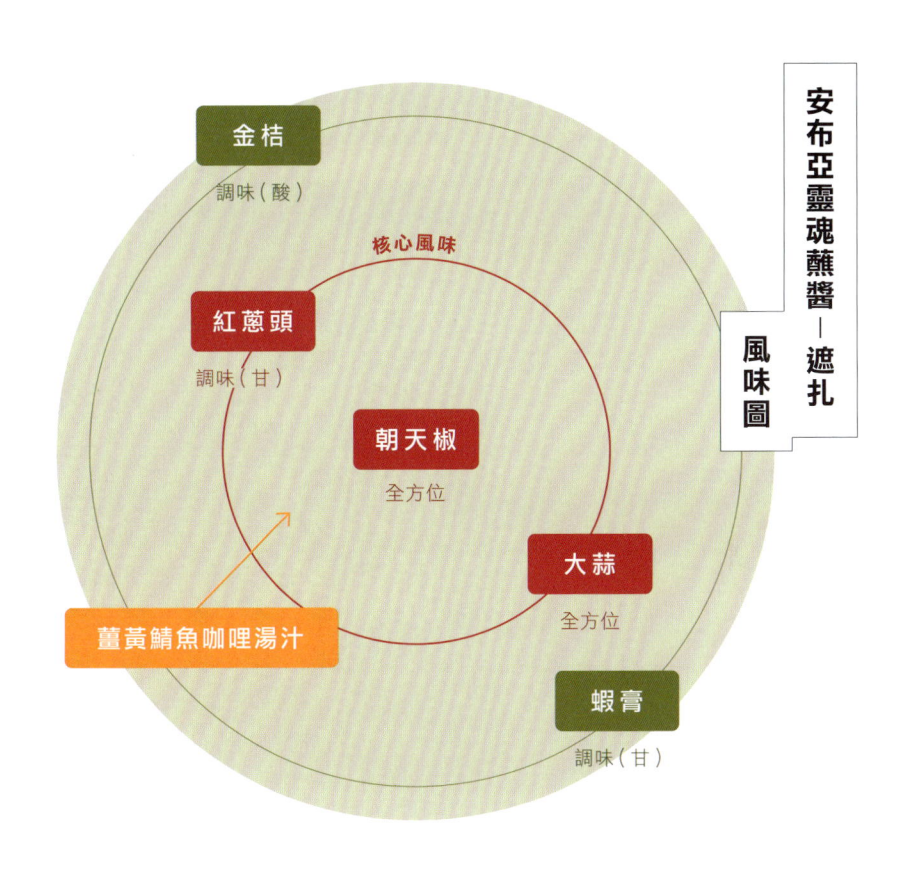

## 安布亞靈魂蘸醬—遮扎 風味圖

- 金桔　調味（酸）
- 紅蔥頭　調味（甘）
- 朝天椒　全方位
- 大蒜　全方位
- 蝦膏　調味（甘）
- 核心風味
- 薑黃鯖魚咖哩湯汁

用，更是撐起蘸醬的主要風味來源。酸性食材如檸檬、金桔、羅望子、土芒果、木胡瓜，則可依季節變換。

可能因為長時間生活不易、環境物資有限，居住在島嶼的南島人烹煮方法不花俏，多以水煮或燒烤，甚少使用過多油脂，不強調爆香，取得香料方式也以便利為主。

**Phở**
南洋

越南米食，
精彩絕倫

檳城炒粿條重視火候與鑊氣。

## 粿條控的尋粿之行

某個清晨醒來，突然想念家鄉檳城炒粿條[1]。興致勃勃從市場買來粿條，切成半公分寬度，煉豬油，留下酥脆油渣，大蝦去殼、韭菜切段、準備鴨蛋、臘腸也切好薄片，甚至特地開車到東港買血蛤[2]，汆燙取肉；大陣仗把調味料一字排開；魚露、醬油、鹽、糖，尤其不能少了老抽。

起鍋，下豬油、撒入蒜末，大火快炒，手興奮得在顫抖，這是第一次在異鄉做這道菜；心裡反覆演練幾十次檳城街頭炒粿條的步驟，復刻動作，一步一步，小心翼翼。為達到原鄉視覺感，還特別央求朋友找來新鮮香蕉葉鋪在瓷盤才上桌。剛吃第一口，「咦，口感不對」當下難掩失落，於是萌起一個念頭──台灣走透透三百六十八個鄉鎮尋找「粿條」之旅。

每到一鄉一鎮，看粿吃粿成為必要儀式，三月、半年、八個月過去仍一無所獲。某一天因公去了趟高雄大樹，當地人隨口提起：「我們這裡的粿

---

1. 譯作 char keow teow，聚炭香、鍋氣，豬油香、海鮮鮮香於一身，是檳城著名街頭美食。
2. 血蛤亦稱蚶，潮汕人年菜或掃墓必吃，寓意聚財、有錢可數之意。

107

# 有粿就是潮汕人

## 深藏在脈搏裡的基因

父親是典型的福建人，母親祖籍廣東，自我有記憶以來，兩人對食物的意見不斷。父親堅持他的福建炒麵（Hokkien char）配料不用多，鑊氣要足，尤其是豬油渣，老抽要下得豪邁，整盤「烏趖趖」(oo-sô-sô)，黑到發亮才能誘人食慾。母親是擁護原食原味主義者，各種米食製品，如：水粿、光煎，務必強調清爽俐落。家裡祭祀常出現潮州鹹麵線，燙過後僅以蒜末、開陽、韭菜、魚露和少許糖大火快炒，看起來「白鑠鑠」(peh-siak-siak)，父親眉頭一皺，筷子動也不動，走人。

究竟從什麼時候開始對粿莫名執拗，可能是小時候吃粿多過米飯，離家後思念故鄉而寄情。比起西式早餐，我更想念檳城熱騰騰的粿條湯（Penang Style Koay Teow th'ng），放入沸水汆燙兩三回，瀝乾！對！一定要瀝很乾⋯⋯很乾，再倒扣入碗，早年配料簡單：西刀魚做的魚丸、切成薄片的魚餅再淋上豬油渣，搭一碟辣椒醬油，想著想著眼淚奪眶而出。

高中時期常常臨時起意，到鄰國走跳，在檳城碼頭搭船往西可抵達棉蘭（Medan），篤信回教的印尼人只吃牛肉丸，一口咬下爽脆，肉汁從齒縫間流瀉，聞得到八角、丁香、肉桂和牛骨熬成的湯底，未入口一陣暖意入心脾，香得恰如其分，襯托粿條（Kwetiau kuah sapi）爽滑嫩溜，熟悉的味道讓人卸下心防。若往北，開車越過檳威大橋，直衝泰馬邊境，抵達黑木山（Bukit kayu hitam）5，天剛微亮，來一碗鮮、香、酸、辣的紅湯河粉湯（ก๋วยเตี๋ยวต้มยำ）和

---

3　潮州話「Chwee kueh」，潮汕移民帶來馬來半島的其中一道米食，外型如台灣碗粿的迷你版，吃的時候澆上一瓢炒香的菜圃粒和辣椒醬。
4　潮州人傳統祭祀糕點，以腐皮裹入豆薯、開陽、大量白胡椒粉、花生捲起，蒸過定型再切菱形，高溫油炸而成。
5　馬泰邊境。

## 北越粿

**米香湯鮮**

腸胃道早安,有幾次來晚了吃不到,只好選清湯河粉(ขนมจีนน้ำเงี้ยว)解饞,魚丸、豬肝、粉腸、碎肉丸子,淋點蒜酥油,一直以為這一切都是理所當然,天底下的河粉理應如此,想起來真是見識狹隘。

直到有一次從河口口岸抵達北越邊境,那一天正逢冬日,清晨寒風凜凜冷得發抖,遠遠看見一群人挨著小凳子,圍著一鍋正在炭火上熬製的高湯取暖,大夥兒吃著河粉(Pho),煙氣繚繞緩緩升起,突然覺得特別餓。老闆頭戴斗笠,手是秤,抓起一把新鮮河粉汆燙,再淋上一大瓢牛大骨混著豬背脊骨的高湯,八角野艷,草果氣味芳香,不知已熬了多久,高湯接近乳白色澤,未入口即聞到一股渾厚氣勢,豪邁撒上大把生洋蔥、香菜、青蔥,碗邊擱半截油條,老闆比手劃腳,暗示我一口湯一口河粉再嚼一口油條,回頭又指著矮桌上整根泡醋的辣椒罐,示意我搭著吃,第一次覺得沒有配料的河粉原來可以這麼好吃!

「早期北越人貧困,哪有肉可吃。」北越朋友說:「法國人丟棄的骨頭拿來熬湯,邊邊角角肉削下來當配菜就是最奢侈的吃法。」北越河粉簡

北越粿條通常會附上一根油條,非常華人。

## 開鑿挖渠，開啟千年統治

越南人吃河粉，最早源自北越南定（Nam Dinh），位於紅河三角洲的一省。這裡的居民在公元前便一直深受河水氾濫之苦，紅河三角洲既帶來滋養與生計，卻也衍生災難，這些記憶一直停留在老一輩心裡。豐沛雨量帶來灌溉活命之水，然而一夕之間，提高了四十倍 [6] 水量，瞬間家破人亡；而乾旱來臨時，水源驟減剩下六分之一，人民同樣苦不堪言。

當時正值秦朝時期，秦始皇統一六國之後欲拓展疆界，於西元前二一一六年進軍嶺南 [7]。南部氣候炎熱潮濕，猛獸橫行，加上糧草不易運補，進軍速度緩慢，最後鎩羽而歸 [8]，秦王大怒，命人修建水路，遂於西元前二一八年完成修築靈渠 [9]，此舉雖然紓緩了邊境飢荒問題，但也開啟越南被統治千年的歷史。

這片由紅河三角洲沖刷而成的平原土地肥沃，中國引入種植技術，成為日後著名大糧倉，米食加工因而蓬勃發展，各種環肥燕瘦，長短不一的寬細粉條，每天供應市場所需，如米皮春捲（Gỏi cuốn）包的矇粉（Bún），頗有台灣南部人夾（kauh）潤餅時加入油麵吃法；膩了，我們再換個方式，和當地人挨坐在街邊矮板凳，吃一碗雞肉矇粉條（Bún thang），配料豐富：蛋絲、越南火腿絲、香菇絲、越南香菜（又稱叻沙葉，Rau ram），黃的、黑的、白的、綠的，美得像副畫，我還吃過老闆親手剝蝦仁，將之打碎，不放一滴油，乾鍋炒到水分蒸發再繼續炒至粉紅色成蝦粉，光聽工序，我兩眼發直，心裡震撼，願意花時間手作，不是真愛是什麼！

---

[6] 薩德賽，蔡百銓譯，2001，《東南亞史》上，臺北：麥田出版社。
[7] 當時所指區域包含現在的廣東、廣西、海南、香港、澳門、湖南、江西部分地區、北越紅河三角洲以北。
[8] 攻百越族主將：屠睢與西甌越人對峙三年，最後不幸身亡。
[9] 建於西元前219年，連結湘江和漓江要道，是世界古老運河之一，初名秦鑿渠，唐代之後改名靈渠。

大街小巷處處可見中午時分出來覓食的上班族，蔬菜裡夾炭烤燒肉（Bún chả）、矇粉、香草拼盤、醃過的紅、白蘿蔔泡菜再沾魚露，一頓完食身心愉悅，明明腹撐卻總意猶未盡，越南米食就是有這種魅力，讓你一吃、再吃、還想繼續吃。

已故美食家波登對北越蝸牛螺肉矇粉（Bun oc）讚不絕口，一搓細米條，澆上高湯、吸飽鮮螺肉的豆腐、番茄、增加色澤的胭脂子，越南人對米食癡迷程度遠遠超出老廣想像。另一道河內必吃的鱧魚鍋（Chả cá），主角河魚用薑黃、南薑醃製入味後酥炸，內嫩外脆，和以大量青蔥、茴香菜鋪天蓋地淹沒單柄鍋，其中矇粉條是搭配這道菜餚的主食，沾蝦醬食用。兩種不同鮮味重疊覆蓋。在粉上，每嚼一口綻放一次，然而鮮與腥不過一線之隔，坐在凳上看歐美人入口後的豐富表情超有戲。

## 人神共享，無粿不歡

北越，在長達千年的中國統治之下，不斷經歷撕裂與癒合，人民在政權與文化夾縫中掙扎，衝撞體制。歷史中，有許多不滿朝政的有力人士集體遷徙，也有因飢荒被迫南移的百姓，他們來到交趾（Chiao Chih）[10]、九真（Chiu Chen）[11] 和日南（Jenan）[12] 等地，當中必定有許多擅長米食的兩廣人們[13]扮演廚事推手。

我們家陳姓祖輩是廣東普寧[14]人，善做粿，舉凡所有米食，無論甜的鹹的，都跟祭祀畫上等號，說到這裡，終於理解為什麼母親一年到頭有拜不完的神明。從除夕到初七人日、元宵、清明、端午、七月普渡、中秋拜月娘、冬至更是大過年，該準備的糕點比除夕更澎拜：紅桃粿、光煎、菜粿、發糕。平常還要拜土地公、觀音、註生娘娘、關公，每個農曆月份的

10 今日的越南河內一帶。
11 今日的越南清化省。
12 今日的廣平、廣南省，位於越南中北部。
13 住在廣東和廣西的人們。
14 父親小時因林姓生父遭故生亡，母親改嫁陳姓阿公，全家因此改姓陳。

111

最後一日要拜后尾公[15]，還有暗藏在街頭巷尾、在地人敬畏的番神——拿督公，自家公媽祖先忌日更不用說⋯⋯我暗地裡十分佩服母親驚人的記憶力和體力。做「粿」對我們來說，是為了祈求豐收、消災解厄、祈福庇佑，最後人神一同共享這些美食佳餚。母親的做粿功力傳承自外婆，但別問她多少斤粉加多少水，永遠沒有答案。

可以想見，這些住在北越交界的人們，自然延續這樣的製粿傳統。紅河三角洲賦予了有利的天然條件，適合種稻、打穀，日出而作、日落而息的生活方式，讓米食成為生活重心，後來的越南人對於各種米製品的熱愛，也就變得理所當然。如今市場裡的米食百百種，每日供應新鮮、乾糙粉條的種類多到目不暇給。

## 從粿到粉，陷入選擇障礙

越南從北至南長達一千六百公里，米食有各種不同型態、寬細和加工方式；怎麼搭配越南人有自己的一套邏輯。大致可分為米線類（Bún）、粉類（Phở）和麵粉混米粉（Bánh）。在越南北部寧平傳統市場有一種細米粉餅稱作 Bún lá，用的是上好香米，將燙熟的米粉撈起，壓成扁平，冷卻後定型再切成塊狀，在偌大的竹簍鋪上豆腐、去骨豬蹄片、炸雞塊、炸米皮春捲、水煮豬腸，隨

越南峴港傳統市場內有各種粉，供給不同需求的米食。

**15** 檳城做生意的福建店家會在每一個月的月尾在家的後門設供桌拜孤魂野鬼，俗稱后尾公。

餐附上新鮮香草：紫蘇、馬鬱蘭、薄荷、羅勒、生菜，澎湃景象讓我記憶深刻，直接聯想到雲南撒撒（Sǎ piě），集各種香草之酸、甜、辣、苦，四種風味相互交錯，一整個在口腔裡迸發，熱鬧非凡。

越南還有我愛的類米苔目（Bánh canh），吃法變化多端，近海搭海鮮、靠山搭雞、豬、內臟、廣東籍越南人稱之瀨粉，滑嫩程度接近檳城亞參叻沙，口感又似台灣米苔目彈牙，煮熟之後則見香港瀨粉的通透感。

另一種盛行於湄公河水上人家，粿條（Hủ tiếu）吃法更見在地化，湯裡擠進檸檬汁，鹹鮮酸分明，夏日太陽火辣，邊吃邊飆汗大呼過癮，若想更接近「華人」口味，可以選擇乾拌，配料從豬肉、豬內臟到海味鮮蝦，淋上厚功熬製湯底再撒上豬油渣，不好吃，也難！

米食加工的精彩通通被越南人演繹得淋漓盡致。

北越寧平米線使用香米製作，香氣迷人。

類米苔目接近廣東瀨粉滑順，吃起來非常清爽。

北越 Hủ tiếu 搭著油條吃也 OK。

## 殖民改變越南人飲食習慣

根據耆老說法，以農立國的越南人剛開始並不食牛，一八八五年法國人大舉入侵後，改變了越南人的飲食習慣。多數烹飪專家認為「Pho」一字來自法語中的「feu」；這道日常的法國蔬菜牛肉湯（Pot-au-feu）在鄉村地區深受歡迎，鍋中放入牛肉或牛骨，以及唾手可得的大量根莖蔬菜和香草，細火慢熬，搭配麵包食用，剛好與越南熬煮湯頭的方式不謀而合。不過根據越南學者 Bich N. Nguyen 的看法，認為法國人影響越南人吃牛是事實，但早在一八〇〇年末期，即有一批不願被滿清統治的明朝後裔遷徙北越，他們和京族女子聯姻後衍生「明鄉」（Người Minh Hương）族群，為了生計已經賣起牛肉粉（Ngau yuk fan）。這段地景被收錄在一九〇九年亨利·奧格（Henri J. Oger）出版《安南人的技術》一書中。

挑著扁擔沿街叫賣「Ngau yuk fe⋯n⋯」、「fen」係廣府話「粉」，指的就是「河粉」，聽在越南人耳裡竟成了「糞便」，非常不雅，是否刻意收輕尾音成就後來的「phở」，看來可信度頗高。

一九五四年南北越分裂，許多人逃到中南部定居，在地理位置上，中部順化接近北越，但在當時政治劃分卻歸屬南越直轄市。受到南部少數民族和法國殖民文化影響，Pho 不但用牛骨湯為底，還把牛肉當配菜，香茅去腥、胭脂籽（Annatto）上色，再混入蝦膏一起熬製湯頭，胭脂樹籽在脂溶性高湯中會釋放七〇至八〇%的胭脂素，整鍋高湯表面浮著一層橘紅色澤[16]，頗有異國風情，趁熱上桌搭配一籃生豆芽、香菜、香蕉花、刺芫荽（Culantro）、薄荷、羅勒、紫蘇和越南香菜（Rau Ram），這就是後來著名的順化牛肉矇粉（Bun bo hue）。

[16] 胭脂籽是一種調「色澤」的香料，請見《辛香料風味學》一書。

Phở 一路顛簸來到南越，頓時豁然開闊，所有富饒產物一股腦加入配菜選項：雞肉河粉（Phở gà）、海鮮、鴨肉、羊肉，其中食牛肉部位更見細緻：牛腱心、牛筋、牛骨髓、腹脇肉、牛腩、牛肉丸，店家貼心附上圖文並茂菜單，方便旅人，一目了然！台灣的越南河粉店多以南越占多數，擠上檸檬，再來一瓢海山醬（Hoisin sauce），拉查香甜醬（Sirracha sauce）也行，惹味交疊盡享中南半島風情。

## 越南國粹

**魚露知多少**

八〇年代，市面上買不到魚露，要吃得自己從家鄉帶，越籍友人跟我抱怨：想吃要躲在廚房角落偷偷沾著吃，因為夫家的人覺得味道太臭。某天炒菜時，鹽巴剛好用完，她偷加魚露調味，竟沒有人發現，第二次食髓知味再追加多一點，還是沒有人吃出來，最後因為魚露用完沒辦法再炒出「鮮」味，婆婆追問之下事情才曝光，從此一家子成為魚露鐵粉。

越南魚露罐身下方常標示度數符號（°），常見有 35°、40°、45°、50°，甚至到 70°、75° 不等。據在地釀製的店家說，這些數字代表的是魚露中蛋白質含量的高低。製作時，新鮮魚與海鹽一層接一層堆疊入甕，經發酵後，第一道萃取的魚露蛋白質含量最高，被標

上面浮一層橘紅色油脂便是胭脂籽煉出的油。　　一整套中部順化牛肉矇粉少不了豐盛的香草盤。

## 越南魚露，在地台灣味

小時候吃過自家釀製的魚露，未入口就聞到鮮味撲鼻而來，顏色呈琥珀，在陽光下閃閃發亮，像是穿透餘暉的光。貞·魚露（Tran Nuoc Mam）的主理人阮貞說：「全球化的年代，越純粹越艱難」，於是萌起自己動手釀魚露的想法。主修社會學的她發揮研究精神，從翻閱資料開始慢慢摸索，為了找尋最鮮美、未經冷凍的魚，凌晨摸黑出門等待船家回港，從拿到漁獲開始倒數計時跟時間賽跑，清洗、消

示為高度數魚露，適合直接沾食；甕裡的魚若再繼續撒鹽，發酵第二次、第三次後所得的魚露，蛋白質含量逐漸降低、鹹度升高，則適合滷燜或紅燒，風味壁壘分明。當然，若荷包夠深，取高胺基酸魚露來燉煮也是沒有問題的。

魚露材料來自海魚：正鰹、小串、小鮪、鐃仔，或淡水區域的白糟魚、丁香魚都適合。不同的季節、魚體大小與釀製手法，都會影響最終風味與成熟時間。老一輩越南人會自製魚露，首先煮一鍋熟水，待涼後清洗鮮魚、瀝乾，使用粗鹽，一層鮮魚一層鹽鋪滿，封甕，置於半日曬處，每隔一週要開甕攪拌，直到熟成一年為止。也有經濟條件寬裕的越南人，委託漁家捕撈上船後直接釀製，待魚露熟成再交付，一場與時間共釀的味覺旅程於焉展開。

台灣的新鮮鯷魚準備做魚露。（圖片提供／阮貞）

魚露的食材純粹，只有魚和鹽，就能釀出鮮香。（圖片提供／阮貞）

## 越南核心香草

越南傳統醫學分為北醫（Thuốc Bắc）和南醫（Thuốc Nam）兩種，前者受中國儒家影響長達二千年，在飲食上貫徹「不時不食」，並且遵循陰陽五行理論，生病看中醫、食中藥調養身體。

越南中部以南則長期受到印度、占婆影響，吸收阿育吠陀醫學精髓，講究六味平衡[17]，不只來自食物，也源於四周可生食之植物；例如薄荷可怯風解熱、清肝治感冒，而假蒟，常用於包裹肉餡，越南人相信可抗發炎和治療風濕病。於是各種湯粉、油炸、春捲隨餐附上各式各樣香草盤，比起乾燥，新鮮吃更有滋味。

毒、撒鹽、醃漬封甕擺放，確保不受生水及細菌汙染，擺放甕的位置也非常講究，發酵過程需要陽光日曬，太猛太弱都不行，除此還要定時開甕攪拌，一邊聞味辨識胺基酸的熟成程度，眼觀發酵狀況，等待十二個月過去才是繁複工作的開始，首先是過濾魚汁，為了確保毫無雜質，必須耐心等待紗布過濾，一等就是一天。

時間醞釀的魚露好香，完全沒有半點腥味、騷味或刺鼻味，顛覆我對魚露的印象，放越陳越香，我喜歡加蒜末、辣椒、少許檸檬汁就能嚐出甘鮮味。

市場攤販有配好的香草盤，方便買回家食用。

[17] 阿育吠陀醫學乃古印度經典，強調所有辛香料皆具調辛、甘、酸、苦、鹹、澀六味，不只調味更講究味道必須達到平衡。

## 核心香草 雷公根

在平地、野外、路邊，田埂常見這種匍匐草本植物，味苦、辛，性寒，常見於青草茶行，同時也是民間「轉大人」其中一帖藥膳方。

第一次越南行，正值高溫三十五度，走在路上兩眼冒金星，友人見狀邀我坐進街邊小茶攤，老闆端來一杯綠、黃、白色三層分明的飲料，一入口暑氣全消，越喝越順口，好奇這杯到底是什麼？原來是越南人的消暑聖品——Rau má，取雷公根、去殼綠豆及新鮮椰漿打成，獨特香草氣味讓我印象深刻。

雷公根，別名積雪草，南宋陶弘景曾言：「想此草以寒涼得名爾。」不過《神農本草經》卻歸其藥性為溫和，有消炎解毒、清暑止癢、明目袪風、固腸之效。早期台灣也常用雷公根做成涼茶解熱。

此植物原產印度，阿薩姆人稱 Manimuni，為阿育吠陀醫學中的「長壽之草」，有促進傷口癒合，改善靜脈功能不全，鎮靜抗焦慮與癲癇等功效，民間也用作利尿通便。在斯里蘭卡，僧伽羅語稱其為 Gotu kola，相信其有淨化血液、啟動免疫力之效，甚至當地農家會餵食母牛，據說可增加生乳產量。

台灣早年把雷公根當蔬菜，認為可清熱生津、解毒、活血消腫，是腸胃良藥。雷公根煎蛋是簡便吃法，或搭配小魚乾魚丸煮湯、填入雞腹做白斬雞取其清香，或新鮮打汁再加蜂蜜調和苦味。

### 有長壽之草美譽

雷公根雖然一直作為草藥，不過自帶羥基積雪草苷 (Madecassoside)、羥基積雪草酸 (Madecassic acid)，可抗皮膚發炎，雖藥性苦寒，只要搭配得宜，也是台灣香草植物的一環。

新鮮莖葉搗汁水加紅糖飲用，對腸炎、腹痛、痢疾有明顯效果。嫩葉適合當沙拉蔬菜，馬來西亞馬來人稱為Pegagan，作為日常野菜食用。實際上，雷公根是藥草也是香草，其苦味與乾果、堅果搭配，是很好的維生素來源。取新鮮雷公根煮魚湯或海鮮湯品，能去腥解毒，也是少見的水溶性香草之一，能提神益腦。

根據文獻指出，雷公根亦有美容效果，其分子能讓組織癒合、防水腫、抑制脂肪細胞，並促進真皮中膠原蛋白形成，萃取純露可做皂或敷臉，分子中纖維蛋白再生能刺激深層皮膚更替，使肌膚柔軟有光澤。

# 雷公根

| 學名 | *Centella asiatica* (L.) Urb.　草本／五加科 |
| --- | --- |
| 名稱 | Asiatic pennywort（英文）、Rau má（越南文）、Pegagan（馬來／印尼文） |
| 別名 | 連錢草、馬蹄草、崩大碗、蚶殼草、老虎草、胡薄荷 |
| 主要成分 | 積雪草酸、積雪草貳、羥基積雪草苷 |
| 食療 | 解熱、解渴、咽喉腫痛 |
| 食用部位 | 全草 |
| 保存方法 | 白報紙包裹冷藏可保存7天 |
| 禁忌 | 孕婦、兒童，身體虛弱者勿食，避免與寒涼食物同時食用。 |

◆ **辛香料屬性**

辛料　　　　香料　　　**調味料（上色）**
單方／複方　新鮮／乾燥

◆ **六味屬性**

辛　**甘**　酸　**苦**　鹹　澀

◆ **風味表現**

顯現之味　Apparent Taste

◆ **五感**

聽覺　　**觸覺**　　視覺　　嗅覺　　味覺
（空）　（風）　（火）　（土）　（水）

**風味筆記**

- 適合夏日解暑，雷公根除了搭配清涼的綠豆仁，也可以和東南亞常用的香蘭一起使用；秋日風起濕氣重時，則可搭配紅豆食用。
- 雷公根植物非常纖細，不耐久熬，但與夏日瓜果類非常搭，增鮮部分可選用乾貨或肉類。
- 低溫乾燥之後研磨成粉，調配香草鹽也是不錯的用法。

**適合搭配**

海鮮　　各種魚類　　　香料鹽　　蒜粉、芝麻葉及全方位辛香料
乾貨　　所有乾貨　　　提取純露　手工皂
飲料、調酒

**核心香草**

# 刺芫荽

## 人稱美國香菜，南美洲家的味道

原產於中南美洲亞馬遜流域，十九世紀被引入東南亞國家，繖形科刺芹屬，一、二年生草本植物，邊緣有骨質尖銳鋸齒，是最大特徵，早期作為藥物，在墨西哥、加勒比海、印度、東南亞等國家為癲癇用藥。後來人們意識到刺芫荽的香氣與香菜雷同，一度替代使用，比起香菜，刺芫荽葉所含的酚類、黃酮類、單寧具有揮發性化合物，能創造更深邃的風味，有明顯辛嗆感，能賦予菜餚獨特調香及調味。

刺芫荽是拉丁美洲人記憶中的風味，稱為 chicória-do-Pará，在亞馬遜地區有一道名為塔卡卡 (Tacacá) 的湯，剛喝第一口，瞬間痛感侵襲，緊接著麻痹[18]，酸味辛辣如脫韁野馬排山倒海而來，當下以為自己中毒，腦袋有幾秒空白，迷茫中看見碗裡竟然有熟悉的刺芫荽，全部撈起大口吃下，或許真的起了鎮定作用[19]，從此不再自詡多會吃辣，辛辣世界天外有天。

十六世紀的歷史文獻中提到巴西、秘魯、哥倫比亞和厄瓜多爾最愛這種香草植物，用於治療消化道和婦科相關疾病，習慣以茶或各種形式的飲料飲用。日常飲食中，刺芫荽則作為菜餚裡的調香及調味。南美洲人愛吃木薯，以洋蔥、胡椒、番茄並和牛肉或豬肉一起烹煮，做成類似燉菜的料理，再搭配白飯和哈瓦那辣椒醬食用；若有捕撈到魚，加入椰漿熬煮，就以刺芫荽調味。是農業家庭、社區和傳統民族的非物質遺產，代代相傳守護健康的天然品。

## 擅長添清香

不只越南人愛吃愛用，最西化的菲律賓亦用來燉牛尾湯 (Bulalo) 或牛骨湯 (Nilaga)，增香是

---

[18] 湯裡有一種名為金鈕扣 (Acmella oleracea) 的菊科植物，俗稱牙痛草，當地人將葉子當蔬菜煮成湯，有豐富的維生素C，頗受歡迎。

[19] 在民族醫學中，刺芫荽是一種抗驚厥作用的藥草。

## 核心香草 紫蘇

紫蘇共有二百三十六屬七千餘種，唇形科，薄荷近親。原產地位喜馬拉雅、中國、日本、韓國、印度及泰國，濃密的一年生植物。台灣常見有白紫蘇（荏胡麻／野芝麻）、紅紫蘇、綠紫蘇三種，前者種籽多作榨油，除紅紫蘇外皆可食用葉子。

日本料理中的生魚片常伴隨一片白紫蘇葉，可食嗎？難道是裝飾？日本人相信紫蘇葉含有抗真菌活性，許多研究也證實能對金黃色葡萄球菌和大腸桿菌起抑制作用，所以那片紫蘇葉是搭配生魚片一起食用的。

韓國人稱蘇子葉，前陣子一股風吹進韓國娛樂圈，興起討論該不該在餐桌上幫女性友人夾醃漬紫蘇？因入味後的紫蘇葉，葉片與葉片間前胸後背貼在一起不容易分開，需要同桌另一人幫忙，由此小動作來窺探男女交往程度，實在有趣。韓國人吃紫蘇的方式非常多元，包肉直接吃，或者裹餡油炸，也是飯糰裡少不了的關鍵美味。

主要目的，刺芫荽並不擅長除腥羶，故緊接著必須幫它添加助力，加入滲透性辛香料，如丁香、草果。

不過在北美洲東南部，有一道沾醬——刺芫荽綠醬（Chadon beni sauce），是當地人飲食記憶，隨手搭配任何一種食材或吃法都相當受歡迎，簡單易做，刺芫荽、辣椒、大蒜加上檸檬、少許鹽即可，標榜熱量低，香度高，比香菜的香氣更濃、更深沉。

令我驚艷的作法則是牙買加，一撮歐系基因——百里香搭刺芫荽、辣椒、蒜頭、洋蔥，用在魚、肉醃漬醬，經過高溫火烤，刺鼻味消失，味道充分滲入食物，鮮香緩慢釋放，再來一杯啤酒，真過癮！

馬來文稱刺芫荽為Ketumbar jawa，以爪哇為名卻不見印尼人取之入膳，而是作為燒燙傷、蛇咬傷及瘧疾民間藥物，不過住在泰馬邊界的馬來人，似乎約定好都用來煮湯：海鮮湯（Tom yam masak ketumbar jawa）、辣雞肉湯（Sop ayam pedas ketumbar jawa），辛味加入，香氣更上一層樓。

122

# 刺芫荽

| | |
|---|---|
| 學名 | *Eryngium foetidum* L. 草本／繖形科 |
| 名稱 | Spiny coriander（英文）、Mùi tàu（越南文）、Ketumbar jawa（馬來文）、Daun walang（印尼文） |
| 別名 | 墨西哥香菜、日本香菜、美國香菜、越南香菜、假香菜、野香草、緬芫荽、大香菜、刺芹、阿佤芫荽 |
| 主要成分 | 酚類、黃酮類、單寧、刺鼻醛 |
| 食療 | 解熱、消除異味、行氣消腫、健胃 |
| 食用部位 | 嫩莖葉 |
| 保存方法 | 以白報紙包裹，冷藏7天、冷凍3個月。 |

◆ **辛香料屬性**

辛料　　香料　　調味料

◆ **六味屬性**

辛　甘　酸　苦　鹹　澀

◆ **風味表現**

長韻之味　Body Taste

◆ **五感**

| 聽覺 | 觸覺 | 視覺 | 嗅覺 | 味覺 |
|---|---|---|---|---|
| （空） | （風） | （火） | （土） | （水） |

**風味筆記**

- 刺芫荽是住在巴西北部帕拉州阿爾塔米拉（Altamira）傳統人民的調味劑，可抑菌、保存食物，生食味道比香菜更濃烈，有刺鼻味，搭配肉類食用能除去異味且持續達到增香、調辛辣味道。
- 若遇肉類、海鮮需高度去腥，與之醃漬或熬煮是選項之一，不過刺芫荽經過熱轉化之後味道會消失2/3，可以彈性運用在各種料理中，適合與菊苣、洋蔥、大蒜、韭菜、青蔥、香菜、芹菜搭配，非常適合製作醬料、醃漬或咖哩堆砌。
- 我最私房的吃法是，將豬油渣加上切碎的刺芫荽，用鐵鍋炒飯，香氣逼人。

**適合搭配**

| | | | |
|---|---|---|---|
| 豆類 | 鷹嘴豆、扁豆、豆類加工 | 飲料、調酒 | 芹菜、歐芹、韭菜／藥酒基調，搭配杏仁、核桃 |
| 海鮮 | 各種魚類 | | |
| 醬料 | 醮醬、咖哩醬或任何淋醬 | | |
| 瓜類 | 蒲瓜、櫛瓜、胡瓜 | 香料鹽 | 適合搭配羅勒、杜松子及全方位辛香料 |
| 肉類 | 家禽、家畜、內臟 | | |
| 根莖類 | 木薯、豆薯 | 適合用水蒸餾法提取純露／精油 | |

兩千年歷史古國，中國及印度已有相關記載，漢朝末年人們口中的紫「蘇」，意能安撫身體、促進血液循環；宋朝之後莖、葉和種籽被完整運用，莖用作鎮痛劑和抗墮胎劑，葉子治療氣喘、感冒、流感、胸悶、嘔吐、咳嗽、便秘和腹痛，種籽榨油可化痰、潤腸通便。

## 鐵質之冠

有缺血性貧血群族適合食用紫蘇，它比地瓜葉、空心菜鐵質更高，天然化合物如迷迭香酸、紫蘇醛、木犀草素、芹菜素、山茱萸酸，同時是素食者最好的鈣質來源，泡油取香可作多種用途。泰國稱為ง่า，泰北種植面積廣，分布在西北湄宏順府、帕府及清邁，著名蘭納王朝時期一道紫蘇糯米糰（Khaow-nuk-nga）趕在稻米收成季節和收集來的紫蘇籽趁熱攪拌均勻，慶祝豐收，紫蘇是特定民族的風味象徵一點也不為過。

紫蘇亦是解毒香草植物，通常伴隨海鮮出現，尤其生食的時候。別忘記它也擅長染色，醃漬品—

紫蘇梅就是來自紅紫蘇。若以茶飲姿態呈現，夏日宜搭配酸調性，冬日則建議泡酊劑，適合當開胃酒，尤其琴酒類、清酒類或雞尾酒。無酒精則與蜂蜜、青蘋果汁和檸檬汁搭配，清爽可口。

124

# 紫蘇

| | |
|---|---|
| 學名 | *Perilla frutescens* (L.) Britton　草本或亞灌木／唇形科 |
| 英名 | Perilla / Shiso leaf（英文）、Daun perilla（馬來文）、Daun selasih（印尼文）、Tía tô（越南文）、Nang lae（泰文） |
| 別名 | 牛排草、赤紫蘇、響尾蛇草、回回蘇 |
| 葉子主要成分 | 維生素、鐵、鋅、鎂、磷、鈣、蛋白質、類胡蘿蔔素、氨基酸 |
| 種籽主要成分 | α-亞麻酸、木犀草素 |
| 食療 | 解寒、氣管不適、嘔吐、腹痛、便秘 |
| 食用部位 | 根、莖、葉子（香草）、種籽（榨油）、花 |
| 保存方法 | 以白報紙包裹放入冷藏5天 |
| 禁忌 | 糖尿病患者需要徵詢醫師 |

◆ 六味屬性

紫蘇葉　辛　(甘)　酸　苦　鹹　(澀)

綠紫蘇　(辛)　(甘)　酸　苦　鹹　澀

◆ 風味表現

長韻之味 Body Taste ／中層段 Mid-palate

◆ 五感

聽覺　觸覺　**視覺**　嗅覺　味覺
（空）（風）**（火）**（土）（水）

**辛香料屬性**

紫蘇葉：辛料、香料、調味料（可上色）　　紅紫蘇葉：有上色效果
白紫蘇／綠紫蘇：辛料、香料、調味料　　紫蘇籽：香料、調味料

**風味筆記**

- 生食綠紫蘇葉有茴芹、羅勒和肉桂氣味，紅紫蘇有濃郁花香及薄荷味，葉片韌，不宜生食，但含花青素適合醃漬、釀酒或泡油醋，能上色，適合爆炒或燉湯，與檸檬、味醂或味噌最對味。
- 熟食宜和醬香味型搭配，水果如桃子、梅子，特別適合搭配硫化物香料如分蔥、洋蔥等，酸澀食材如李子、花椰菜，鮮味食材如蝦、蟹解寒毒，海帶芽等，軟糯口感食材如糯米、栗子。

**適合搭配**

| | | | |
|---|---|---|---|
| 海鮮 | 各種魚類（能解毒） | 飲料、調酒 | 青茶、花草茶、高粱、清酒 |
| 肉類 | 家禽、家畜 | 堅果類 | 芝麻、南瓜籽 |
| 蕈菇類 | 乾貨、鮮菇 | 五穀雜糧 | 白米、糙米 |
| 根莖類 | 大頭菜、白蘿蔔 | | |

### 核心食材

## 香蕉花（芭蕉花）

很難說，在東南亞十一國中，究竟哪一地的人不吃香蕉花。七〇年代曾是香蕉出口王國的台灣，是否也曾吃過？

一顆成熟的香蕉花，沉甸甸約重達八百克，如剝筍般把花瓣剝開後，出現一排淡黃色蕉蕊，形似卵狀的披針形。處理時，需去除雌蕊和花被片，這兩者纖維粗硬，入口易卡喉，不宜食用。所有材料須迅速泡入醋鹽水中，防止氧化；東南亞人還會再水煮一次，焯去澀味再做後續料理。

東南亞的香蕉品種非常多，有紀錄達百種以上。吃法多元，舉凡炒、炸、燜煮咖哩到涼拌皆宜，不僅有助於清除自由基、抗發炎，也是資源匱乏時人們重要的食材來源。

近二十年隨著新住民移入台灣，漸漸帶來吃香蕉花的習慣，假日不妨走進東南亞自助餐店，嚐嚐這道神奇菜色。最近市面上還出現乾燥香蕉花茶包，為果農因疏花而開發的產品，褐色茶湯喝起來有淡淡花香。若想自己動手做，可以在東南亞食品材料店買到新鮮香蕉花。

香蕉花是素食者最美味的肉。

### 香蕉的花，素食者的肉

煮過的香蕉花，口感吃起來像肉，若再搭配

鮮味食材如菌菇、海菜，不明說大概沒有人知道這是一道素食。拌入蒜、洋蔥等富含硫化物的辛香料後，更是直達蔬食的天花板等級。

泰國人習慣將香蕉花做成涼拌，酸甜辛辣，夏日裡既開胃又爽口；也有油炸版吃法，切細末拌粉，加上卡菲萊姆葉、香菜根，如果沒有看到原料作法，也難以辨別其實是素菜。

在香蕉大國──菲律賓，香蕉花也入菜成為著名的阿多波（Adobo）[20]，有葷也有素版本，一鍋蔬菜燉煮好下飯，簡單就能解決一餐。

柬埔寨、寮國更是香蕉花的擁護者，最常見的吃法是取椰漿熬煮。奢儉由人，一道名為 Samlor korkor 的蔬菜燉湯，集結亞系香草植物增香除腥，葷食者可添加河魚、豬肉來個海陸大餐，若手邊有未熟波羅蜜，可再增添果香味，或放入根莖類蔬菜，南瓜、紅蘿蔔、長豆、茄子不嫌多。這道菜西式吃法可佐麵包，中式則可拌飯，是東南亞餐桌上極具誠意的一鍋。

講到這裡，不難想像為何國外業者將香蕉花開發成罐頭，受歡迎的程度不亞於植物肉，只是與其選擇加工品，不如回歸原型食物更健康。

# 芭蕉花

| 學名 | *Musa × paradisiaca* L. 大草本／芭蕉科 |
| --- | --- |
| 名稱 | Mysore AAB（英文）、Jantung pisang（馬來／印尼文）、Hoa chuối（越南文） |
| 別名 | 日本蕉、南洋蕉、粉蕉、香蕉花 |
| 主要成分 | 碳水化合物、鉀及維生素 A、C |
| 食療 | 清熱解毒、潤腸通便、潤肺止咳、抗氧化、抗發炎 |
| 食用部位 | 花、果實 |
| 保存方法 | 香蕉冠部包裹可延長保存、吊起來 |
| 禁忌 | 脾胃虛寒、胃疼腹瀉者 |

◆ 辛香料屬性　　辛料　　香料　　**調味料**

[20] 阿多波是菲律賓國民菜，主酸調性，微辣佐以多蔬菜熬成一鍋什錦，有雞肉阿多波、豬肉阿多波……等各種版本。

128

# 順化牛肉矇粉

16世紀是中西文化大量碰撞時期，歐洲人到越南經商及傳教，緊接著中國、日本、荷蘭、英國人陸續抵達，當時一部分人選在會安定居，米食文化因此注入許多異國元素，如會安高樓麵便是一例。

同一時期，昇龍的鄭主與順化阮主兩雄對峙，許多來自北方避戰禍及瘟疫的華人蜂擁南移，當中必定有人帶來家的飲食記憶，長得酷似廣式瀨粉的矇粉 (Bún) 於焉誕生。不同於北部清湯型，中部注入更多占婆元素，使用胭脂籽增加色澤，配料有華人喜愛的豬血、豬腳，潮間帶捕撈小河蟹，連殼帶肉攪拌過濾取其汁做成的蟹肉餅 (Chả cua) 湯色澄橘，吃時擠上檸檬，搭配紫蘇、香蕉花、刺芫荽、叻沙葉，辛甘酸苦鹹澀六味均一，入口風味變化多端，吃過難忘。

**5-6 人份**

**食材**
- 矇粉 160 克
- 牛尾 600 克
- 牛腱心 1 顆
- 豬腳 300 克
- 豬血 1/4 塊
- 油豆腐 20 克
- 越南火腿 6 片

**熬湯底**
- 牛骨 600 克
- 水 4500 毫升
- 辣椒 1 根
- 洋蔥 1 顆
- 白蘿蔔 1 條
- 鳳梨 150 克
- 新鮮番茄 3 顆
- 香茅 4 根
- 蝦膏 1 大匙

**熬高湯香料**
- 白胡椒粒 1 大匙
- 草果 1 顆
- 丁香 2-3 顆
- 八角 1 顆
- 中國肉桂 8 克

**蟹肉餅**
- 小螃蟹 300 克
- 水 350 毫升
- 豬絞肉 100 克
- 全蛋 2 顆
- 紅蔥頭 3 瓣
- 黑胡椒粉 1 茶匙
- 二砂糖 1 茶匙
- 魚露 2 茶匙

**辛香料**
- 胭脂籽 1 大匙
- 小蔥頭 120-150 克
- 薑末 1 大匙
- 蒜末 1 大匙
- 香茅末 1 大匙

**調味**
- 冰糖 20 克
- 魚露適量
- 鹽巴適量

**香草盤**
- 越南香菜
- 魚腥草
- 豆芽菜
- 香蕉花
- 刺芫荽
- 紫蘇葉
- 聖羅勒 (húng quế)
- 檸檬半顆

**製作方式**

1. 洋蔥、香茅切大塊；瞨粉浸水泡軟備用。
2. 牛腱心、牛尾汆燙後，洗淨備用。
3. 做蟹肉餅：買小隻蟹或等重螃蟹，清洗去腮，挖出蟹膏放一邊。把螃蟹放入攪拌機打碎後過濾，只取汁，將蟹汁倒入一鍋燒開的滾水中，開中火煮至蛋白質浮起，撈出放在盤子裡，待涼一會。接著放入豬絞肉、全蛋以及其他調味料拌勻，放入蒸籠裡，蒸15分鐘直到熟透，趁熱抹上蟹膏鋪平，備用。
4. 另起油鍋，放入胭脂籽爆香直到釋出色澤，撈出濾掉，重新放入小蔥頭、薑末、蒜末、香茅末爆香，加入辣椒和4500毫升水及高湯香料，放入蝦膏，再把豬腳、牛尾、牛腱、洋蔥、白蘿蔔、鳳梨、番茄、香茅放入一起蓋鍋熬煮。
5. 豬血燙過（不要大滾）備用。注意步驟4中食材烹煮的時間，豬腳90分鐘、牛腱心120分鐘、牛尾180分鐘後撈起，放入油豆腐、豬血再煮10分鐘後加入冰糖、鹽，溶化後熄火。試味道，不足再加魚露調味。
6. 香草盤的所有配菜洗淨，再以煮開的熱水過一次，瀝乾備用。
7. 將瞨粉煮熟，扣在碗中，鋪上所有材料，舀入湯頭，搭配生菜盤、擠上檸檬一起食用。

## 江湖一點訣

- 越南以外的國家都以乾燥瞨粉為主，在東南亞食品材料店可以買到各式各樣、不同牌子的河粉與瞨粉。

- 瞨粉使用前先泡水，讓其脹發，撈起瀝去水分。準備深鍋，注入水燒開（水量應為瞨粉的3倍），加入少許鹽巴及油，再放入瞨粉。蓋上鍋蓋，轉中火，第一次煮滾後，掀鍋蓋以筷子撥鬆，此時放入一根湯匙，可破壞澱粉泡沫結構，防止撲鍋。

- 如何辨別瞨粉是否已煮熟？取一瓷碗，撈起一根瞨粉，大力甩在碗表面，只要可吸黏不脫落，就可熄火撈起。以熟水充分洗一次後再瀝乾，用筷子把瞨粉捲起，一份份排放在平碟方便拿取。

## 順化牛肉矇粉 風味圖

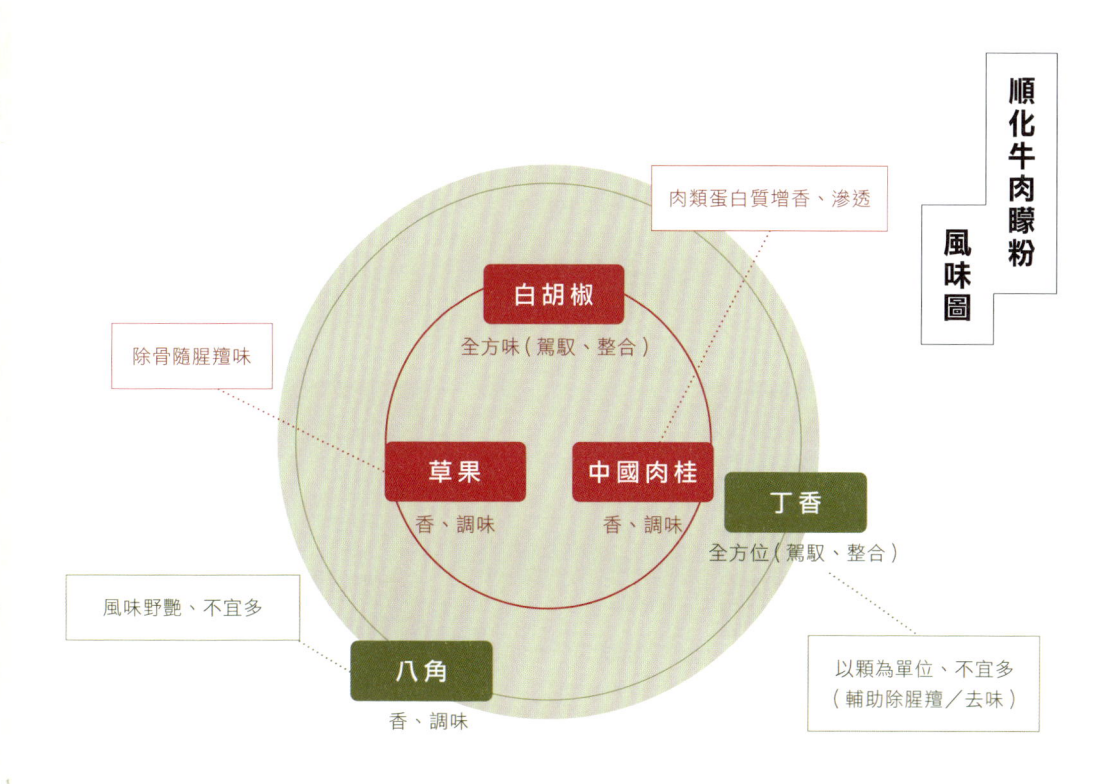

- 白胡椒：全方味（駕馭、整合） — 肉類蛋白質增香、滲透
- 草果：香、調味 — 除骨隨腥羶味
- 中國肉桂：香、調味
- 丁香：全方位（駕馭、整合） — 以顆為單位、不宜多（輔助除腥羶／去味）
- 八角：香、調味 — 風味野艷、不宜多

## 風味解析

順化矇粉有許多豐富配料，包含家禽、家畜及海鮮等，大多一鍋煮到底，湯汁就作為底湯用。常見香料有草果，可抑制牛肉或豬肉的腥羶味，份量不用多，一大顆即可去味，還能順便調香氣。丁香亦是另一種除異味的好選項，用量以顆為單位，過多會飄散出濃濃牙醫診所味，反而壞了一鍋湯。兩種香料聯手加上白胡椒，有辛、香、調味功能，完全成功駕馭並整合，組成強力抗味部隊。

有肉類蛋白質的地方，中國肉桂絕對是不二選，持續除味，增香部分能力較強，尤其有湯的菜餚中能快速滲透肉的內部，有言說：有肉必有桂，便是這個道理。另一種野艷香料——八角，和肉桂有異曲同工之妙，是個著豹皮裝兔女郎，不建議用太多，茴香醛、醚、酮、烯組合交織，易在湯湯水水中發油「生香」，越南菜強調清雅、柔和，整體香料搭配點到為止。

## 香草盤風味圖

**香蕉花** — 香、調味
- 苦澀味明顯　煮熟口感像肉

**越南香菜** — 全方位
- 辛辣帶胡椒味　海鮮最搭

**刺芫荽** — 香、調味
- 芳香健胃、消除異味　調澀/青草味

**聖羅勒** — 香、調味
- 擅長矯味　平衡菜餚整理風味

**魚腥草** — 調味（甘、苦、澀）
- 有魚腥味/能增鮮味　天然味精

**紫蘇** — 調味（辛、甘、澀）
- 魚蝦貝蟹類　去腥/增香/解毒　調酸/澀味

## 風味解析

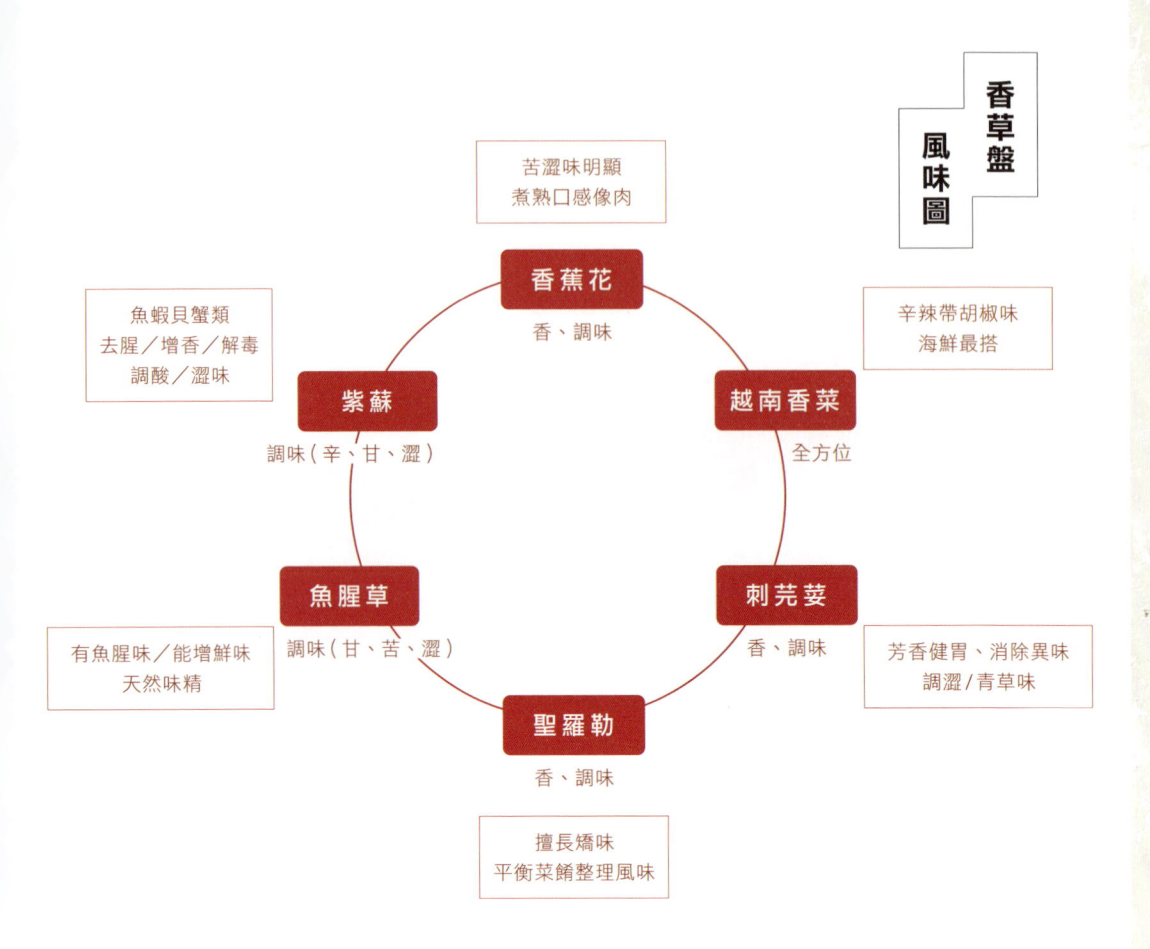

受到中國五行飲食影響，越南許多粉類須搭配香草一起食用，每一種香草風味各異卻又離不開辛、甘、酸、苦、澀味，這些香草植物也有除去腥羶、增香、鮮的功能，故熬底湯反而不宜用太多香料壓味，以免造成反效果。

## 馬來西亞

◆ **Barefoot Char Koay Teow**
- 地址　　Lebuh Herriot, 10300 George Town, Pulau Pinang
- 營業時間　06:30-15:30（週一、四休）

◆ **Auntie Big Prawn Champion 2023 Cha Koay Teow 小旺角飲食中心**
- 地址　　79, Jln Kota Permai, Taman Kota Permai, 14000 Bukit Mertajam, Pulau Pinang
- 電話　　+60 16-405 8108
- 營業時間　10:15-18:00（週一、三休）

## 美食地圖 Data

### 台灣 🇹🇼

◆ **小夏天 petit été（中越順化瞜粉）**
地址　　400 台中市中區自由路二段 28-2 號
電話　　04-2221-1282
營業時間　11:30-18:00（週三、四休）

◆ **誠記越南麵食館**
地址　　106 台北市大安區永康街 6 巷 1 號
電話　　02 2321 1579
營業時間　11:00-16:00 ／ 17:00-21:00

◆ **越南清化河粉**
地址　　106 台北市大安區新生南路三段 86 巷 11 號 1 樓
電話　　02-2362-8066
營業時間　11:30-14:00 ／ 17:00-20:00（週六休）

◆ **河內越南河粉 PHỞ HÀ NỘI（雲端餐廳、沒有內用）**
地址　　813 高雄市左營區立大路 292 號
電話　　0984-029-882
營業時間　11:00-14:00 ／ 16:00-21:00（週二休）

◆ **檳城肉骨茶（檳城炒粿條）**
**Penang Bak Kut Teh**
地址　　830 高雄市鳳山區新富路 466 號
電話　　0925 170 156
營業時間　11:00-14:00 ／ 17:00-20:30（週二休）

◆ **Sayang 南洋茶室（檳城炒粿條）**
地址　　802 高雄市苓雅區海邊路 55 號
電話　　07-201-0108
營業時間　11:30-21:30（週二休）

◆ **貞‧魚露 (Tran Nuoc Mam)**
限量製作，訂購電話：0960-107-822

### 越南 🇻🇳

◆ **北越河粉**
**Pho Thin 13 Lo Duc Str.**
地址　　13 P. Lò Đúc, Phạm Đình Hồ, Hai Bà Trưng, Hà Nội,
營業時間　06:00-21:00

◆ **西貢順化牛肉瞜粉**
**Bún Bò Huế Hạnh**
地址　　135 Bành Văn Trân, Phường 7, Tân Bình,
　　　　Thành phố Hồ Chí Minh
電話　　083 865 4842
營業時間　06:00-20:00

## Masakan Padang

南洋

# 東南亞最早的無菜單料理——巴東菜

馬來半島西部緊鄰印尼蘇門答臘，早期從檳城碼頭乘船，便能抵達棉蘭 (Medan) 地區，距離之近，絲毫沒有出國的感覺，不同國度的兩個城市，各過各的互不干擾。直到英國實境節目《廚神當道》(MasterChef) 中，英籍評審約翰・托羅德 (John Torode) 一句評語：「仁當雞不夠酥脆。」將大馬籍選手扎惹哈淘汰出局，引起馬來西亞和印尼群情激憤，罕見聯手抨擊裁判專業度不足，顯見對於東南亞菜餚的歷史背景其實是完全陌生的。

蘇門答臘是印尼面積最大的島嶼，位於馬來半島西側，七世紀時，曾是東南亞最繁盛的印度化王國——室利佛逝 (Srivijaya) 所在地，全盛時期勢力一度擴張至西馬半島與泰國南部，掌控麻六甲與巽他海峽，稱霸海上貿易長達七百多年，直到馬來半島的素可泰王朝崛起，才宣告終結。

# 牛角象徵生命力

米南加保（Minangkabau）人，也稱巴東人，是蘇門答臘西部最大的族群。minang 意指勝利，kabau 則是水牛。他們在公元前五百年從海上航行抵達蘇門答臘，為南島語族的一支，最初奉行泛靈信仰，過著刀耕火種的生活，一直持續到現在，至今每逢六、七月豐收季仍沿襲燒芭慣例，煙霧瀰漫整個西部半島，緊接著舉行傳統賽牛（Pacu Jawi），可見水牛在巴東人生活中是非常重要的精神象徵。

此外，他們也是世界上規模最大的母系社會之一。十六世紀伊斯蘭教傳入馬來半島時，米南加保人受到衝擊，雖改宗回教，卻仍保留許多母系社會的傳統制度。例如，家中男孩從七歲起便會離家，到鎮上的集會所生活，學習伊斯蘭教教義與傳統文化，從理解家庭中女性掌權的社會結構、以至擔負生計責任，到精細如種植稻米的間距計算，都必須學習。女性則享有繼承權，是一

**馬來西亞**
十七世紀遷徙來馬

**山仁當**

多峇湖
**刺花椒**

**海仁當**

巴東菜故鄉

**印尼蘇門答臘島**

家之主，負責管理土地、維繫家族、仲裁大小事端，婚喪喜慶、祭祀儀式皆由女性主導。

傳統上，數個家庭會共居一棟傳統大屋，在同一個屋簷下共生，屋頂兩側有向上彎曲的造型，狀似牛角，象徵米南加保文化中水牛的地位。未婚女子住在大廳中央柱下，新婚後遷至右側房間，丈夫則不與妻子同住，平日早出晚歸或長期離家在外地討生活。隨著家族成員陸續結婚，夫妻會慢慢退居後排房間，等到子女長大，上一代年長者則退至柱子後方的廚房角落，安享晚年。就這樣，一棟屋子裡，順時針般地一代代上演著生命流轉與循環，生生不息。

## 烹煮儀式

天還未亮，務農社會早早便開始忙碌。廚房裡炊煙升起，女人們正準備為村子即將舉行的慶典做一道傳統菜餚——巴東牛肉（Rendang sapi）。Rendang 即是仁當，原是動詞，意指

米南加保人的傳統房屋，屋頂兩旁為牛角象徵。

136

## 印度傳入香料

仁當從哪裡來？可追溯至八世紀強盛的室利佛逝王國，當時幾乎掌控整個麻六甲海峽，各國商賈包括阿拉伯、波斯及印度人皆聚集於此，購買辛香料、珍珠、檳榔、綢緞及瓷器。其中北印度人帶來許多烹肉技巧及辛香料，例如薑黃、小茴香和小豆蔻；在地人也加入自己熟悉的味道，像是香茅、刺花椒和胡椒，辣椒的加入則是十五世紀過後的事，儘管香料演變多端，唯有一道元素自始至終不變，

"透過攪拌翻炒，慢慢讓水分收乾"。一旁是榨椰漿的擠壓器、研磨辣椒的石板、炒鍋也架在炭火上燒得通紅，乾辣椒先放上石板，邊灑水邊細細輾壓直到變成泥狀。再加紅蔥頭、大蒜，手腕力量必須拿捏得當才不會受傷。接續放入香茅、南薑、檸檬葉、八角……石板上香料越磨越多，愈考驗耐心，稍一不慎，材料就會四濺而徒勞無功。

米南加保人認為，唯有耐心、智慧與堅持，才能做出極致的味道，當備妥所有食材和所有製備工作，女人們開始下鍋拌炒，細細看顧柴火，先猛、寬再柔、燜至收乾，直到肉色轉深褐色，甚至變成黑咖啡色，吃起來濃郁軟嫩、入口即化，才能成為加冕典禮中令人期待、自豪的第一道菜餚。

研磨辛香料的石板。

## 萬物皆可仁當

根據研究，仁當起源於西蘇門答臘山區的 Luhak nan Tigo、Luhak Agam、Luhak Payakumbuh 和 Luhak Tanah Data，當地食材以山產為主，如牛、雞、羊肉，因此又有「山仁當」別名。後來慢慢傳播到沿海地區，如 Pariaman、Padang、Painan 等地，則發展出以海產為主的「海仁當」，如仁當蛤 (Rendang lokan)、仁當鰻魚 (Rendang belut)、仁當干貝 (Rendang pensi) 等。

此外，也有更家常的版本，像是仁當臭豆 (Rendang jengkol)、仁當雞蛋 (Rendang telur)、甚至仁當木薯 (Rendang daun kayu)。無論是傳統經典或延伸再創，仁當展現了一種包容萬物的烹飪精神——只要願意，任何食材皆可仁當。

從古至今，米南加保人對仁當的烹煮方式有著一定程度的講究，主要根據菜餚湯汁多寡來判斷屬於哪一種類型，也往往與使用的食材有關。湯汁豐富的稱為「古睞」(Gulai)[1]，即大量現摘椰子取肉榨成的椰漿，是仁當高湯不可或缺的靈魂滋味。

卡里歐版的半乾濕咖哩蝦。

古睞版的牛肝湯咖哩，是巴東菜少有的湯湯水水。

[1] 「古睞」亦是馬來半島華人稱咖哩的同一用字。

138

通常以快熟食材為主，例如魚蝦、海鮮；若繼續烹煮至椰漿收到半乾，即是「卡里歐」(Kalio)；而當水分蒸發、完全收汁，香料全都巴在食材上時，就是「仁當」(Rendang)，濃稠醇厚、越嚼越香，且可儲存至少兩週以上。

到了十七世紀荷屬殖民時期，為了迎合殖民母國的經濟利益，米南加保地區開始改種其他更具效益的農作物，導致當地男人失去耕地，不得不大舉離鄉，乘船越過麻六甲海峽，前往森美蘭州 (Negeri Sembilan) 謀生。他們隨身的行囊中，總少不了仁當牛肉與各式辛香料，由於烹調過程中水分極少，仁當意外具有良好的保存性，成為異鄉遊子慰藉心靈的味道。

## 疊高食物，以手肘上菜

數次前往巴東近距離觀察，發現多數米南加保男人如今多轉行開餐廳，延續數千年以來的傳統：一天只煮一次，買到什麼就做什麼菜。一盤盤菜餚層層疊放在玻璃櫥櫃裡，三層、四層，甚至還見過高達五層，算一算少說也有五十幾種不同料理，錯落交疊就像疊羅漢，光是視覺就已震撼！

一層二層三層，疊越多表示菜色越豐富。

仁當乾咖哩牛的色澤呈深褐色。

住在高原，吃什麼完全取決於老天餽贈。

於是走進米南加保人的餐館，沒有菜單，為了避免選擇障礙，乾脆將當天所有菜色全部端上桌：炸香料肉乾（Dendeng balado）、牛腦咖哩（Gulai banak）、牛脂肪咖哩（Gajebo）⋯⋯琳瑯滿目，還有一些不知名、沒有吃過的在地風味，無論是一人或多人用餐，照樣澎湃擺滿一桌。

最吸睛的是上菜方式，餐廳侍者彷彿天生就有雜技細胞，把盤子一個個疊上手肘，一口氣就能端出十四盤，氣勢驚人。至於最後客人們有沒有動「手」吃，他們始終相信人性本善，誠實純樸，有吃再算錢。

以手肘疊好疊滿上菜是特色也是特技。

## 核心香草 沙蘭葉

在印尼以外的地方，沙蘭葉只有乾燥品可用。某次我實在太好奇，究竟新鮮的沙蘭葉是什麼風味？馬上飛到鄰近的蘇門答臘一探究竟。

新鮮的沙蘭嫩葉為橢圓形，較老葉則呈長橢圓，葉面光滑如鏡，顏色濃綠，一聞果然和平常使用的乾燥品不同，揉合了肉桂香、香茅的清新與丁香酚的味道，極其迷人。

雖然沙蘭葉也廣泛生長在馬來西亞，但在城市裡幾乎看不到蹤跡；用得最多的是印尼，緬甸、泰國、寮國僅有少部分民族會使用。在蘇門答臘和廖內省，沙蘭葉自古便是傳統草藥「賈姆（Jamu）」的一員，常被當作感染與腸胃炎的療方，把葉子熬成濃湯可止痛、抑菌，甚至是糖尿病患者的輔助療法。

新鮮沙蘭葉。

## 東南亞矯味香料

沙蘭葉和地中海的月桂葉屬性相似，有矯味作用，一鍋食物中有這些葉子相伴，能讓尖銳的味道變柔和，使原本複雜、各自為政的香氣得以融合。但身在海外，也只能退而求其次。用乾燥沙蘭葉只有微弱香氣，有一天忍不住問印尼友人：「既然乾燥的味道這麼淡，放它的用意是？」他笑答：「聊勝於無吧……」或許，烹調時順手放入香料的慣性動作，早已超越味道本身，背後是一種對於故鄉的寄情。

採摘新鮮的月桂嫩芽切絲後拌入白飯，酸澀之外有微甘，另加入切細末的分蔥、生蒜末與辣椒末，增加嗆辣香氣，並搭配其他香草植物，新鮮椰子絲以乾鍋炒至褐色，口感香脆，馬來半島人稱這道為香料飯（Nasi ulam），消暑開胃兼具保健功效。

如今，台灣也開始栽種新鮮沙蘭葉，未來有希望用得到。無法取得新鮮葉片時，可尋找標示「Daun Salam」的乾燥沙蘭葉，通常在東南亞市場可見。適合用於家禽與畜肉料理，例如著名的巴東牛肉、沙蘭雞，或者烹煮根莖蔬菜如酸辣燉菜（Sayur asam）；最簡便的用法，可直接放入米飯與椰漿同煮，做出印尼版椰漿飯（Nasi Lemak），為日常餐桌變換南洋風情。

新鮮沙蘭葉帶有明顯的草本清香和辛味，尾韻甘甜，適合用於茶飲創作。搭配生薑味道深邃，與香茅則風味清爽，若以南薑為基調相搭則富有南洋風情。

酊劑創作上，沙蘭葉的發揮空間大。若走草本風，可選琴酒為基底最適配；木質調性則可添加煙燻型香料，如黑小豆蔻或黑果；花香路線可嘗試用胡荽、茴香子，能做出很好的香氣效果。

# 沙蘭葉

| | |
|---|---|
| 學名 | *Syzygium polyanthum* (Wight) Walp.　大喬木／桃金孃科 |
| 名稱 | Indonesian bay leaf（英文）、Daun salam（印尼文）、<br>Lá nguyệt quế（越南文） |
| 別名 | 黃金蒲桃、印尼月桂葉、印尼香葉 |
| 主要成分 | 黃酮類、酚類、抗氧化劑、抗菌劑 |
| 食療 | 改善胃脹氣、炎症、減緩消化系統不適 |
| 食用部位 | 嫩芽、新鮮或乾燥葉子、果實、樹皮、樹根 |
| 保存方法 | 乾燥密封於陰涼處 |
| 禁忌 | 適合所有人 |

◆ **辛香料屬性**

辛料　　香料　　**調味料（矯正風味、平衡）**
單方／複方

◆ **六味屬性**

辛　**甘**　**酸**　苦　鹹　**澀**

◆ **風味表現**

**潛在之味 Potential Taste　／中層段 Mid-palate**

◆ **五感**

| 聽覺 | 觸覺 | 視覺 | **嗅覺** | 味覺 |
|---|---|---|---|---|
| （空） | （風） | （火） | **（土）** | （水） |

**風味筆記**

- 乾燥的沙蘭葉沒有味道，必須經過蒸或煮，只要有油脂就會釋放淡淡芳香；新鮮沙蘭葉則會聞到柑橘香，不過很快就消失在咖哩中，轉化成略酸澀的味道，因而為菜餚風味製造頓點。
- 沙蘭葉的另一項重要功能是矯味，尤其是在許多複方組成的辛香料中，能有效平衡風味，特別適合燉煮、燜、煨、燒烤、醃漬料理。

**適合搭配**

| 家禽 | 雞、鴨、鵝 | 五穀雜糧 | 米飯、豆類 |
|---|---|---|---|
| 家畜 | 牛、豬、羊 | 根莖蔬菜 | 葉菜類、胡蘿蔔、白蘿蔔 |

## 核心 辛香料 白豆蔻

記憶中，華人家庭鮮少使用白豆蔻，唯獨來自爪哇的娘惹菜系。

白豆蔻（Amomum compactum Soland. ex Maton）原生於泰國、柬埔寨、越南與印尼，俗稱爪哇豆蔻（Java cardamom），是薑科豆蔻屬，在傳統醫學中，爪哇豆蔻被用於治療消化不良、腹脹、喉嚨痛等症狀。《本草綱目》李時珍也提及同科植物：「白豆蔻子，圓大如白牽牛子，其殼白厚，其仁如縮砂仁，入藥，去皮炒用。」第一句形容其外觀，隨即點出藥用價值；李時珍口中所説正是砂仁（Amomum villosum Lour.），來自中國，與東南亞常用的白豆蔻不同，同是薑科植物，《中國藥典》則説兩者均能行氣，具溫中止嘔，白豆蔻還有化濕開胃消食的功效。

娘惹料理中常用白豆蔻入咖哩，如泰國的瑪莎曼（Massaman）與紅咖哩（Gaeng phet），柬埔寨、越南則用於河粉高湯與當地咖哩中。其香氣來自揮發油與皂苷，帶有涼感與辛香，適合搭配家禽與家畜類料理。

早期白豆蔻多作藥用，能化痰、淨血、助消化、止嘔、緩痛，甚至用於頭痛、癲癇與心血管疾病。印尼的傳統民間療法「賈姆」中，就有多種配方以白豆蔻為主。過去多由年長婦人肩背藥罐穿梭在鄉間大街小巷，需要時招手便停下來，針對個人症狀調配。如今，賈姆已蛻變為文青飲品，重新受到年輕人青睞。

### 生香香料

華人受到異族通婚影響，開始在特定料理（例如咖哩）中使用白豆蔻。爪哇白豆蔻含有豐富揮發油成分，如 1,8-桉樹腦（59.70%）、β-蒎烯（2.46%）、α-蒎烯（1.80%）、繖花烯（1.32 %）與 α-乙酸松油醇酯（5.10%）等，香氣濃郁，風味強

於中國產白豆蔻，因此成為南洋咖哩的重要成員。

相比之下，中國白豆蔻香氣較為輕柔，雖不適合用於香氣主導的料理，但正因其淡雅，常被運用在麻辣鍋與羹湯中，發揮其溫和調香與食療功效，可為稠沉性質的膳食加分。因自有揮發油，若與調香、調味型香料如丁香、肉豆蔻一起製作香料油，能相互激發香氣、相輔相成。亦可製作酊劑，或以油封、酒封方式保存運用。

說回爪哇白豆蔻，本就是清爽型咖哩配方中不可或缺的香料，能在複雜的香氣層次中脫穎而出，尤其擅長詮釋料理的中段香氣。另一方面，中國白豆蔻對於豆類料理的腥味有極佳的掩蓋力，不僅去腥，更能滲藏隱香，低調卻有感。

### ◆ 特別介紹　刺花椒

生長於蘇門答臘北部高地的刺花椒，是巴達克南島族（Batak）專屬的一種花椒，與中國花椒、日本山椒是近親，在印度、緬甸、尼泊爾等地也常能見到。這種花椒果實較四川花椒小，呈棕色，新鮮時帶有明顯的檸檬香氣、草本花香與些許樟腦氣味。味麻有嗆感，酸味明顯，有著柑橘調性，清爽感強烈，尾韻和回韻悠長。

初次見到這種源自東南亞的花椒，有一種興奮感，雖然只是亞種，卻迫不及待想要探索更多。

巴達克南島族居住於海拔約一千五百公尺的多峇湖（Lake Toba）高地，信仰泛靈，殖民時期改信基督教，飲食上吃豬肉、牛肉，甚至動物血也不浪費，用於料理勾芡。最具代表性的兩道傳統菜餚都必須用到刺花椒——阿系（Arsik）和薩山（Saksang）。

阿系是一道乾煮魚（巴達克語為 Dekke na niarsik），多在婚禮與新生命誕生等重要儀式中登

145

# 白豆蔻

| | |
|---|---|
| 學名 | *Wurfbainia vera* (Blackw.) Skornick. & A.D.Poulsen 草本／薑科 |
| 名稱 | Round cardamom fruit／White cardamom（英文）、Kapulaga indonesia（馬來／印尼文）、Thảo quả nhỏ（越南文） |
| 別名 | 白蔻、圓豆蔻、白蔻仁、印尼白豆蔻 |
| 主要成分 | 桉葉油素、葎草烯、揮發油 |
| 食療 | 健胃、止嘔、增進胃腸蠕動、抑菌 |
| 食用部位 | 成熟乾燥果實 |
| 保存方法 | 乾燥密封於陰涼處 |
| 禁忌 | 陰虛血燥 |

◆ **辛香料屬性**

辛料　　**香料**　　調味料
單方＜複方

◆ **六味屬性**

辛　甘　酸　**苦**　鹹　澀

◆ **風味表現**

中層段 Mid-palate

◆ **五感**

| 聽覺 | **觸覺** | 視覺 | 嗅覺 | 味覺 |
|---|---|---|---|---|
| （空） | **（風）** | （火） | （土） | （水） |

**風味筆記**

- 爪哇白豆蔻與草果相結合是超級除腥羶組合，能去除所有食物異味。
- 中國白豆蔻擅長製造隱香，能為食物帶來清新、淡雅的風味。

**適合搭配**

| 家禽 | 雞、鴨、鵝 | 湯品 | 火鍋基底（複雜風味組合） |
|---|---|---|---|
| 內臟 | 下腳料 | 酊劑 | 伏特加、高粱酒 |
| 家畜 | 牛、豬、羊 | | |

## 魚料理靈魂

花椒風味最適合鮮魚料理，在四川如是，東南亞亦如是。歷史記載中，花椒原為解魚毒、去腥的一種辛香料，而今隨著單方普及，對其屬性也更理解，應用範圍愈加廣泛靈活。

在東南亞，花椒常用於製作醬料，不僅增香，也有抑菌之效，對物資不豐的地區而言是實用的生活智慧。花椒中的揮發油成分能抗發炎、促進消化，為身體提供天然保護力。有別於四川花椒以油取其香，當地多搗碎入菜，與其他辛香料混合，適用於熬煮、燒烤或醃漬料理。

薩山則可將其理解成一道咖哩濃湯，以動物血勾芡，融合豬肉、牛肉蛋白質，將卡菲萊姆葉、印尼月桂葉、分蔥、大蒜、辣椒、黑白胡椒、香茅、生薑、薑黃、刺花椒混合成基底香料烹煮而成。

場，象徵祝福與喜氣。使用來自多峇湖、色澤金黃的鯉魚，與搗碎的香料：紅蔥、大蒜、生薑、薑黃、石栗、紅辣椒及刺花椒等，燉煮至水分收乾，香氣濃烈。

刺花椒帶有明顯檸檬香，適合調製香料鹽。入門款可嘗試加胡椒、輔以小茴香適用於烤肉；若佐胡荽籽、石榴粉或芒果粉，則能打造熱帶雨林風味；欲加深香氣層次，可再疊加豆蔻皮、肉桂及些許堅果，適合搭配油炸食物。

也可應用於酊劑調製，搭配花香調材料，如洋甘菊、馬鞭草、檸檬皮，營造如沐花海般的香氣，可與白蘭地製成清爽飲品，特別適合夏日佐飲，提振脾胃。

147

# 刺花椒

| | |
|---|---|
| 學名 | *Zanthoxylum acanthopodium* DC. 喬木／芸香科 |
| 名稱 | Batak pepper（英文）、Lada batak / Adaliman（馬來／印尼文） |
| 別名 | 安達里曼胡椒、巴塔克胡椒 |
| 主要成分 | 檸檬醛、香葉醇、檸檬烯、α-蒎烯、β-石竹烯 |
| 食療 | 抗氧化、抗菌、增進食慾 |
| 食用部位 | 果皮 |
| 保存方法 | 乾燥密封於陰涼處 |
| 禁忌 | 脾胃虛弱者 |

◆ **辛香料屬性**

辛料　　　香料　　　調味料

單方＜複方
嗆麻／檸檬香氣／清爽酸感

◆ **六味屬性**

辛　甘　**酸**　苦　鹹　澀

◆ **風味表現**

顯現之味 Apparent Taste ／長韻之味 Body Taste

◆ **五感**

聽覺　觸覺　**視覺**　嗅覺　味覺
（空）（風）（火）（土）（水）

**風味筆記**

- 刺花椒的風味在外皮，香氣持續性佳，有特殊辛嗆感，檸檬味突出。當地人主要用作防腐、增加食物調味中的香氣及解毒，常用於河鮮咖哩。
- 以低溫炒香手法，快速調理，可用油封或鹽鎖住香氣。

**適合搭配**

| | | | |
|---|---|---|---|
| 肉類 | 家禽、家畜 | 飲料 | 檸檬、柑橘、清甜 |
| 醬料 | 咖哩、沾醬 | 醃漬 | 根莖、水果 |
| 油品 | 水果調性、辛嗆調性、松香調性 | 酊劑 | 伏特加、蘭姆、琴酒 |

# 巴東馬鈴薯蝦
（古睞版）

「古睞」(Gulai) 一詞源自馬來語，是一道湯汁豐富的料理，廣泛流傳於馬來半島與蘇門答臘地區，深受南島族文化影響。隨著族人女子嫁入華人峇峇家庭，許多民族風味的辛香料與香草植物也隨之融入華人飲食中。

荷屬東印度時期，蘇門答臘西部被劃分為山區的「巴東達拉駐地」(Padangsche Bovenlanden) 與沿海的「巴東漁民駐地」(Padangsche Benedenlanden)，呈現出「靠山吃山、靠海吃海」的飲食特色。古睞便是海線地區的代表性菜餚，融合了海鮮與多層次香料，湯汁濃郁。

**3-4 人份**

**食材**
帶殼蝦子 250 克
馬鈴薯 250 克
椰漿 1000 毫升
水 200 毫升

**辛香料**
分蔥 10 瓣
蒜頭 3 瓣
生薑約 3 公分
薑黃 2 公分
乾辣椒泥 50 克

**表層辛香料**
香茅（大）1 根
南薑約 3 公分
聖羅勒 3 根
薑黃葉 1 片
沙蘭葉 1 片
卡菲萊姆葉 1 片
朝天椒 6 根

**調味料** 鹽適量

**製作方式**
1. 馬鈴薯去皮切塊、泡水防止氧化；蝦子剪去鬚和尖銳部分，備用。
2. 將分蔥、蒜頭、生薑、薑黃等香料放入攪拌機打碎。
3. 表層辛香料全部洗淨備用。
4. 乾鍋把椰漿倒入煮滾，放入已打碎步驟 2 材料以及乾辣椒泥，再次煮滾，過程中需要攪拌均勻。
5. 將所有表層辛香料逐一放入鍋中，馬鈴薯瀝乾後加入，加水，轉小火燜煮至適口，最後放進蝦子一起煮至熟，以鹽調味即可。建議搭配白飯食用。

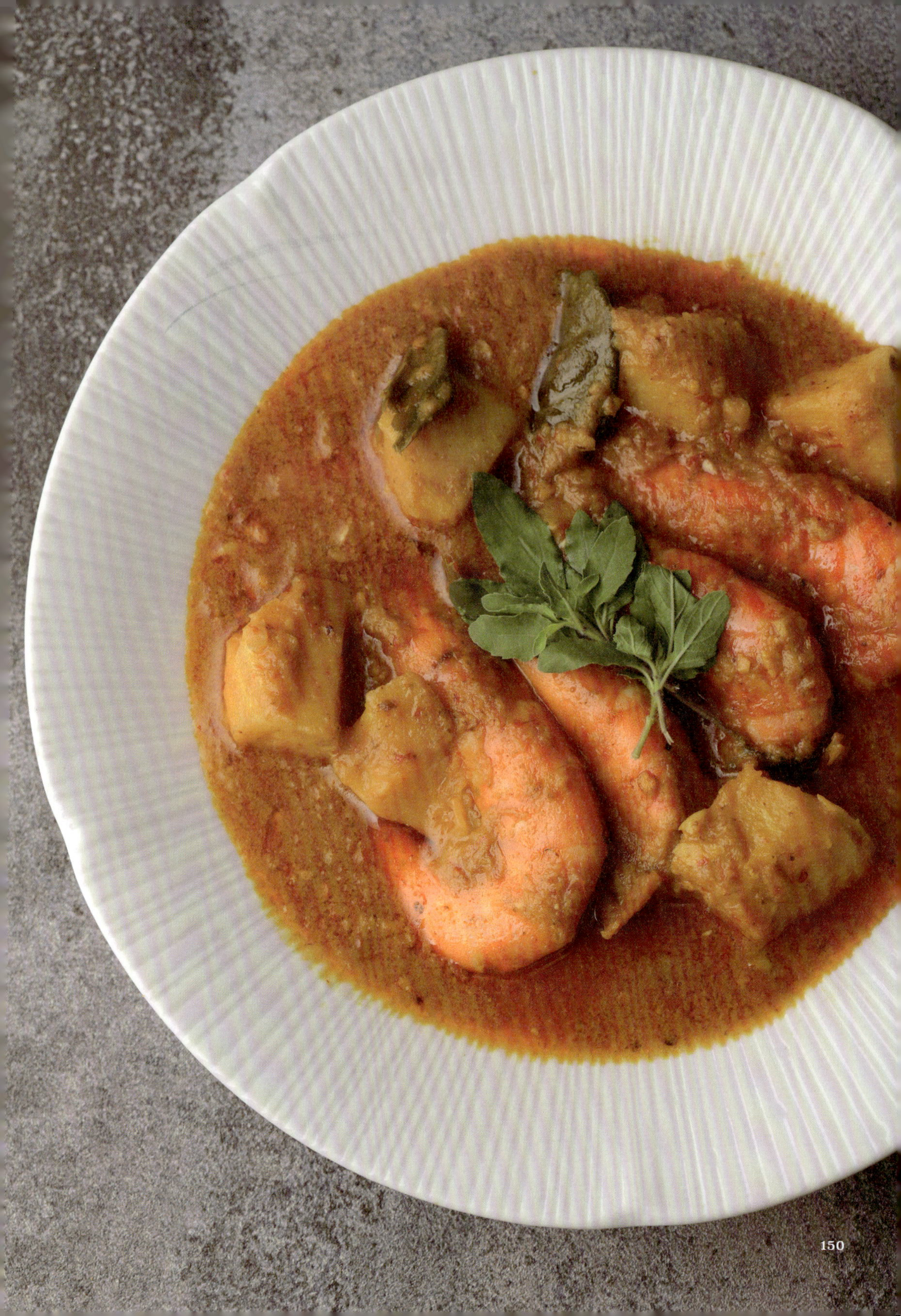

## 古睞版風味圖

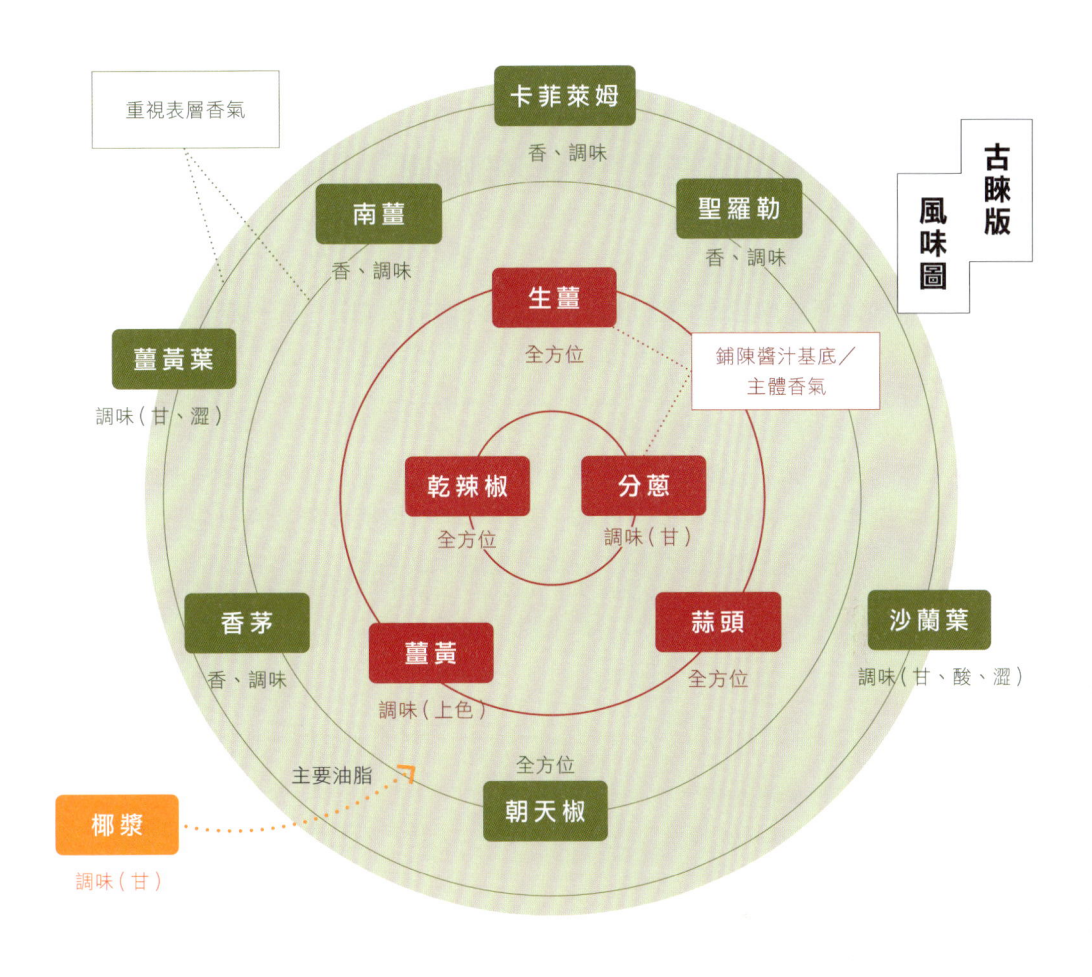

- 卡菲萊姆 — 香、調味
- 聖羅勒 — 香、調味
- 南薑 — 香、調味
- 生薑 — 全方位（鋪陳醬汁基底／主體香氣）
- 薑黃葉 — 調味（甘、澀）
- 乾辣椒 — 全方位
- 分蔥 — 調味（甘）
- 香茅 — 香、調味
- 薑黃 — 調味（上色）
- 蒜頭 — 全方位
- 沙蘭葉 — 調味（甘、酸、澀）
- 朝天椒 — 全方位
- 椰漿 — 調味（甘）（主要油脂）

重視表層香氣

## 風味解析

這道咖哩風味側重於新鮮香料的運用，清爽柔和的特質，非常適合海島型的台灣。台灣四季皆有豐富的海鮮，食材變化性高、取得方便，與這類咖哩搭配最為合適。

核心香料比例越高，外圍表層香氣則越強。約有三分之二的表層香料為香料葉，除了增香，主要有抑菌作用，這些表層香料需要時間小火熬煮。

椰漿是這道咖哩的另一個重點，必須熬煮至「破油」狀態──也就是油水分離，表面出現一層香油，此時香料風味才得以完全釋放。

151

# 巴東雞肉咖哩
（卡里歐版）

這道食譜源自印尼蘇門答臘的巴東（Padang）地區，是一道典型的米南加保風味料理。雞肉經香料與椰漿慢火熬煮至半收汁狀，當地稱之為「卡里歐」(Kalio)。

米南加保人多以新鮮香料為烹調主體，湯汁以椰漿為要。透過時間與火候的掌握，慢慢將水分煮至收乾，使香料精華與椰漿乳脂充分融合，強調辛辣濃郁、脂香四溢的醬汁，特別適合拌飯享用。

**2 人份**

**食材**
雞腿 300 克
椰漿 600 毫升
水 300 毫升

**辛香料**
分蔥 50 克
大蒜 15 克
生薑約 8 克
薑黃 5 克
南薑 15 克
乾辣椒泥 50 克

**調味料**
鹽適量
糖適量

**表層辛香料**
香茅（大）1 根
丁香 3 顆
白豆蔻 3 顆
肉豆蔻（小）半顆
中國肉桂 3 公分
八角（小）1 顆
長胡椒 1 條
沙蘭葉 1 片
卡菲萊姆葉 1 片

**粉狀辛香料**
胡荽子粉 1 大匙

**製作方式**

1. 將分蔥、大蒜、生薑、薑黃、南薑放入攪拌機打碎成泥，備用。
2. 香茅拍碎，打個結。起鍋，將椰漿倒入鍋中，將步驟1辛香料、所有表層辛香料、胡荽子粉全部放入，加水300毫升，煮至沸騰後，放入雞肉。
3. 保持中火煮至破油，確保雞肉熟透，湯汁只剩少許便可試味道，若不足再加少許鹽、糖調味，搭配白飯食用。

## 卡里歐版風味圖

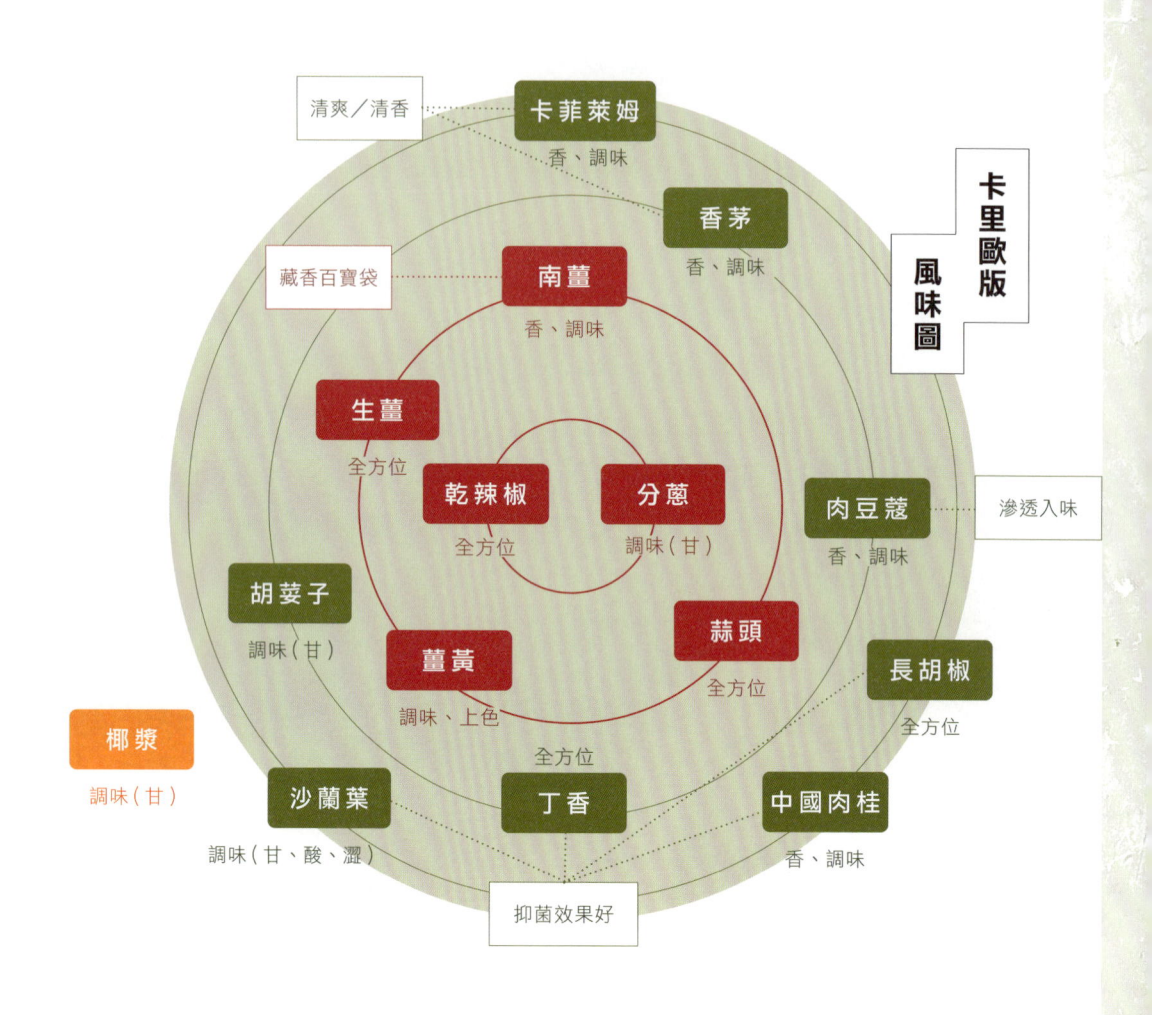

- 卡菲萊姆 — 香、調味（清爽／清香）
- 香茅 — 香、調味
- 南薑 — 香、調味（藏香百寶袋）
- 生薑 — 全方位
- 乾辣椒 — 全方位
- 分蔥 — 調味（甘）
- 肉豆蔻 — 香、調味（滲透入味）
- 胡荽子 — 調味（甘）
- 薑黃 — 調味、上色
- 蒜頭 — 全方位
- 長胡椒 — 全方位
- 椰漿 — 調味（甘）
- 沙蘭葉 — 調味（甘、酸、澀）
- 丁香 — 全方位（抑菌效果好）
- 中國肉桂 — 香、調味

## ◆ 風味解析

卡里歐版與古睞版在核心香料上並無不同，但多加入南薑和雞肉相搭配，一方面增添香氣，另方面能將所有聚香香料收入囊中，使整體風味更和諧。

表層香氣多了粒狀香料與新鮮亞系香草，不僅有效去除雞肉腥味，更將香氣層層疊起，清香、柔香、沉香與隱香交織其中。這道咖哩嚐起來味道分明，香氣各自展現、各有特色卻彼此不爭，表現得宜，形成一道平衡優雅的南洋風咖哩。

# 巴東鴨肉咖哩
（仁當版）

「仁當」(Rendang) 是米南加保族最具代表性的經典菜餚，常見有仁當牛肉（詳盡作法可參考《辛香料風味學》月桂葉篇）。相較之下，仁當鴨肉的食譜非常少有。某次旅居巴東期間，我在武吉丁宜（Bukit Tinggi）山線的一間無名小店，意外嚐到風味極佳的鴨肉仁當，十分驚艷，店主也慷慨分享了他的烹調秘訣。

仁當版是巴東菜中最濃郁的類型，湯汁以慢火收至近乎全乾，香料全附著在食材上。由於大量使用具抗菌效果的辛香料，成品可保存數日不壞。

**4 人份**

**食材**
鴨肉 350 克
椰漿 700 毫升
水 500 毫升
油適量

**新鮮香料**
分蔥 70 克
大蒜 8 瓣
生薑約 10 克
薑黃 10 克
南薑 15 克
新鮮辣椒 10 條
朝天椒 5 條
石栗 6 顆

**調味料**
鹽適量
糖適量

**表層辛香料**
香茅（大）1 根
丁香 3 顆
白豆蔻 3 顆
肉豆蔻（小）半顆
中國肉桂 3 公分
八角（小）1 顆
長胡椒 1 條
沙蘭葉 1 片
卡菲萊姆葉 2 片
薑黃葉 1 片
南薑 10 克

**粉狀辛香料**
胡荽子粉 1½ 大匙
小茴香粉 1 茶匙
茴香子粉 1/2 茶匙
葫蘆巴粉 1/2 茶匙
白胡椒粉 1/2 茶匙
肉豆蔻 1/2 茶匙

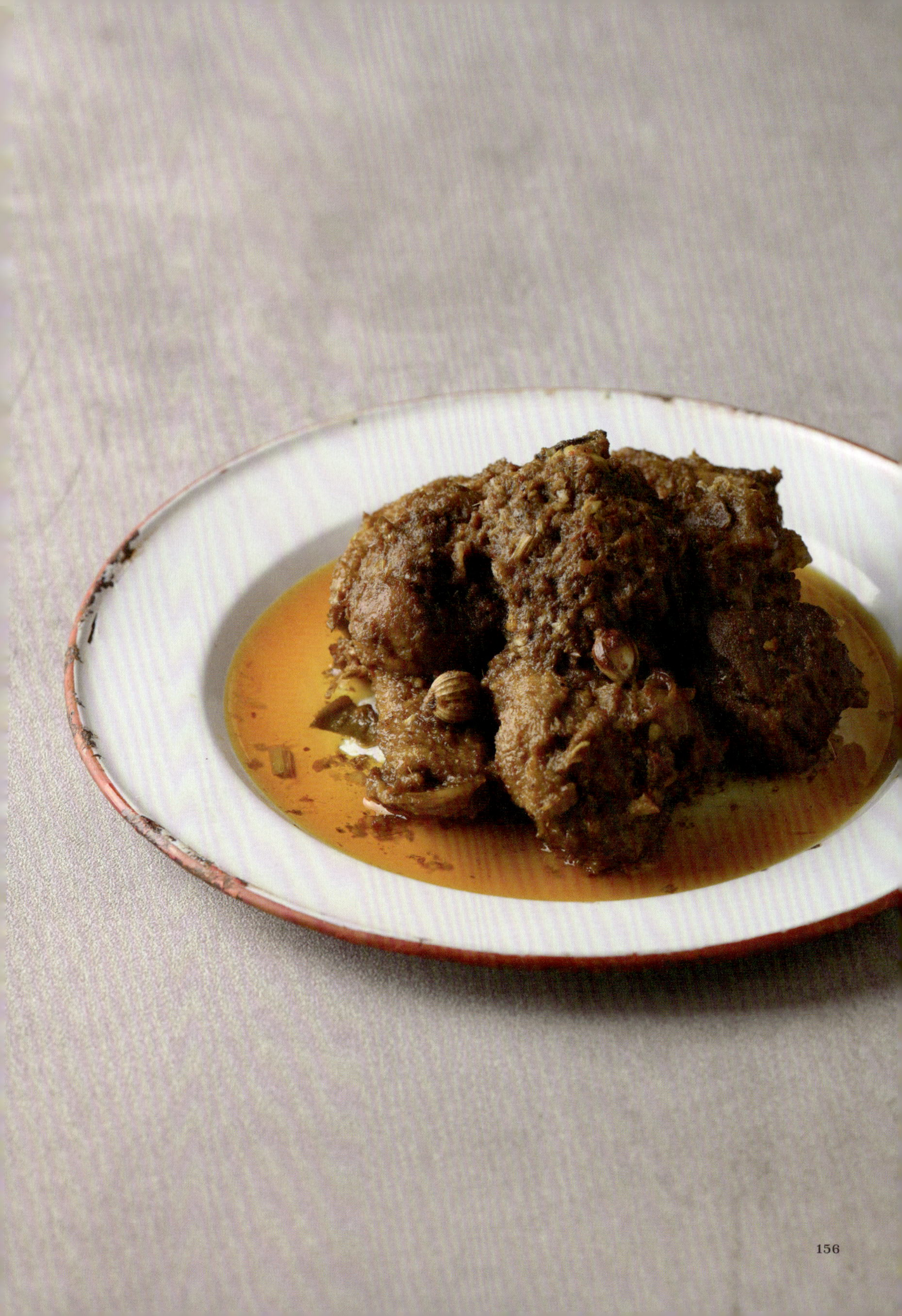

**製作方式**

1. 鴨肉洗乾淨，切成塊狀，備用
2. 將分蔥、大蒜、生薑、薑黃、南薑、兩種辣椒、石栗放入攪拌機搗碎成泥，備用。
3. 香茅拍碎打個結；沙蘭葉、卡菲萊姆葉、薑黃葉洗乾淨，備用。
4. 起鍋，將椰漿倒入鍋中，將步驟2香料炒至有香氣，若油脂不足，可以在這個步驟加適量油，放入所有表層辛香料拌勻，繼續加入所有粉狀辛香料，逐步加水煮至沸騰，放入鴨肉。
5. 保持中火煮至破油，確保鴨肉熟透，這段過程至少需要30-40分鐘，可以開小火蓋鍋熬煮，煮至湯汁只剩少許時，轉大火收汁，順便試味道，若不足再加適量鹽、糖調味。
6. 最後等所有香料都巴在食材上，完全不見任何湯汁，便可熄火，搭配白飯食用。

## 江湖一點訣

- 古睞、卡里歐和仁當在巴東菜系裡，分屬三種不同類型的咖哩，可以理解成湯咖哩、半乾濕、乾咖哩，針對不同食材而設。

- 烹調時需把香料搗得非常細，如此食物入口時，纖維才不會太粗糙。

- 沙蘭葉烹煮後必須挑掉，以免干擾食物風味。

## 仁當版風味圖

**中心（全方位）**：生薑

**核心圈**：南薑、分蔥（調味／甘）、蒜頭（全方位）、辣椒*2（全方位）、薑黃（調味／上色）

**中間圈**：胡荽子（調味／甘）、石栗（調味／增稠）、葫蘆巴（香、調味／中介者）、肉豆蔻、茴香子（香、調味）、白胡椒（全方位）、小茴香（香、調味）

**粒狀表層深度**（左側，滲透／增香／疊香）：
- 長胡椒　全方位
- 丁香　全方位
- 八角　香、調味
- 中國肉桂　香、調味
- 肉豆蔻　香、調味
- 白豆蔻　香、調味

**新鮮香草表層香氣**（右側）：
- 香茅　香、調味
- 南薑　香、調味
- 卡菲萊姆　香、調味
- 薑黃葉　香、調味
- 沙蘭葉　調味

**鬆弛鴨肉組織**：辣椒

## 風味解析

仁當系列因需長時間燉煮，需要使用更多香料來支撐整體香氣，因此辛辣度需增加，調味方面也跟著提高比例。肉類則多選擇耐煮的食材，如牛肉、羊肉，或本次所用的鴨肉。

肉的味道原來就羶，香料設計便以「去腥增香」為核心。表層辛香料有丁香、長胡椒、肉桂、八角等，提供深厚辛香基調；再佐風味輕柔有力的香茅、沙蘭葉、白豆蔻與卡菲萊姆葉作為除腥搭配；其他抑菌、防腐香料則有薑黃葉與肉豆蔻。

仁當以小火慢燉至完全收乾後，辛香料的香氣充分滲透食材、各種香草也在熬煮過程彼此融合，風味厚實和諧。此道料理隔日食用風味更好。

## 美食地圖 Data

**台灣**

◆ **巴東皇廚印尼特色料理**
地址　　231 新北市新店區民族路 186 號
電話　　02-2218-6098
營業時間　11:00-15:00 / 17:00-20:00（週一、二休）

◆ **Rendang House**
地址　　台北地下街 Y26-Y28 中間
　　　　（100 台北市中正區市民大道一段 100 號）
電話　　0960-994-958
營業時間　10:00-20:30

◆ **阿貴印尼料理小吃店（巴東牛肉）**
地址　　400 台中市中區綠川西街 175 巷 3 號
電話　　04-2226-7945
營業時間　07:00-20:00

◆ **Blessings Indonesia**
地址　　800 高雄市新興區八德二路 23 號
電話　　0981-374-938
營業時間　11:00-20:00（週一、二休）

**印尼巴東**

◆ **RM Lamun Ombak - Khatib Sulaiman**
地址　　38RX+3V2, Jl. Khatib Sulaiman No.99, Ulak Karang Sel., Kec. Padang Utara, Kota Padang, Sumatera Barat.
電話　　+62 813-7453-3335
營業時間　見臉書

**馬來西亞**

◆ **Restoran Sederhana SA Chow Kit**
地址　　383-385, Jalan Tuanku Abdul Rahman, Chow Kit, 50100 Kuala Lumpur.
電話　　+60 3-2602 9972
營業時間　見臉書

## Rujak

**南洋**

# 黑色當道——囉惹

如果你吃過囉惹,大概就知道我在說什麼,若你從來沒吃過或沒聽過,那一定是食物選擇太多,落勾 (làu-kau)**1** 去。外國人以沙拉兩字輕輕帶過,但對於在地的我們來說,囉惹更像是一道促進食慾的開胃菜,又或者說是點心、喙食物仔 (tshuì-tsiah-mih-á)**2** 更貼切。

囉惹讓所有長得不好看、不可口的蔬果都有好去處。

# 家家有石舂

法國哲學家薩瓦蘭（Anthelme Brillat-Savarin）說：「告訴我你吃什麼，我就知道你是誰。」多年移居生活，愈發深刻感受這句話一點不假。

「囉惹」一詞源自古爪哇語，意指壓碎、削片或搗碎；在沒有攪拌機的年代，所有食物製備都靠一副石舂和石杵。小時候，日日舂搗是標配，聲音之大穿透連接的屋瓦，一整條辣椒，也許還有分蔥、大蒜、南薑、香茅或是薑黃，手持杵舂搗，過程中享受一起一落之間，香料組織被碾碎，散發出陣陣硫化物的味道。而今這些工序已被調理機、破碎機所取代，對於經歷過那個年代的我們難掩失落。

傳統舂搗香料所烹煮出來的食物，香氣雅致，醬料口感均勻，如此堆砌出來的滋味千迴百轉，除了原型食物以外，還能吃到香料質地，越嚼越上癮。但面臨高度發展和城市化的西部馬來半島一帶，已經很久不曾見到這種復古作法，不管是咖哩料理抑或囉惹，直到再度踏上印尼東邊安汶（Ambon），終於有機會一窺其傳統樣貌。

以石舂、石杵製作，現點、現輾壓的古早味囉惹。　　印尼石舂與杵考驗手腕施力。

1　台語：遺漏。　　2　台語：零食。

## 歐洲人夢寐以求之地

賣囉惹是一位婦人，她的小攤口開在海邊；面對班達海峽（Banda Sea），古時被譽為香料群島的地方。她熟捻拿起比馬來半島尺寸小一號的石杵，撒上許鹽，接著拿一至兩根朝天椒碾碎，辣度可以調整，想吃多辣全憑客人實力，和西部馬來半島最大不同就是加入豆蔻果肉 [3]，婦人接著手切蔬果：鳳梨、綠色未熟芒果、蓮霧、楊桃、大黃瓜、半生熟木瓜和帶皮生地瓜各取三至四片，豪邁地從桶子裡舀一大瓢棕櫚糖、一搓花生，快速使出手腕力量來回不停碾碎，直到溶化成醬後再與蔬果拌合，一大盤囉惹就這樣完成，十足體力活啊！如果一天賣百來盤，手腕還好嗎……她笑著說：早習慣了。

## 古爪哇另類超音波

根據資料顯示，這道食物很早就出現於八世紀馬當（Kerajaan Medang Kamulan）王國——地理位置在現今中爪哇地區，一個以印度混合佛教崇拜的國度。當時搭上中國唐朝繁榮經濟以及阿拉伯人對香料需求日漸大增，馬當以出口鄰近摩

印尼東部的囉惹用新鮮肉豆蔻果肉入醬。

面對著班達海峽，囉惹現舂現做現吃別有風味。

3　見《辛香料風味學》肉豆蔻篇有更多說明內容。　　5　建於9世紀，印尼最大保留最完整的印度寺廟，1991年被列入《世界遺產名錄》。
4　建於8-9世紀間，1991年被列入《世界遺產名錄》。　　6　建於9世紀末，柬埔寨吳哥地區最早的印度教寺廟，1992年被列入《世界遺產名錄》。

## 囉惹一字有多重意涵

鹿加群島（Moluccas）的香料而致富。國力鼎盛時期，將所有收入用作築建雄偉壯觀的婆羅浮屠（Borobudur）和普蘭巴南寺廟（Candi Prambanan）5，雕刻風格大量融入爪哇文化，展現優越美學與藝術成就，影響後來的吳哥巴孔寺（Praasaat Baakoong）6仿效婆羅浮屠建築，足見其影響力。當時人們對生活品質有頗多追求，印度著名的兩部經典《羅摩衍那》和《摩訶婆羅多》被翻譯成爪哇語，成就今日東南亞皮影戲藝術。

對於飲食，古爪哇人有著滿滿儀式感，尤其在人生的重要階段上，特別重視祭祀活動，其中一項儀式為「納洛尼．米托尼」（Naloni Mitoni）——婦女頭胎懷孕滿七個月時，家人會為孕婦祝禱，並準備水果囉惹（Buah Rujak）給來訪的親朋好友品嚐，若吃出鹹味，大家就相信懷的是女兒，反之則是兒子。早年醫療設備有限，水果囉惹風味竟然成了另類超音波。

近千年來，囉惹隨著南洋商賈的流動，穿梭於爪哇海、麻六甲海峽與南中國海之間，不斷演繹、變化，這道原名 Rujak 的料理，傳入鄰近的新加坡、繁華商港麻六甲、檳城、霹靂安

**11世紀馬當王國與囉惹傳播**

順和雪邦等地，拼音也從 Rujak 變成 Rojak。囉惹以各種酸澀水果為主體，質地脆口，特殊吃法引起當地華人注意，有別於閩、兩廣清爽飲食，逐將之譯作「拉雜」，有「什錦」、「食材混搭」之意。華人擷取囉惹部分作法，加入油條、水發魷魚和檳城蝦膏，調出一款烏漆嘛黑的濃稠醬料，入口一股濃烈鮮味迸發，鮮與腥不斷在舌尖直球對決，這也正是挑戰味蕾感官，一吃成主顧或謝謝不必再聯絡的時刻。

最初來台定居時想念檳城囉惹，挽起袖子自己動手做，味道總是差一大截，我不明就理，四處詢問秘方，某天突然靈光一閃，找來欉仔青[7]，那股酸澀味和口感恰好與甜辣醬汁達到平衡。四月剛好碰上蓮霧農蔬果，長得小、不甜的蓮霧是我的首選，不太熟、會咬舌的鳳梨則是另一個心頭好，還有粗纖維的豆薯切塊，或歪七扭八的小黃瓜也無妨，口感才是重點。

近年有許多人種植沙梨（太平洋楹梓）卻不知如何料理，這種既苦又澀的果實，雖然新鮮吃不討好，卻是很多東南亞人的鄉愁，果實帶有果核、纖維粗，需用刀子掰成一口大小，份量不能多；若能加上土芭樂，

囉惹加上油條是華人標誌。　　　　檳城囉惹加入蝦膏，黑烏大範 (oo tuā-pān)。

[7]　為台語用法，指未成熟的小芒果。

濃濃熱帶風味就更惹味。在台灣，想要找到不甜、口感欠佳的水果，反倒成了一件需要靠運氣的事。

除了水果囉惹，還有馬來西亞印度裔囉惹——巴盛布爾（Pasembur），看似隨意加、胡亂加，其實需把握素材的不同質地，以辛香料多層次堆砌，開啟不同飲食想像：炸酥脆餅、負責吸附醬汁的豆腐、新鮮蔬菜包括含硫化物香料和鮮味食材，最後當然少不了細心調製醬汁，緊緊巴在食材上，滿足口腹之餘也意外成就一道多元文化的代表菜，一種屬於「我們」的味道！

囉惹還有另一個文化隱喻，指一種混合、交融的狀態：父系或母系與不同種族聯姻，例如華人嫁馬來人生下混血子女，長大後又和其他種族結連理，馬來西亞人會說：「他們很囉惹（Rojak）」。

## 印尼擅長隨手取材

印尼囉惹風味與西部馬來半島截然不同，主要素材大多來自居家附近，例如熟透的木蘋果（Wood

印度嘛嘛囉惹，為馬來半島專屬限定。

蔬果切一口大小再混合醬汁，是檳城人記憶中的家鄉味。

apple），有一股發酵味，自帶酸性，單吃非常不習慣，若與鮮味相結合即會產生微妙風味；其他如菫寶蓮果、五月茶果或者台灣一度流行種植的西印度醋栗果，皆是酸澀味明顯，非常不適口，加入囉惹立刻像是千里馬遇見伯樂，千載難逢，若能巧妙再有羅庚梅果、庚大利果，一切就更圓滿了。

可別以為就此打住，我還吃過帶皮生木瓜，半生不熟連皮帶肉切塊，苦味相隨；好不容易回甘卻馬上嚼到蒲桃果，再度陷入無止境的酸溜溜，偏偏囉惹一團黑，每一口都像是不斷開盲盒，下一口突然又出現多汁多籽的西瓜、夏日退火的苦瓜……吃著吃著，忍不住讚嘆囉惹水深似海，永遠讓人猜不透。其實，就是愛物惜物，讓不好吃的蔬果都有了好歸屬。

左邊一串是樹番茄，右邊三大串是木蘋果。

菫寶蓮果。

166

**核心食材**

# 沙梨（太平洋欖仁）

沙梨不只是水果！在馬來西亞，沙梨橄欖被稱作 Ambula，對許多人來說，這名字一如他鄉遇故人，格外親切。這種原產於中南美洲的熱帶果實，透過商貿傳播至東南亞後，如今已是東南亞常見熱帶水果，不需過多照料便能結實纍纍，在各地展現出多種飲食樣貌。

沙梨初結果時果皮薄而堅韌，果肉脆，酸澀味強烈，生食並不討喜，大部分會沾辣椒、混鹽食用，使澀味降低，若搭配蝦膏辣椒則讓人驚艷，是許多人小時候的飲食記憶。西部馬來西亞人多把沙梨加入囉惹中，搭配酸甜醬汁，原本酸澀的味道瞬間消失變成迷人滋味。越南則喜歡切片生食，拌上鹽、辣椒粉、羅望子與少許糖調味，便是涮嘴小食，讓人一口接一口。而在寮國、越南與柬埔寨，則將沙梨製成果乾蜜餞，並商品化成為伴手禮，不只是零嘴，亦可兌水成飲品。

## 生果多酚含量最高

沙梨果實隨著成熟程度，從強烈酸澀到酸甘芳香，各階段皆有獨特用法。生沙梨果酸強烈，研磨之後可用來軟化肉質，也能做成拌飯或麵的調味醬。生果未經烹調時富含多酚、鉀與葉酸與維生素，具保健與食療價值，民間相信它具有降血壓、促進消化、改善泌尿系統的作用。馬來西亞、新加坡與印尼一帶，常將生果榨汁再兌水成果汁，酸甜滋味特別解膩，炎熱天氣中尤能解暑消食，近二十多年一度興起喝「安布拉飲（Ambarella）的風潮。

當果實轉為半熟、表面微黃時，果膠含量增加，可透過不同方式加工。此時果肉仍帶酸勁，可切片入咖哩，為湯汁增添層次；因其果膠成分，也能快速煮成印度蘸醬（chutney）；若加入糖，則可熬成果醬。

完全成熟的沙梨果實外表轉黃，質地變得鬆軟多汁，果酸與甜味交融，帶有鳳梨般的香氣與麝香味，果肉因內有纖維或刺而不易切，需用刀子掰開。此時果膠含量最為豐富，是製作果醬的最佳時機。南亞與東南亞國家會取果肉烹煮酸調性的咖哩，果酸能滲入食材並軟化肉質。如果與根莖類蔬菜一起燉煮，則酸味突出；例如在印度南部果阿(Goa)，每年慶祝象神節(Ganesha Chaturthi)時必備的三道菜，就包括沙梨咖哩(Ambadyachi uddamethi)、芋葉蔬菜(Aluchi patal bhaji)和什錦蔬菜(Khatkhate)。

沙梨的嫩葉與果肉亦可製作辣椒醬佐餐，特別開胃。此外，果皮含天然膠質、香氣優於果肉，無論釀酒、發酵、製成果醬或製作沙拉醬都十分適合。雖然沙梨在台灣尚未開發，但這種兼具風味、營養與多樣用途的果實，正等待被更多人認識與發掘。

越南越來越多台灣人種植沙梨，可惜少有利用。
（圖片提供／蘇瓊美）

# 太平洋楒梠

| | |
|---|---|
| 學名 | *Spondias dulcis* Sol. ex Parkinson　喬木／漆樹科 |
| 名稱 | Ambarella / Golden apple（英文）、Kedondong（印尼文）、Trái cóc（越南文）、มะกอกน้ำ（泰文）、Gway（緬甸文） |
| 別名 | 沙梨橄欖、莎梨橄欖 |
| 主要成分 | 鞣酸（單寧酸）、酵素、檸檬烯、膳食纖維 |
| 食療 | 降低膽固醇、鹼性水果 |
| 食用部位 | 嫩葉、果實 |
| 保存方法 | 冷藏 |
| 禁忌 | 糖尿病患者須徵詢醫師 |

◆ 辛香料屬性

辛料　　　　香料　　　　調味料（上色）
單方／複方

◆ 六味屬性

辛　甘　㊀酸　苦　鹹　㊀澀

◆ 風味表現

顯現之味 Apparent Taste ／尾韻 After Taste

◆ 五感

聽覺　　觸覺　　視覺　　**嗅覺**　　味覺
（空）　（風）　（火）　（土）　（水）

**風味筆記**

- 果實利用率高，可變換各種吃法，生食、鹽漬、涼拌，是東南亞人的鄉愁味。
- 最初果實為綠色未成熟但可採摘，此時酸澀味最明顯，口感脆。之後慢慢轉微黃呈半成熟，取之鹽漬或烹煮這時候最適合。果實黃色表示完全成熟，果肉稍軟，適合取之做醬汁或煮湯，果漿和麝香風味明顯。含有 9.76% 的果膠，非常適合製作果醬。

**適合搭配**

| | | | |
|---|---|---|---|
| 醬類 | 搭配辣椒組合為酸調風味 | 飲料 | 搭配花茶或再製果汁、果肉適合釀製啤酒 |
| 鹽漬 | 搭配蛋糕、甜點 | 菜餚 | 湯品、咖哩 |
| 發酵 | 果肉適合取之與蔬菜發酵 | 調酒 | 澄清後再與花香調性組合 |

## 核心食材

# 樹番茄

## 長在樹上的番茄

這種外型像蛋，長在樹上的茄科灌木，原產於南美洲的哥倫比亞、阿根廷等熱帶及亞熱帶國家，十九世紀引進大洋洲、南亞及東南亞。未成熟的果實是綠色，之後轉為黃色，也有紅色及紫色果實，在不同國度逐漸馴化出不同品系，果色多樣，有金礦紅、印加紅、羅瑟默紅、純金紅和紅寶石紅。在馬來西亞金馬倫，這種果實的果肉呈黃橙色，種籽為黑色；在台灣則分布於南投一帶，被視為特色水果之一。

傳統的樹番茄味道酸澀，卻富含營養，如纖維、鉀、類胡蘿蔔素等，果肉具抗氧化、抗發炎等食療功能，紅色樹番茄更含花青素，果皮能溶於水。在東南亞，人們通常會等果實完全熟透再去皮挖取果肉食用，口感質地像番茄，果皮很酸，作為囉惹的其中一種配料，風味恰到好處。

隨著人們逐漸發掘它的優點，樹番茄也延伸出更多飲食應用：不僅可調製飲料，做成參峇辣椒醬，還可加工糖煨，再開發成各式甜品、冰沙、果醬、沙拉醬，或用於發酵、釀酒等。

現代醫學研究發現，樹番茄含有大量酚類、黃酮類化合物及單體花青素，因此近年來開發成果粉，便於更大化運用。在台灣南投可以買到新鮮果實，果香揉合了番石榴、百香果和奇異果的風味，除了生食，用於發酵能保留更多β-胡蘿蔔素和維生素C，例如優格或優酪乳，透過添加樹番茄強化膳食纖維，提升溶解度、黏性以及抗氧化活性。

## 創作醬料首選

樹番茄的風味複雜而獨特，融合了百香果、奇異果、鳳梨、芭樂的果香特色，以及番茄的

酸、甜，並帶有微苦的果皮氣息。如此多層次的風味，很適合開發成各式醬料，可用於沾食、爆炒、燜煮或紅燒；其中，以沾醬最具迷人潛力。

順應果實特性，宜搭配兩種全方位辛香料，增加至少兩種調香、調味特性的單方，例如錫蘭、肉桂與八角；接續再添一種調味單方，如羅望子或香蘭，甘草亦可，克數需拿捏精準，形成一道酸中帶辣、香裡有持續性、調味中並結合不同層次的酸，做到矯味之後再填入新風味的概念。

果醬則是另一扇充滿創意的窗。製作前需先運用矯味手法，去除樹番茄的苦澀，接著依創作概念填入想要的風味，月桂、大茴香、豆蔻皮、陳皮都是理想選項，再挑選一種中介者香料，如胡荽子、佛手柑、紫蘇、黑種草……作為橋樑，達到風味再造的效果；樹番茄也適合與芒果、香蕉或檸檬搭配，後端再選至少一種風味鹽修飾，形塑明亮酸甜感，讓整體香氣低調隱匿，樹番茄仍為鮮明主味，做到香不過野，不凌駕於主食材風味之上的美好境界。

171

# 樹番茄

| | |
|---|---|
| 學名 | *Solanum betaceum* Cav. 灌木／茄科 |
| 名稱 | Tamarillo（英文）、Terong belanda（印尼文）、Pokok tomato（馬來文） |
| 別名 | 洋酸茄、雞蛋果、荷蘭茄 |
| 主要成分 | 鉀、類胡蘿蔔素、花青素 |
| 食療 | 抗氧化、抗發炎 |
| 食用部位 | 果實、果皮、種籽 |
| 保存方法 | 冷藏 |
| 禁忌 | 無 |

（圖片提供／黃謹儒）

◆ 辛香料屬性

辛料　　　香料　　　**調味料（上色）**
單方／複方

◆ 六味屬性

辛　**甘**　**酸**　苦　鹹　**澀**

◆ 風味表現

顯現之味 Apparent Taste ／中層段 Mid palate

◆ 五感

| 聽覺 | 觸覺 | **視覺** | 嗅覺 | 味覺 |
|---|---|---|---|---|
| （空） | （風） | **（火）** | （土） | （水） |

### 風味筆記

- 果實多汁，有紅、橙、黃、紫四種顏色。剛成熟的樹番茄可縱向切開，掏出果肉食用，酸甘帶澀味，有漿果風味，類似覆盆子、黑莓和藍莓的綜合體。
- 榨出果汁再調少許甜味就是一杯富有熱帶風情的果汁。還可作成辣椒醬，如著名的Sambĕl terong belanda，酸辣開胃，是印尼西部限定拌飯醬。
- 果肉中有多酚和花青素，可水溶色澤，煨糖成蜜餞或直接去皮降低酸澀味。含豐富果膠，為適合製作果醬的水果之一。
- 適合食療，用於發酵或製作優格，能保留維生素C；亦適合泡酒或採澄清手法，取其特殊風味，感受新體驗。

### 適合搭配

| | | | |
|---|---|---|---|
| 醬類 | 魚類、貝類、頭足類、甲殼類 | 烘焙／甜點 | 乳酪類、餅乾類、布丁、果凍 |
| 肉類 | 家畜、野味 | 酊劑 | 威士忌、高粱、清香白酒 |
| 醬料 | 果漿／花香／莓類 | 調酒 | 宜搭花香 |

### 核心食材 庚大利果

這是一種乍看像枇杷的熱帶水果，入口有一股芒果風味，口感卻近似李子。在東南亞各國它有不同名稱，泰國稱之為 Maprang，盛產季節在七、八月，若氣候適宜，十二月也可能見到。庚大利果樹為喬木，樹身極高，有不同品種，其中 B. oppositifolia 和 B. poilanei 結出的果實較小，酸味高，多用於料理，另一種果實甜，品種尚不明。果實完全成熟時呈黃色，種籽是浪漫的紫色，維生素 C 和 β-胡蘿蔔素含量高，有天然多酚和抗氧化功能，除了當水果食用、榨汁生飲，若買到酸度高的果實，可醃漬當沙拉或開胃菜，例如馬來西亞的生菜庚大利沙拉（Kerabu buah kendang）。泰國多用於甜點，如果凍、糖煨果肉，裝飾蛋糕或調製飲料，絕大部分醃漬再食用，或者製成蜜餞、果肉熬煮成果醬等，頗具熱帶水果風情。住在爪哇西部的巽他人（Sundanese people）會取庚大利的嫩葉做成沙拉，稱為 Lalapan，葉子含槲皮素和抗氧化活性，有助於身體健康。

台灣中南部近年引進庚大利果能作何利用？從果實特質來看，庚大利含有蛋白質、脂肪、碳水化合物、礦物質、維生素和胺基酸等多種營養，其中又以未成熟果實的含量最高，但是味道酸，得不到青睞。然而，果實內單醣和寡糖在甲醇和水中的高溶解度，使其極適合作為釀酒或啤酒的原料，這一點我認為是目前最具商業價值的發展方向。

### 熱帶水果意象

台灣這幾年種植庚大利果，可朝向高經濟研發產品邁進，例如製作酊劑、調酒或無酒精飲料。庚大利帶有芒果與梅子風味，以及可解渴、促進食慾的特性，隨手取白葡萄酒與氣泡水搭

（圖片提供／梁倩芬）

核心食材

## 西印度醋栗

這是一種口感非常脆、味道極酸的水果，一聞到口腔唾液即分泌旺盛──這就是西印度醋栗。有一次到越南朋友家，看見全家大小一口接一口吃得好開心，我沒有多問便拿了一顆，結果才吃第一口，眼睛馬上瞇成一條線，真⋯⋯不⋯⋯是普通的酸！

這種果實廣泛分布在大陸東南亞以及雲南西雙版納一帶，果皮呈黃綠色，果肉白色多汁，通常簡單拌點鹽、辣椒、糖稍微醃漬便可食用，是健康的抗氧化食材。

古阿育吠陀中，西印度醋栗被用於治癒支氣管炎、膽汁代謝異常、夜尿症和痔瘡，同時能淨化血液。在印尼，人們將其樹皮浸泡於加熱後的椰子油，以緩解手腳龜裂和皮膚疹；根則入藥，用於治療牛皮癬，萃取物可治氣喘、緩解咳嗽和頭痛。在菲律賓，取葉片做湯劑治療蕁麻疹，樹皮則用來治療黏膜炎，葉子的黏液更可作為淋病

配，便能調製一款簡便、清爽又到位的開胃飲品。進階版浸泡酊劑，可選擇中性烈酒伏特加，或穀物酒如金門麥酒、香味濃烈如白萊姆酒，將果實搗碎後浸泡於酒中二至三周等待熟化，最適合與蘋果、檸檬、鳳梨、百香果等搭配成複方調酒，特別適合炎夏消暑飲用，富有南國風情。

至於無酒精搭配，可朝向三大類型：醋與洛神、庚大利是開胃酒最佳組合；香茅、柑橘屬於清爽解渴型，醃漬酸梅與庚大利也是完美組合；至於舒緩情緒，則推薦薰衣草、蝶豆花與澄清後的庚大利萃取液混合，有安神、養顏美容的效果。

174

# 庚大利果

| | |
|---|---|
| 學名 | *Bouea macrophylla Griffith*　喬木／漆樹科 |
| 名稱 | Gandaria / Plum mango（英文）、Gandoriah（印尼文）、Buah kundang / Setar（馬來文）、Thanh trà（越南文）、Maprang（泰文） |
| 別名 | 芒果李、芒邦、美女芒 |
| 主要成分 | 槲皮素、維生素A、β-胡蘿蔔素、沒食子酸 |
| 食療 | 改善視力、抗氧化、延緩大腦老化 |
| 食用部位 | 果實、嫩葉、種籽 |
| 保存方法 | 冷藏 |

（圖片提供／陸莉莉）

◆ **辛香料屬性**

辛料　　香料　　**調味料（上色）**

◆ **六味屬性**

辛　**甘**　**酸**　苦　鹹　**澀**

◆ **風味表現**

顯現之味 Apparent Taste／尾韻 After Taste

◆ **五感**

| 聽覺 | 觸覺 | 視覺 | 嗅覺 | **味覺** |
|---|---|---|---|---|
| （空） | （風） | （火） | （土） | **（水）** |

### 風味筆記

- 果實品種眾多，有極酸、一般和甜味三種，有一點松節油的味道，整顆水果包括果皮都可以食用，種籽胚乳為白色和粉紫色，味苦澀。
- 未成熟的果實有明顯酸味，通常是囉惹的好搭配，也適合用作調醬，尤其是沙拉或製作優格，此時抗氧化性最高；若取之當果汁，適合與鳳梨搭配。
- 在印尼，庚大利果常做成參峇辣椒醬，天然果酸能緩解辛度，同時適合烹煮，為菜餚調整酸味，也適合醃漬泡菜，易滲透能增加香氣。可以軟化肉質，燉肉增加果香風味。
- 已成熟的果實甘味在先、酸味在後，適合調製飲料、調酒，前者與醃漬類、醋等合拍，後者須澄清取其風味，有熱帶峇里島風情。

### 適合搭配

| | | | |
|---|---|---|---|
| 海鮮 | 魚類 | 烘焙／甜點 | 布丁、果凍、卡士達醬、內餡 |
| 肉類 | 牛、羊、豬肉、四肢部位 | 適合釀酒 | |
| 醬料 | 辣椒醬、果醬 | 酊劑 | 清酒、威士忌 |
| | | 調酒 | 粉紅氣泡酒、利口酒 |

藥劑。在印度，樹皮還用於植鞣皮革（Vegetable tanned leather），木材堅韌耐用，是製作餐具的好材料。

西印度醋栗的應用不僅止於醫療與民俗療法。成熟果實可製作酸辣醬、泡菜和果醬，甚至榨汁成冷飲，也可用來釀醋。在印度、泰國和印尼，嫩葉則被當成蔬菜使用。

極酸澀的特性，讓我想起東南亞島嶼上有另一種果實與之媲美──三歛果，兩者皆是很有個性的水果，單吃限制頗多，但一經烹煮就能發揮得很好。酸澀的醋栗或三歛果常取之糖煨，方便儲存外，會加在刨冰上一起食用，在物質不豐腴的年代，一口酸甜冰涼就是孩子最幸福的時光。

## 解膩、軟化肉質第一名

西印度醋栗果實極酸，帶有澀感與少許鹹味，含有檸檬酸、酒石酸雨果膠成分，雖然生食不可口，卻是軟化肉質的最佳天然素材。凡是需要改變蛋白質結構、分解組織或增加滲透吸收力，它都能恰如其分地派上用場。

友人的庭園裡種了一棵西印度醋栗，每次結果，總滿面愁容，不知該如何處理。我把果實全熬煮成濃縮醬汁，從此需要醃漬、嫩肉或調味都不愁沒素材可用。唯一需要注意的是，因果實內含有草酸，一次用量不可太多，使用時要先中和處理並稀釋再用。此外，若料理中同時搭配鳳梨、木瓜、奇異果、酪梨或蘋果等富含天然酵素的水果，反而容易讓肉質過度分解，口感變得索然無味，這類組合建議避免或酌量調整。

176

# 西印度醋栗

| | |
|---|---|
| 學名 | *Phyllanthus acidus* (L) Skeels. 小喬木／大戟科 |
| 名稱 | Otaheite gooseberry／Tahitian gooseberry（英文）、Chùm ruột（越南文）、Cermai（馬來文）、Karmay（菲律賓南島語）、Mayom（泰文） |
| 別名 | 大溪地醋栗、星形醋栗 |
| 主要成分 | 葡萄糖苷、維生素C |
| 食療 | 抗氧化、抗發炎、天然護膚用品 |
| 食用部位 | 果實、果皮、種籽 |
| 保存方法 | 冷藏 |
| 禁忌 | 含有草酸，用量需斟酌。 |

西印度醋栗果實有星星形狀，故又名星形醋栗。（圖片提供／加藤千尋）

◆ 辛香料屬性

辛料　　　香料　　　**調味料**

單方／複方

◆ 六味屬性

**辛**　甘　**酸**　苦　鹹　**澀**

◆ 風味表現

顯現之味 Apparent Taste／尾韻 After Taste

◆ 五感

| 聽覺 | 觸覺 | 視覺 | 嗅覺 | **味覺** |
|---|---|---|---|---|
| （空） | （風） | （火） | （土） | **（水）** |

**風味筆記**
- 需要加工才可食用。
- 鹽漬或糖漬做成蜜餞，或調製成飲料，消食清爽。
- 新鮮水果捏碎後醃肉，能軟化肉質並增加果香。
- 苦澀味果肉遇見鮮、辛辣、甜能讓醬料或菜餚轉化風味。
- 新鮮熟果可以製作成泡菜，清脆口感非常討喜。

**適合搭配**

**醃漬西印度醋栗** 魚類、貝類、頭足類、甲殼類
**新鮮西印度醋栗** 雞肉、牛肉、羊肉、豬肉排
**醬料** 果醬、辣椒醬、沾醬
**烘焙** 重奶油蛋糕、吐司
**酊劑** 伏特加、威士忌、中國白酒
**釀醋**

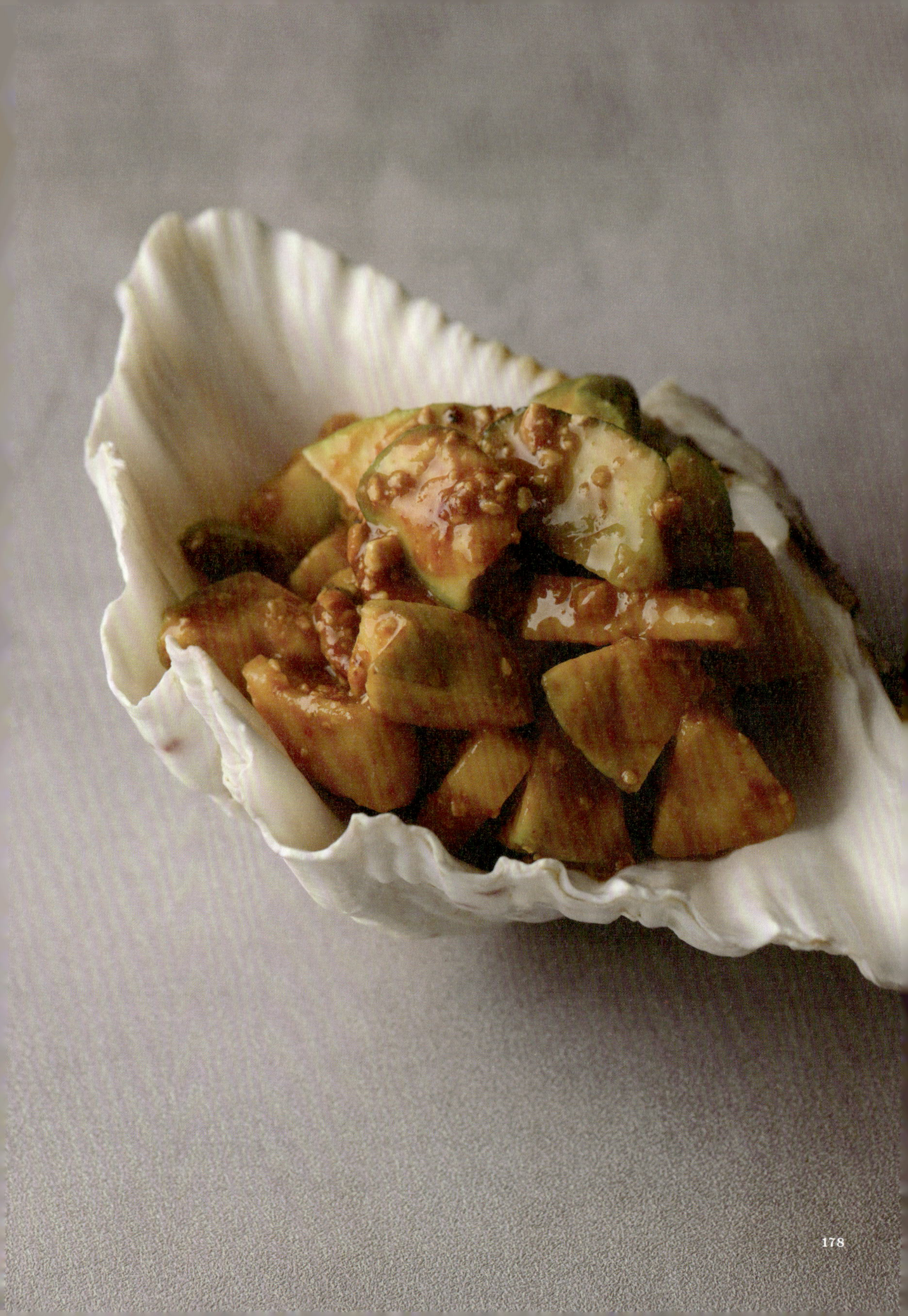

# 印尼囉惹
## （安汶版）

印尼東部摩鹿加群島的安汶（Ambon），素有「香料群島」之稱，盛產丁香與肉豆蔻。新鮮的肉豆蔻果肉，原本並不好吃；這道囉惹版本，以大量的棕糖做醬，讓澀口不討喜的水果們味道因此轉化，香料與麝香風味更突出，非常具有在地特色，不愧是香料群島。

**食材**
- 鳳梨 5 塊
- 楊桃 2-3 塊
- 小芒果 5-6 塊
- 小蓮霧（水翁）1 顆
- 小黃瓜 4-5 塊
- 生地瓜 2-3 片
- 青木瓜 3-4 塊

**香料** 新鮮肉豆蔻皮少許

**醬料**
- 棕糖約 70 克
- 新鮮辣椒 1-2 根
- 花生約 60 克
- 鹽少許

**製作方式**
1. 將所有切好的蔬果食材放入盆中，備用。
2. 取石舂將鹽、新鮮肉豆蔻皮以及所有醬料食材慢慢碾成泥狀。
3. 醬料拌入所有蔬果直到均勻，盡快享用。

### 江湖一點訣

製作囉惹時有兩個關鍵需特別注意：一是蔬果質地，水分含量低、脆口為首選；二是風味選材，可選用酸澀味道的水果，經由添加鮮香、少許辛辣即可改變風味。此外，囉惹拌勻後應盡快食用，避免蔬果出水影響整體味道。

## ◆ 風味解析

印尼東部，被十六世紀的歐洲人稱為「香料群島」，盛產丁香與肉豆蔻。當地人將堆積如山的肉豆蔻果肉放入囉惹中調香。若想嚐嚐這風味，可用豆蔻皮取代新鮮果肉，棕糖則可用任一身邊容易取得的植物糖，風味不減，堪稱入門款囉惹。

比較有難度的是水果，若剛好沒有食譜中的種類，可挑選味道質地相近的當季水果，避免使用太甜、太好吃的果物。

### 印尼囉惹 安汶版風味圖

**三種不同果酸** →
鳳梨、小楊桃、小芒果

**質地脆口** →
小蓮霧、小黃瓜

**多酚氧化物有乳汁** →
生地瓜、青木瓜

- 椰子糖　調味（甘）
- 棕糖　調味（甘）
- 豆蔻皮　香、調味
- 肉豆蔻　香、調味（調香利器）
- 花生　香料、油脂來源
- 辣椒　全方位、越辣越香

180

# 馬來西亞囉惹
（檳城華人版）

囉惹飄洋過海來到檳城，經潮汕華人之手詮釋，再與當地南島族與印度裔的飲食交織，演化出風味多層次的囉惹。食材有七成相似，不過更注重口感、質地和醬料比例，使用檳城在地蝦膏，味道鮮美，兼具六味平衡。

**食材**
- 鳳梨 5 小片
- 小芒果 3-4 片
- 沙梨 3-4 片
- 芭樂 3-4 片
- 小蓮霧（水翁）2-3 片
- 小黃瓜 4 片
- 豆薯（沙葛）2-3 片
- 老油條（依喜好，不放亦可）3-4 塊
- 發泡魷魚 3 片
- 炸豆腐 3-4 小塊

**香料**
- 原味花生粒 50 克
- 熟白芝麻粒 1 大匙
- 羅望子 30 克
- 椰子糖 2 大匙
- 蝦膏 1 大匙（或用蝦粉 6 克）

**醬料**
- 麥芽糖 3 大匙
- 細砂糖 2 大匙
- 黑抽 2 茶匙
- 淡色醬油 2 茶匙
- 甜麵醬 1 大匙
- 鳳梨 5-6 塊（約 120 克）
- 辣椒 1 大條
- 朝天椒 1 條

**製作方式**
1. 將所有食材放入料理盆；原味花生粒用擀麵棍敲至細碎，備用。
2. 羅望子加 50 毫升水，抓片刻使其軟化，取汁。
3. 醬料材料中的鳳梨塊與大小辣椒用攪拌棒打成泥，備用。
4. 起鍋，將步驟 2、3 與其他醬料材料、椰子糖、蝦膏放入鍋中，以小火熬至黏稠，取出待涼。
5. 拌入所有食材直到均勻，撒上花生粒和芝麻粒盡快享用。

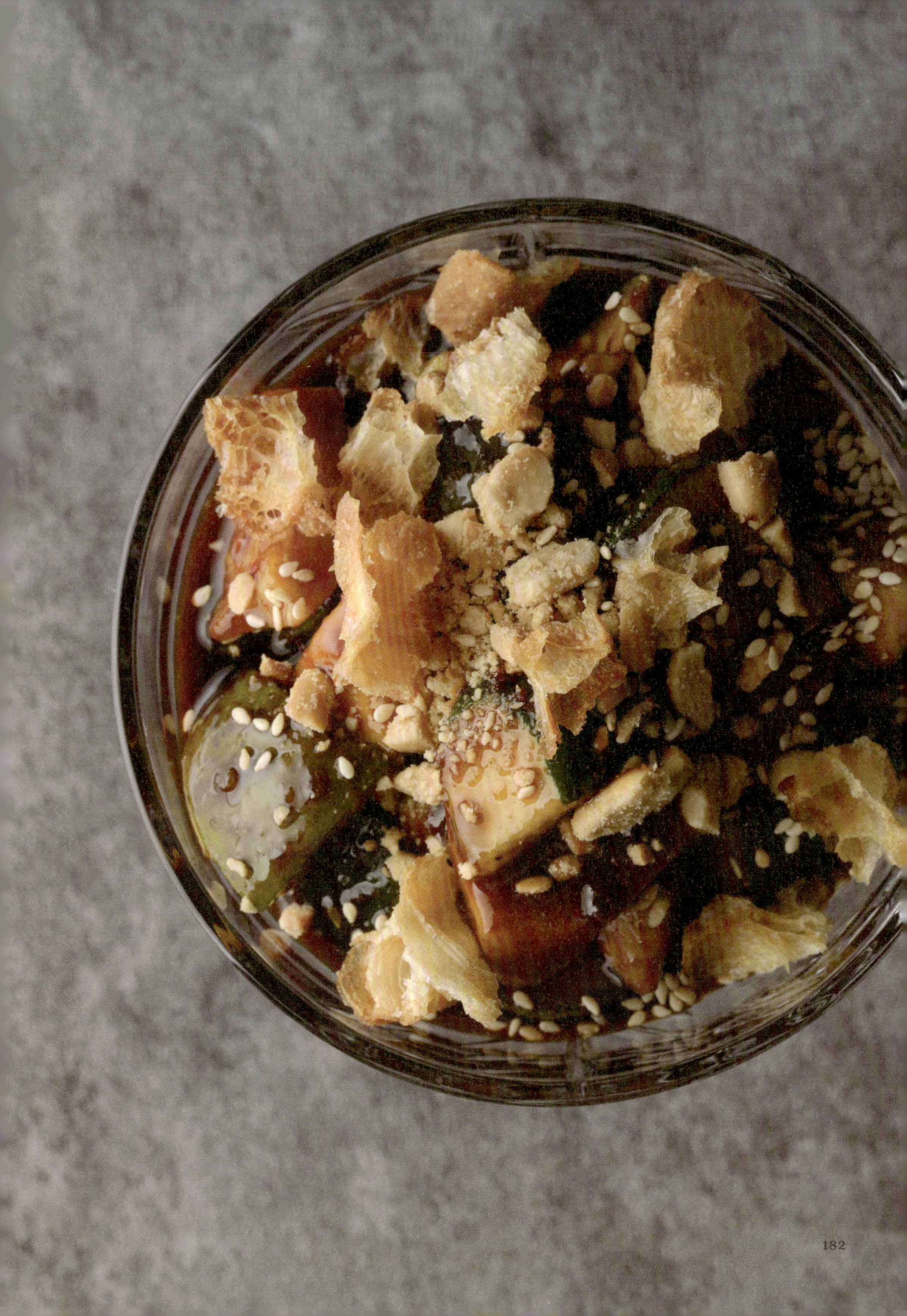

## 風味解析

囉惹來到華人手裡，除了保留原來概念，更重視鮮味，因此食材加入發泡魷魚、香料中增加蝦膏，醬料上更做了大幅度調整，融入新鮮水果的果酸，熬煮至自然黏稠，更能緊緊巴住食材。為了增加更多元的口感，另外也加入華人熟悉的豆腐，如此，囉惹注入新的想像。

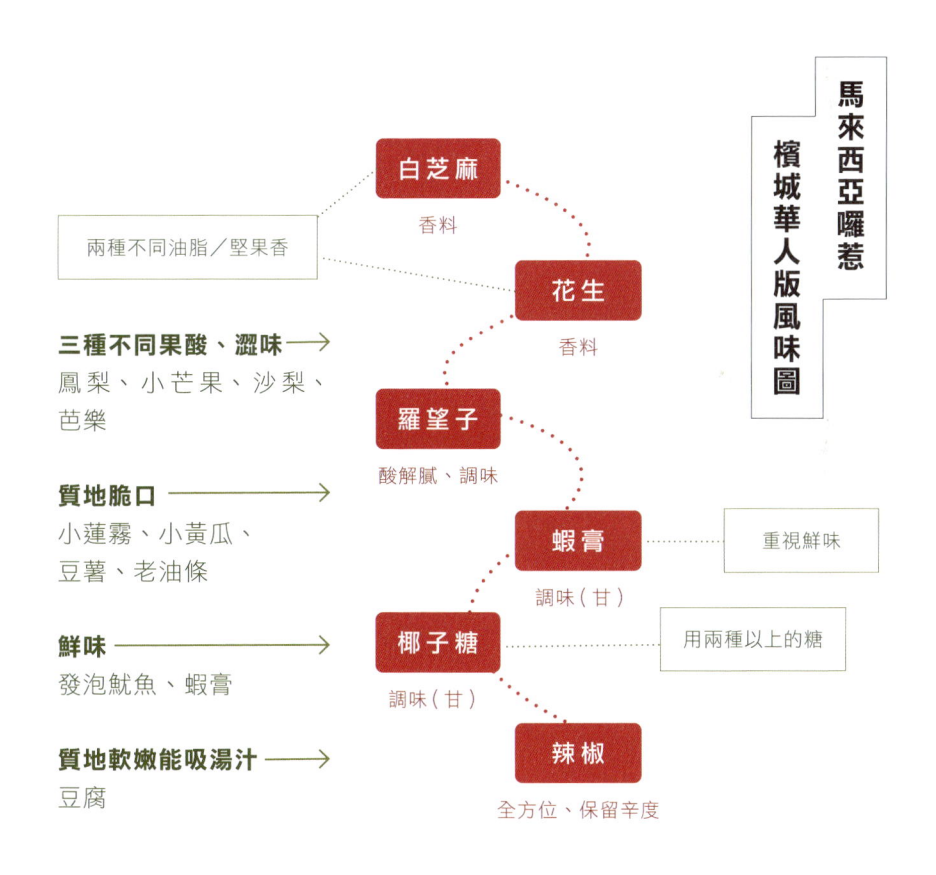

**馬來西亞囉惹　檳城華人版風味圖**

- 白芝麻 — 香料
  - 兩種不同油脂／堅果香
- 花生 — 香料
- 羅望子 — 酸解膩、調味
  - **三種不同果酸、澀味** → 鳳梨、小芒果、沙梨、芭樂
- 蝦膏 — 調味（甘）
  - 重視鮮味
  - **質地脆口** → 小蓮霧、小黃瓜、豆薯、老油條
- 椰子糖 — 調味（甘）
  - 用兩種以上的糖
  - **鮮味** → 發泡魷魚、蝦膏
- 辣椒 — 全方位、保留辛度
  - **質地軟嫩能吸湯汁** → 豆腐

# 馬來西亞囉惹
（印度裔嘛嘛版）

依循水果囉惹的風味概念，印度裔和馬來女子婚配後再創新版本，稱為印度囉惹、嘛嘛囉惹或巴盛布爾，在檳城則稱作鮮魚或青魚。此版本融入更多印度香料，食材改以油炸、新鮮脆口與富含硫化物的蔬菜為主；為了更有飽足感並考慮飲食均衡，也增加了澱粉及蛋白質。醬體厚實、微辣，色香味視覺感俱全，是一道來自本土的飲食創作。

**食材**

豆薯 150 克
小黃瓜 150 克
紅或白洋蔥 30 克
馬鈴薯 500 克
韭菜 50 克
紅蘿蔔 50 克
紅辣椒（配色）1 條
蝦子（去殼）200 克
小塊魚餅 100 克
油炸豆腐 6 塊
水煮蛋 3 顆

**炸粉漿**

低筋麵粉 200 克
在來米粉 2 茶匙
玉米粉 2 茶匙
蘇打粉少許
油 5 大匙
水約 420 毫升
鹽少許
糖少許
薑黃粉 1 茶匙
炸油約 300-450 毫升

**醬料**

赤尾青 10 克
洋蔥 250 克
蒜末 50 克
開陽 20 克
蝦粉 10 克
新鮮辣椒 4 條
朝天椒 2 條
辣椒粉 3 大匙
分蔥 20 克
蒸熟馬鈴薯或地瓜 450 克
熟花生 80 克
水 200 毫升
油 100 毫升

**製作方式**

1. 準備炸粉漿：把全部材料混合均勻，拌到完全沒有粉粒，蓋上保鮮膜，冷藏至少30分鐘後，將之分成兩等分備用。
2. 食材中的豆薯、小黃瓜、紅或白洋蔥用熟食砧板切小塊，馬鈴薯蒸熟之後切小塊，這部分直接食用
3. 韭菜、紅蘿蔔、紅辣椒切長條細狀，拌入第一等分炸粉漿，備用。
4. 第二等分粉漿加入新鮮蝦子，備用。
5. 開油鍋，先炸步驟3的蔬菜。油溫升到150度後，用大湯匙一次舀一匙蔬菜粉漿入鍋炸至金黃色，撈出。接著炸蝦，反覆直到炸完。
6. 升油溫至180度，將炸好的蔬菜與蝦再次快速入鍋，二炸逼出油後，撈起備用。
7. 製作醬料：先將赤尾青用乾鍋爆香之後，再將所有材料放入攪拌機，打至沒有顆粒、呈泥狀，入鍋煮至黏稠即可。
8. 擺盤，將所有熟食、油炸類（炸蝦、蔬菜炸）全部切一口大小，最後把步驟2蔬菜層層疊上，醬料可選擇直接淋上或放一旁沾食。

## 馬來西亞囉惹 印度裔嘛嘛版風味圖

- 蝦粉：調味（甘）
- 洋蔥：辛、調味
- 分蔥：調味（甘）
- 生蒜：全方位
- 辣椒：全方位
- 花生：香料
- 薑黃：調味（上色）
- 洋蔥：辛、調味
- 韭菜：辛、調味
- 炸物
- 醬料
- 蔬菜

## ◆ 風味解析

印度嘛嘛與原版囉惹的風味截然不同，正是多元文化交融下的鐵證。質地、味道與食材一切為三，主要結構由「醬料、蔬菜、炸物」所組成。

**醬料基底**：以大量硫化物香料（如洋蔥、分蔥、生蒜）堆砌出甘味，再用厚實的辛度撐起香氣，接續加入華人常用鮮味來源（開陽、蝦粉），並融合堅果風味的花生（這是唯一沙嗲靈魂），最後以大量澱粉（馬鈴薯或地瓜）做勾芡，形成醬汁特色。

**蔬菜小心機**：大致分成水煮、生食級和油炸類三種，包含白煮蛋、海鮮以及能帶來飽足感的澱粉。印度裔一方面落實阿育吠陀飲食觀，要攝取原食材，另一方面也迎合東南亞人喜歡油炸食物的偏好，挑選味道較重的韭菜、色彩鮮艷的紅蘿蔔做成炸蔬菜。同樣取自囉惹質地變化的概念，再加上生食級豆薯、小黃瓜以及洋蔥，整盤食材琳瑯滿目，做到華人標準的色香味俱全。

186

### 美食地圖 Data

**印尼**

**印尼囉惹 - 安汶版**
◆ **Rujak Natsepa**
地址　　Jl. Suli Raya, Suli, Kec. Salahutu, Kabupaten Maluku Tengah, Maluku
電話　　+62 821-9919-4599
營業時間　8:00-20:00

**馬來西亞**

**馬來西亞囉惹 - 檳城華人版**
◆ **檳城亞 Huat 伯**
地址　　Kampung Jalan Baru, 11000 Balik Pulau, Penang（樂群茶室）
電話　　016-4061352 ∕ 016-4000362 ∕ 012-4624259
營業時間　8:00-15:00（週三休）

◆ **檳城阿和串串囉惹**
地址　　26-A, Lintang Angsana, Bandar Baru Air Itam, 11500 Penang（雲頂餐室）
電話　　016-4089556/016-4028685
營業時間　12:00-17:00（週一、四休）

**馬來西亞囉惹 - 印度裔嘛嘛版**
◆ **Rojak Cendol Klang Valley Cafe**
地址　　8, Jalan Industri PBP 1/2, Bandar Puteri, 47100 Puchong, Selangor
電話　　+60 10-229 6994
營業時間　10:00-19:30

◆ **檳城四攤隱藏式印度嘛嘛囉惹（下列大概位置）**
1. Taman free school food court 華人攤子，招牌寫 Pasembur Padang。
2. 商務小學對面一排小販，其中一家印度人攤子。
3. 白雲山路邊華人老闆攤子，招牌寫青魚。
4. 升旗山靠近交通圈路邊印度攤子，招牌寫 Pasembur。

**台灣**

**馬來西亞囉惹 - 印度裔嘛嘛版**
◆ **Mamak 檔 星馬料理**
地址　　106 台北市大安區敦化南路一段 187 巷 72 號
電話　　02-2731-6086
營業時間　11:30-20:00

## Sambĕl 南洋

# 天選之物──參峇

立夏,進入抗暑季節。台灣人和東南亞人對於消暑的思考卻大不同。走進餐館,來點開胃小菜,涼拌黃瓜絕對有一定的地位,百香果漬青木瓜近年崛起,酸甜滋味入口沁涼,瞬間脾胃全開;透明冷藏櫃裡還有頗受歡迎的冰卷沾蒜頭醬油、冷油雞、冷豆腐皮蛋,各有特色。不過對於初來乍到的東南亞人而言,這些看來很漢食的食物,意外成為需要適應的吃法。

會這麼說不是沒有原因,東南亞地處赤道,雖族裔多元,華人對食物卻有根深蒂固的冷熱平衡觀念,從小就被灌輸寒涼之物不可多食。比方椰漿屬涼性,因此在東南亞國家,與椰漿相關的甜品多為熱食,如黑糯米粥 (Bubur pulut hitam)、小麥粥 (Bubur gandum)、椰奶香蕉 (Kluai buat chi) 等,就連摩摩喳喳也是吃熱的。雖說如此,終年炎熱該如何促進食慾、刺激味蕾、開胃下飯又能祛濕?對島嶼東南亞國家來說,參峇醬 (Sambal) 絕對是神物。

# 生參峇與熟參峇

在馬來西亞、新加坡與汶萊，參峇稱作 Sambal，印尼則發捲舌音 Sambel，源自爪哇語「把材料碾碎」之意[1]；除了佐餐拌醬外，還能變化出各種料理。參峇醬炒空心菜是日常配菜，而椰漿飯絕對要有參峇醬，否則會被翻桌。

我小時候常見大人們吃白飯配參峇，汗如雨下，邊吃邊嚷：「Pedas!（好辣！）」奇妙的是，一吃便停不下來，彷彿有股魔力，最後還是吃得眉開眼笑。

這種以石舂和杵搗的參峇醬，分生食（Sambal mentah）及熟食（Sambal masak）兩種，基本材料如新鮮鳥椒、少許鹽、烤過的蝦塊（Belacan）或發酵蝦膏（Terasi），若有新鮮番茄則多了天然酸甜味，加金桔或檸檬就是柑橘味，於是辛辣、酸鮮味在口腔中直球對決，灼熱感迅速蔓延到四面八方，痛感排山倒海而來，瞬間腦袋清醒、腎上腺素振奮。生活在赤道周邊，炎熱天氣下偶有午後雷陣雨，即便在東北季風大雨肆虐時，參峇因為以辣椒為主體，能抑制細菌滋生，短時間不易腐敗，而成了全民醬料聖物。

熟食參峇則另藏伏筆，大部分作料理用，故洋蔥或分

華人重視冷熱平衡，小麥粥當然也要熱熱的吃。

椰子寒涼，東南亞的摩摩喳喳多是熱食。

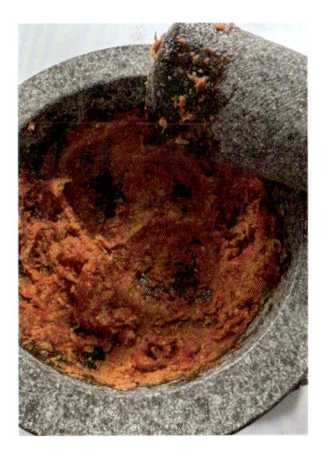

參峇是炎夏的救贖料理。

[1] Sambal 或 Sambĕl 又或者 Sambai，皆為印、馬、新、汶四地共用拼音，拼法或有不同，但為同一種食物。

## 葡萄牙人帶來辣椒

在十六世紀之前，東南亞尚未出現辣椒，所有料理的辛度來源，全靠爪哇島上兩種胡椒科的植物——長胡椒（Cabe jawa）和蓽澄茄（Cubeb），另有生薑、胡椒交替變換口味。直到葡萄牙人開啟大航海時代，從南美洲帶來辣椒抵達東南亞，從此改變了當地的飲食習慣，辣椒不僅風味強烈，並含豐富維他命 C，相較於其他香料植物，更容易種植，馴化快，產量穩定，繼而

蔥的比例特別高，這是為了增加醬體的厚實度，比例越高越能彰顯糖化後帶來的愉悅感。下鍋爆炒是關鍵所在，要炒得恰恰好，讓辛香料的水分消失、硫化物轉化，風味馬上變得豐盈。

熟參峇耐放，料理變化多端，是東南亞人常備醬，只要有參峇，隨時都能露兩手為餐桌增添風味，像是參峇醬烤魔鬼魚（Sambal ikan pari bakar），鮮香辛辣滿滿膠質，不自覺就可以多扒一碗飯；印尼也有一道名菜——參峇雞蛋（或稱參峇炸蛋 Telur balando），將水煮蛋去殼後再多一道油炸工序，把外表光滑的水煮蛋炸出凹凸不平的月球表面，才能緊緊巴住醬料，簡直人間美味。

熟參峇風味較溫和。　　　　　　　　　生參峇辛辣度高。

190

烏椒。

長胡椒是印尼最早的辛度來源。

納入爪哇島風行五百年的參峇版圖。

一篇談論「參峇的多樣性」文中提到，印尼約有一百一十不同變化的參峇，其中將近六成分布在爪哇本島及蘇門答臘。自馬塔蘭王國（Mataram）時代，人們已經有吃參峇的習慣，辣椒傳入後更加快傳播腳步，與其說往來島嶼之間的商賈頻繁移動是主因，不如說，參峇的變異性高、包容性強，可隨意融入各種食材，因而能極速在地化。

**參峇輻射到島嶼東南亞各國**

# 沒有參峇容不下的食材

參峇彈性有多廣？從各品種辣椒和蝦膏混合的簡易版，到加入新鮮蔬果、水果的節令限定版，身邊有什麼則加什麼，平易近人滋味多變，最後集結辛辣、鮮味與酸甜，開胃又下飯。酸澀未熟的芒果、賣相欠佳的楊桃、咬舌的鳳梨、疏果落勾澀味明顯的木瓜、酸得眼睛瞬瞇成一條線的羹大力果（Maparang fruit），以棕櫚糖、椰子糖來調和，如此，一碟季節性限定水果參峇即刻上桌。

榴槤盛產季節，無論是熟透或未熟的啞巴果，直接加鹽發酵，靜置數日使其產生乳酸菌，拌入辣椒均勻攪和，一口飯一口醬，十分過癮。我是檳城人，小時候常看家附近的馬來人吃得津津有味，那咖哩聞著有榴槤香，食之鮮甜，尾韻有淡淡酸味，取之與鮮魚烹煮，風味一如愛恨分明的劇情，一吃上癮或掉頭走人，想當然是前者占多數，否則榴槤參峇斷

### 印尼各地參峇

- 北蘇拉威西 **鮪魚參峇**
- 北摩鹿加 **霹靂果參峇**
- 中蘇拉威西 **彭賈魚參峇**
- 西蘇拉威西 **嫩芒果參峇**
- 南蘇拉威西 **黑果參峇**
- 摩鹿加 **木瓜參峇**
- 巴布亞 **檸檬羅勒參峇**、**番茄參峇**
- 東努沙登加拉 **荷蘭芹參峇**

然不可能從蘇門答臘跨越麻六甲海峽，一路延續到東海岸的登嘉樓（Trengganu）、吉蘭丹（Kelantan）和彭亨（Pahang），甜香的發酵風味自帶鮮明衝勁，再混入辛香料後，滋味錯綜複雜，只有吃過的人……才懂！

靠海吃海，可不只有乾貨蝦米，海鮮風參峇叫得出名號的為煎加露參峇（Cincalok sambal）。天底下再也沒有比現流仔[2]三個字更讓人激賞，蝦子新鮮捕撈上岸後，抓把鹽漬數日即可保存，想吃時再另外混入新鮮辣椒、金桔、分蔥，硫化物釋放嗆感，融合果香、鮮香與鹽香，是配飯高手。煎加露參峇看似簡樸，卻從印尼廖內群島武吉斯人手中，一直風行傳到麻六甲海峽娘惹手裡，可見魅力驚人。

每年三月雨季剛過，人們殷切期盼北蘇拉威西（North Sulawesi）海域聚集鰹魚群，碩大肥美，取之片肉可做鰹魚參峇（Skipjack sambal），一上桌，來一碗白飯，吃當季節令的習慣，從古至今未曾改變。然而印尼島嶼的當

亞齊
**鰹魚乾參峇**

北蘇門答臘
**刺花椒參峇**

廖內省
**薑黃鳳梨參峇**

廖內群島
**發酵魚參峇**

西蘇門答臘
**綠辣椒參峇**

占卑
**發酵榴槤參峇**

邦加
**生鰻魚參峇**

南蘇門答臘
**芒果參峇**

明古魯
**乾魚肉參峇**

楠榜省
**番茄芒果參峇**

西部爪哇
**臭豆參峇**

雅加達
**分蔥／石栗參峇**

中爪哇
**天貝參峇**

東爪哇
**鰻魚參峇**

日惹
**檸檬羅勒參峇**

峇里島
**分蔥參峇**

西努沙登加拉
**椰肉參峇**

北婆羅洲
**血蛤參峇**

東婆羅洲
**繡再果參峇**

西婆羅洲
**蛤蜊參峇**

中婆羅洲
**水茄參峇**

南婆羅洲
**酸參峇**

2　現流仔 (hiān-lâu-á) 為台語，意為剛從海裡捕撈起來，表示很新鮮。

季食材何止這樣，住在西婆羅洲臨海人們獨愛蛤蜊參峇（Kepah sambal）；無獨有偶，隔一條爪哇海（Java Sea）對角的東爪哇人，則是豪奢取鰻魚來做參峇（Eel sambal），過去一小碟不起眼的參峇竟能吃出如此高度，深感震撼。

住在馬來西亞西部地區，曾吃過果香味、海鮮、乾貨、醃漬等各種作法的參峇，自以為已到達天花板，然而印尼人並未止步於此。我數度在各島嶼間遊走，眼界大開，才發現從小到大對於參峇的理解實在太狹隘。婆羅洲以東的摩鹿加還有霹靂果參峇（Kendari sambal），霹靂果是一種橄欖科的超級食物，別名爪哇杏仁，乳脂豐富，吃起來有松節油味道，卻不影響在參峇內軋一腳，反倒因為辛香料的加入之後風味轉化，各種油脂在嘴裡交織迸發開來，醬體自帶油潤，滑順又細緻。

在地滋味永遠迷人，印尼地緣遼闊，天南地北沒有參峇容不下的食材。

標榜手舂參峇是印尼店家賣點，辣度可以調整。

# 十種常見參峇類型

參峇在爪哇起家，數百年來橫跨島嶼海域，跟著商賈、婚姻、移居相互流動，傳播各地，遍及新加坡、馬來西亞、汶萊與菲律賓南部。馬來半島有不同族裔紛紛加入參峇行列，連不吃辣的各籍貫華人也深深為參峇著迷。以印尼為核心再延伸，可羅列出十種常見口味。

國民型椰漿飯 (Nasi lemak) 用的是「焗炒型參峇」(Sambal tumis)，號稱基礎型風味，可以變化多種料理；著名馬來風光（蝦醬炒空心菜）或者家常爆炒蘇東（小卷炒參峇）都是這個類型。

「醬香型參峇」(Sambal kicap) 顯然受到華人影響，以甜調性醬油混合少許醋、朝天椒、大蒜，簡潔而日常，辛辣在前，而甘味貫穿整體醬料，特別適合炸豆腐或天貝、米麵食族群。

進階版「鯷魚參峇」(Sambal Ketuk) 以乾貨為主調，不只是蘸醬，甚至可用在拌飯、炒飯等作法千奇百種，一瓶醬走天下。

海鮮版有「燒烤型參峇」(Sambal belacan kering)，因為內含多種新鮮香料品種，體型有大有小，不同的口感經過油炸酥脆，添加分蔥、大蒜、大紅辣椒和少許番茄，島嶼臨海有各種鯷魚料品種，方便鑲入或塗抹在食物上。這種醬料需特別添加酸調性的調味，有解膩和降辛效果。醬體本身水分含量較少，若遇到水分過多時，也會在爆炒過程中添加石栗 (Candlenut)，[3]

辛辣風味參峇 (Sambal berlado) 讓蔬菜變美味。

[3] 請見《辛香料風味學》一書，石栗篇。

可濃縮收汁。

「酸香型參峇」(Sambal belacan basah) 又稱濕參峇，風行於馬來半島北部地區，味道接近泰國，刻意多留金桔或檸檬做為後段調味，酸味明顯；華人族群特別喜歡用作拌麵或是附餐調味料，在終年炎熱天氣下食用，既開胃又解暑，有畫龍點睛之妙。

另外兩種與之相近的風味，常用於拌飯佐餐或蔬菜沾醬，稱作「拌飯菜型參峇」(Sambal nasi berlauk) 和「辛辣風味參峇」(Sambal berlado)，深受馬來族群喜愛。這款參峇集結辣椒、番茄、分蔥、大蒜，舂搗時刻意保留食材口感，混合了三種以上不同品種的辣椒，入口痛感深邃、風味強烈，一秒帶你上天堂，下一秒瞬間墜入地獄，但人們仍不惜貪那一口念想，吃過辣過，還想⋯⋯再來一碟。

「勾芡型參峇」(Sambal pencicah) 是馬來群體中少有的混血，為了雞飯而設計。回教不食豬，家禽裡的雞肉成了最好選項，他們見華人海南雞隨餐附送一碟酸醋辣椒醬，愛上這一味，於是取來乾辣椒泡發後，搗成泥狀，加醋、糖、大蒜，最後加粉勾芡，成為參峇一員。注入水果想法的參峇則來自印尼。東南亞國家常有些不討好、太酸或太澀但有記憶點的季節水果，除用作鹽漬外，便延伸成為醬料，「果香參峇」(Sambal quini) 可以是芒果或庚大利，自然酸甜味加上乾貨乘載的鮮，豐富而美好。

近年流行另類「乾參峇」(Sambal kering)，所有材料炸乾去除水分，口感酥脆，當零食吃，撒在白飯上或者涼拌蔬菜皆宜，一杯啤酒、一口乾參峇，完全顛覆流傳百年，傳承世代天選之物。

放眼望去，再也沒有其他醬料追得上它的車尾燈。

## 核心辛香料 長胡椒

又稱蓽撥，生長在亞洲的胡椒科、一年生攀緣藤本香料植物。品種眾多，其中常見有兩種：一是印度的長胡椒（Piper longum），二為印尼出產的假蓽拔（Piper retrofractum）。

印度吠陀時代，長胡椒被視為珍貴植物。闡述祭祀盛典的《夜柔吠陀》（Yajur-veda）和巫術咒語經典《阿達婆吠陀》（Atharvaveda）皆有提及，聖賢早就知道它具有Rasayana（抗氧化劑）功能，當時擁有特殊氣味的香料植物相對稀罕，一律獻給神祇，焚香祭祀。

根據歷史記載，早在四世紀長胡椒便已傳入歐洲，但由於資訊流通緩慢，加上原生亞洲、古希臘、羅馬人一度錯判其與胡椒為同一科植物，很快的，當他們發現長胡椒所含的烯成分不及胡椒，香氣不如後者強烈，遂逐漸移情別戀，青睞香氣更強的胡椒。及至十六世紀航海大爆發，辣椒與胡椒更迅速地傳播至世界各地，從此長胡椒逐步淡出歐洲的香料舞台。

話說長胡椒有一個優於胡椒的地方：胡椒鹹風味持久且強勁，並帶有少許隱隱的甘甜味，層次豐富，更適合亞洲菜餚，無論燒烤、燴、滷、炸、涮或醬料，以至麻辣鍋、廣東滷味，連胡椒鹽也沾上一隅。

長胡椒的香氣比起胡椒更為複雜、香氣變化更多層次，讓人馬上聯想到增香劑，如華人的五香粉、中國的十三香。長胡椒香氣細膩，像是一股溪流，緩緩前進，心情愉悅、沿途風景美好，餘韻回味無窮；胡椒則似瀑布，風味一躍而下，馬上抵達終點。

## 非洲回教國家也愛這一味

長胡椒的確比胡椒辛辣，北非摩洛哥和東非蘇丹、衣索比亞等地，非常仰賴它來助香調味，

傳統燉肉 (Key wat) 或雞燉肉 (Dora wat) 以洋蔥為基礎，黑胡椒和長胡椒雙雙攜手，力道強而有勁，肉豆蔻和丁香砌出香的層次，最後取薑黃上色，不見半分辣椒蹤跡，卻很考驗烹煮人功力，難怪被當地人譽為媳婦菜 4。

每日三餐必須要有柏柏爾綜合香料 (Berbere Ethiopian spice mix)，以肉豆蔻、甜胡椒增添多重香氣，葫蘆巴合味，丁香、薑粉、小荳蔻為中間層砌香，錫蘭肉桂、胡荽調柔和，黑種草、紅椒粉上色兼食療，當然長胡椒是唯一辛辣來源，如此增香調醬 (Awaze sauce) 一瓶搞定。

## 日常妙用

前陣子網上討論到如何幫助薑黃素吸收，其中關鍵所在就是胡椒鹼。準備鮮奶與少許薑黃、長胡椒同煮至九十度，胡椒中的活性化合物可使薑黃素的吸收率提高一倍。阿育吠陀自古以來便有一帖治療咳嗽、感冒和鼻竇的妙方，取長胡椒粉與蜂蜜一起沖泡飲用，有助緩解不舒服。

長胡椒鹼明顯的辛亦有除腥羶作用，在中華料理上扮演舉足輕重的角色，其中所含的揮發油，帶有類木質和松脂風味，用於家禽如雞、鴨、鵝或鴿肉等，既能讓香氣持續，同時除去原食材異味。此外，當長胡椒遇上海鮮，尤其是甲殼類，明顯會多出舒適的辛氣味；在湯水表現上，當熬煮至一定程度，中層段會出現菸草香或麝香；若佐以繖形科香料，如小茴香、大茴香或者茴香子，則互為平衡、相輔相成。

## 核心辛香料 蓽澄茄

《一千零一夜》中提及蓽澄茄能治療不孕症，儘管無法證明真假，至少可知九世紀時，阿拉伯人已經將蓽澄茄引入中亞，並廣泛用於烹調。有趣的是，它在當地被稱為 Kabab chini，即中國蓽澄茄，這個名稱與唐朝時期香料貿易興盛有關，當時許多人慕名來到室利佛逝 (Sri Vijaya) 5，不僅是高僧取經的中繼站，也成為香料貿易的重要節點。蓽澄茄隨著僧侶與商人傳入中土，成為朝廷御醫常用藥材之一，用以增進食

---

4　這是一道當地準媳婦考核菜，做得好表示能勝任為妻者角色。
5　七世紀位於馬來半島南端最大的印度古國，靠香料貿易起家，同時也是宗教傳播中心。

198

# 長胡椒

| | |
|---|---|
| 學名 | *Piper retrofractum* Vahl　著生性藤本／胡椒科 |
| 名稱 | Biba pepper／Long pepper（英文）、Lada panjang（印尼文）、Pippali（梵文） |
| 別名 | 蓽拔、蓽撥、蓽撥梨、椹聖、鼠尾、爪哇長胡椒、假蓽拔 |
| 主要成分 | 胡椒鹼、谷甾醇、胡椒酸甲酯 |
| 食療 | 發燒、關節炎、食慾不振、皮膚病 |
| 食用部位 | 果實 |
| 保存方法 | 室溫密封玻璃瓶 |
| 禁忌 | 體質偏熱者不宜大量食用 |

### ◆ 辛香料屬性

**辛料**　　**香料**　　**調味料**

單方＜複方

### ◆ 六味屬性

**辛**　甘　**酸**　苦　鹹　澀

### ◆ 風味表現

**顯現之味 Apparent Taste**：除腥羶能力強（辛、涼感）
**長韻之味 Body Taste**：駕馭／整合（菸草味、麝香）
**回韻 Length Taste**：飽和度高

### ◆ 五感

| 聽覺 | 觸覺 | **視覺** | 嗅覺 | 味覺 |
|---|---|---|---|---|
| （空） | （風） | **（火）** | （土） | （水） |

### 風味筆記

長胡椒與胡椒最大的差異，在於它氣味的持續性。少了胡椒的霸道辛辣，香氣緩慢釋放、柔和綿長，這個特質對於不易入味的食材特別有幫助，能在烹調過程中逐漸滲透。風味表現上，從開始到結束甚至尾韻、回韻皆有既視感，唯一需要注意的是，切勿過量使用，以免引發身體燥熱。

### 適合搭配

| | |
|---|---|
| 肉類 | 雞、鴨、鵝、鴿、牛、豬、羊 |
| 五穀雜糧 | 堅果、五穀 |
| 海鮮類 | 蝦蟹、頭足類 |
| 奶類乳製品 | 機能性飲料 |
| 水果 | 鳳梨木瓜、番茄、芒果、芭樂、金棗、文旦 |
| 複合式香料 | 香料鹽、咖哩粉、衣索比亞綜合香料、北非綜合辛香料（Ras el hanout）、印度西南部綜合辛香料（Masala） |
| 酊劑 | 高粱、威士忌 |

慾、祛除晦氣，甚至是能使身體芬芳的神奇香料。

到了十三世紀，《馬可波羅遊記》中亦提到蓽澄茄與其他珍貴香料。不久之後便傳入歐洲，因人們瘋傳將蛋黃、肉桂與蓽澄茄混合可成春藥，造成價格上揚。當時歐洲人還相信中國人所說，認為蓽澄茄有驅除惡魔之效，足見其名聲遠播。

直到今日，它仍是多款薰香配方中的重要成分。蓽澄茄原產於爪哇，當地一直將其視為傳統藥材，用來治療淋病、痢疾、梅毒、腹痛、腹瀉、腸炎和氣喘等，未曾入菜。多年前，我到當地田野調查，傻傻的想要在香料市場買蓽澄茄，未料卻撲了個空，細問之下才知道，原來這味藥材得去賈姆（Jamu）市集才能買到，難怪爪哇料理中獨缺這一味。

## 骨髓的去腥好朋友

蓽澄茄雖同屬胡椒科，卻無法取代胡椒的地位，主要原因在於其所含的胡椒鹼極少，缺乏黑胡椒的辛辣與香氣，不過在某些料理中，這點反倒成為優勢，比方用於雞、豬、牛骨髓等本身就

不需要胡椒香氣的肉類時，反而能恰到好處地發揮去腥效果，除掉血水中的雜味。其單萜成分如檜烯、α-側柏烯與蒈烯，放嘴裡嚼有明顯清新的樹脂香氣，緊接著透出涼感，苦澀味隨後而來，不會干擾食物原味。

也很適合用於調配複合式香料，如咖哩粉或作為增香劑。其餘韻清爽，略帶麻感，若想設計風味記憶點是個好選擇，與甜胡椒、丁香、黑小豆蔻、生薑等搭配，能補足蓽澄茄所沒有的顯味。蓽澄茄自帶突出的薄荷醇香氣，與歐系香草如百里香、紫蘇、芝麻葉、奧勒岡搭配也毫無違和感，製作成香料鹽，更能相得益彰。

# 蓽澄茄

| | |
|---|---|
| **學名** | *Piper cubeba* L. f. 著生性藤本／胡椒科 |
| **名稱** | Biba Pepper / Long pepper（英文）、Lada Panjang / kemukus（印尼文）、Pippali（梵文）、Lada berekur（馬來文）、Tieu（越南文）、Thippli（印度文）、Sayo pin（緬甸文） |
| **別名** | 尾胡椒、爪哇胡椒 |
| **主要成分** | 甲基丁香酚、丁子香酚、木脂素和萜類化合物 |
| **食療** | 抗發炎、鎮痛和殺錐蟲活性 |
| **食用部位** | 果實 |
| **保存方法** | 室溫密封玻璃瓶 |
| **禁忌** | 陰虛火旺者禁服 |

◆ **辛香料屬性**

辛料　　　香料　　　調味料

單方＜複方

◆ **六味屬性**

辛　甘　酸　(苦)　鹹　(澀)

◆ **風味表現**

中層段 Mid-palate ／尾韻 After Taste

◆ **五感**

| 聽覺 | 觸覺 | 視覺 | 嗅覺 | 味覺 |
|---|---|---|---|---|
| （空） | （風） | （火） | （土） | （水） |

**風味筆記**

蓽澄茄最簡單的用法是調成胡椒鹽，其次則極適合搭配鴨肉。有一次製作法式油封鴨時，一切皆按原來作法，我僅在最後一步多加入蓽澄茄，效果令人驚喜：當木脂素精油遇見歐系香草，在油脂介質的助力下，鴨嫩皮脆之餘，香氣竟然偷偷穿透皮下脂肪，多了一層意想不到的風味，這就是味道的記憶點。

**適合搭配**

| | | | |
|---|---|---|---|
| 海鮮 | 甲殼類 | 咖哩 | 柑橘、清爽尤加利 |
| 肉類 | 雞、鴨、鵝、豬、牛、羊 | 複合式香料 | 調配咖哩粉、香料鹽 |
| 甜點餅乾類 | 曲奇、比吉斯、瑪德蓮、檸檬塔 | 酊劑 | 伏特加 |

## 核心辛香草 三斂

第一次吃三斂是在印尼，入口那股酸勁讓我眼睛瞬間瞇成一條線。第二次再見它時，格外小心翼翼，卻發現沒有想像中酸了。到了第三次，又在泰國與它重逢，這次竟然可以一口接一口，如吃迷你版的楊桃，心裡遂慢慢放下了對它的排斥。

三斂宛如羅望子般適地性極強，風味也不相同。它簇生於枝條末端，花的顏色從黃綠至紅紫不一，果實則直接著長在裸露的莖與樹幹上。台灣夏季為產果高峰，在東南亞地區則四季都有採不完的果。

傳統醫學中，三斂也扮演重要角色，被用於治療多種疾病。其葉片可泡製成煎劑，具有抗菌、預防壞血病的功效，亦常用於產後沐浴，幫助身體復原，並用於退燒、舒緩直腸發炎與調理糖尿病等症狀。將葉子搗碎成糊狀，可外敷用於緩解搔癢、癤子、皮疹或毒物叮咬。新鮮果實磨碎加鹽敷臉，則能治療粉刺；果汁則被視為治療百日咳、高血壓、肥胖及糖尿病的自然療法。

## 產地用途多

三斂果的溶液含有天然酸性化合物，馬來西亞的馬來族裔常用它來清潔馬來短劍（Keris），以去除鐵鏽；菲律賓農村地區也善用此特性，將三斂果作為天然去汙劑使用，效果顯著。商人因而嗅出商機，開發出更多相關清潔產品，對於陶器、磁磚與浴缸等容易積垢處尤為有效。

三斂果的酸性特質，表現在食物上時用途廣泛，最常見的是製成果醬或蜜餞。印尼當地商場與小店鋪常可買到職人手作款，口感軟糯、甜味明顯，可當日常零嘴或做糕點裝飾。相較之下，鹽漬作法較為少見。其中讓我印象深刻的，是一種類似印度沾醬（Chutney）的吃法，將三斂果小火慢熬至幾乎成膏狀，不僅便於保存，還能變化多種吃法：調製機能性飲料、作為沾醬、甜鹹餅乾內餡，甚至應用於各式蛋糕甜品中。

馬來西亞人較少食用三斂，只在少數偏鄉能發現，多以沾醬生食或烹煮成酸調性咖哩，尤其搭配海鮮最對味。加入新鮮番茄、洋蔥等硫化物食材，再以辣椒增添香度、厚度，即使天氣炎熱也能很下飯。

# 三斂

| | |
|---|---|
| 學名 | *Averrhoa bilimbi* L.　小喬木／酢漿草科 |
| 名稱 | Cucumber tree（英文）、Belimbing wuluh（印尼文）、Kamias（菲律賓文）、Taling pling（泰文）、Khế tây（越南文） |
| 別名 | 木胡瓜、酸仔、黃瓜樹、三捻、長葉五斂子、毛葉楊桃 |
| 主要成分 | 鐵、鎂、鉀、錳、β-胡蘿蔔素、維生素A、B9（葉酸）、B3（菸鹼酸） |
| 食療 | 消食、清熱生津、利水解毒、咽喉腫脹 |
| 食用部位 | 果實、葉子 |
| 保存方法 | 冷藏 |
| 禁忌 | 胃潰瘍、空腹不宜食、腎臟病忌食、果實含有大量草酸，勿過量。 |

### ◆ 辛香料屬性
辛料　　　香料　　　**調味料**
單方／複方　　酸＞上色

### ◆ 六味屬性
辛　甘　**酸**　苦　鹹　**澀**

### ◆ 風味表現
**長韻之味 Body Taste**

### ◆ 五感
| 聽覺 | 觸覺 | 視覺 | 嗅覺 | 味覺 |
|---|---|---|---|---|
| （空） | （風） | （火） | （土） | （水） |

### 風味筆記
- 三斂長得如縮小版楊桃，皮薄肉脆，易作加工。相較於原鄉吃法，我更推薦做日常泡菜醃漬，只要加少許三斂，不同層次的酸調性便可增加果香風味，留下鮮明記憶點。
- 葉片也可利用，搗碎取汁後，與薰衣草、阿拉伯乳香或永久花製作成香膏，有效抑制蚊蟲叮咬或不明搔癢。

### 適合搭配
| | |
|---|---|
| 海鮮 | 魚類、甲殼類、乾貨 |
| 醬料 | 酸調性、柑橘、芒果 |
| 釀酒 | 蒸餾酒、燒酒 |
| 香膏 | 薰衣草、阿拉伯乳香、永久花、沒藥、岩玫瑰 |

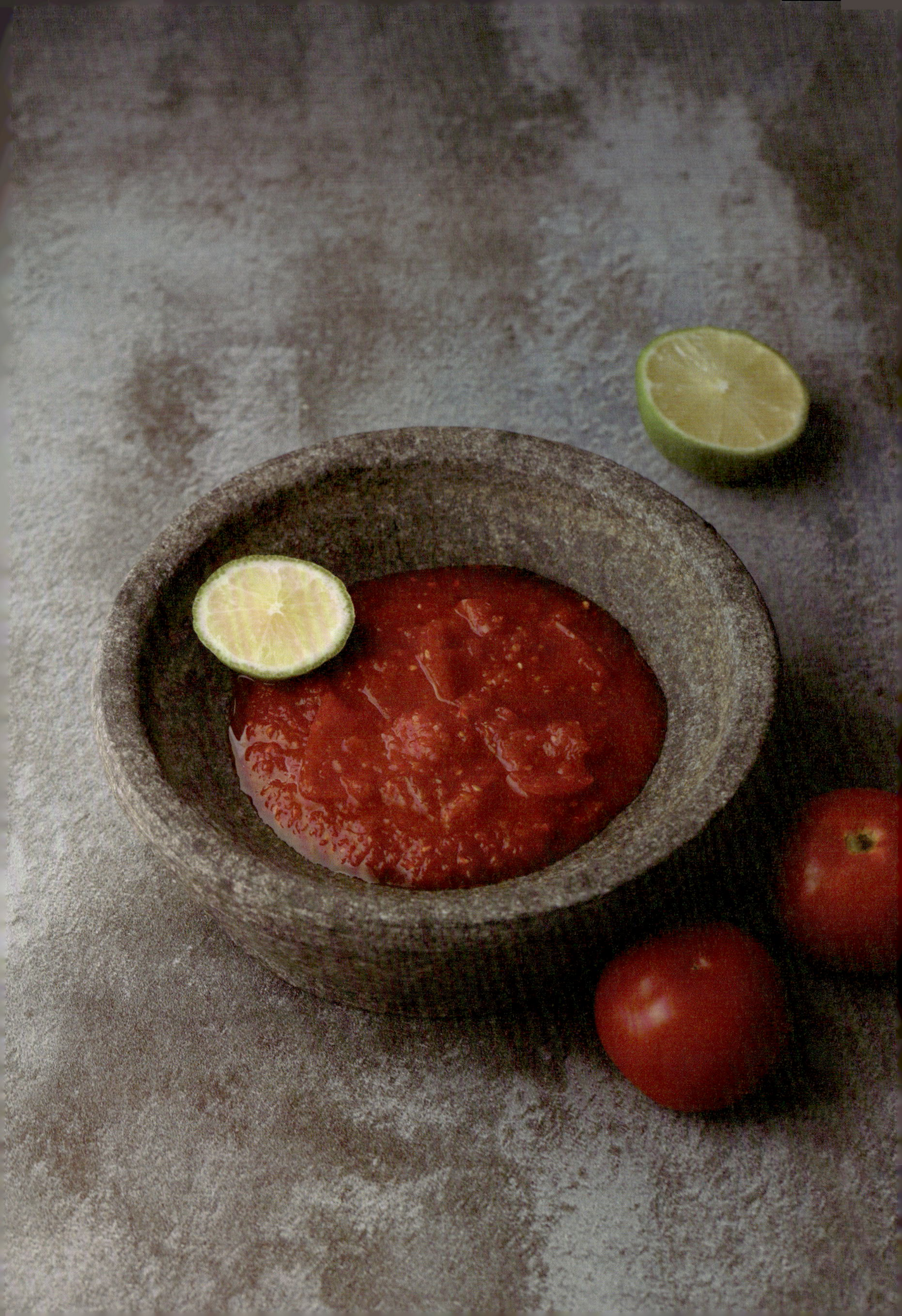

# 印尼生參峇

基礎版參峇分為兩種,生參峇與熟參峇。生參峇水分多,不易儲存,通常當天就要食用完畢,材料簡單、容易操作。熟參峇則需多一次工序,入鍋煮去水分,確認分蔥等硫化物的生味完全消失,否則苦味明顯。

**3-4 人份**

**食材** 新鮮大番茄 1 顆
無籽檸檬 1 顆

**辛香料** 新鮮大辣椒 10 條
朝天椒 4 條
分蔥 4 瓣

**調味料** 鹽適量、白糖(或椰子糖)20 克

**製作方式**
1. 準備石舂石杵。將所有食材、香料清洗完畢,香料先放在直火上烤過。
2. 將兩種辣椒放在石舂上,撒少許鹽,一起舂搗,用手臂力量搗,節奏需與呼吸、心跳一致,如此才不會累。
3. 把辣椒搗碎之後,加入分蔥、切塊的番茄繼續搗至變成膏狀。
4. 在石舂上加糖調味、擠上檸檬汁就可以上桌。
5. 搭配白飯或菜餚一起食用。

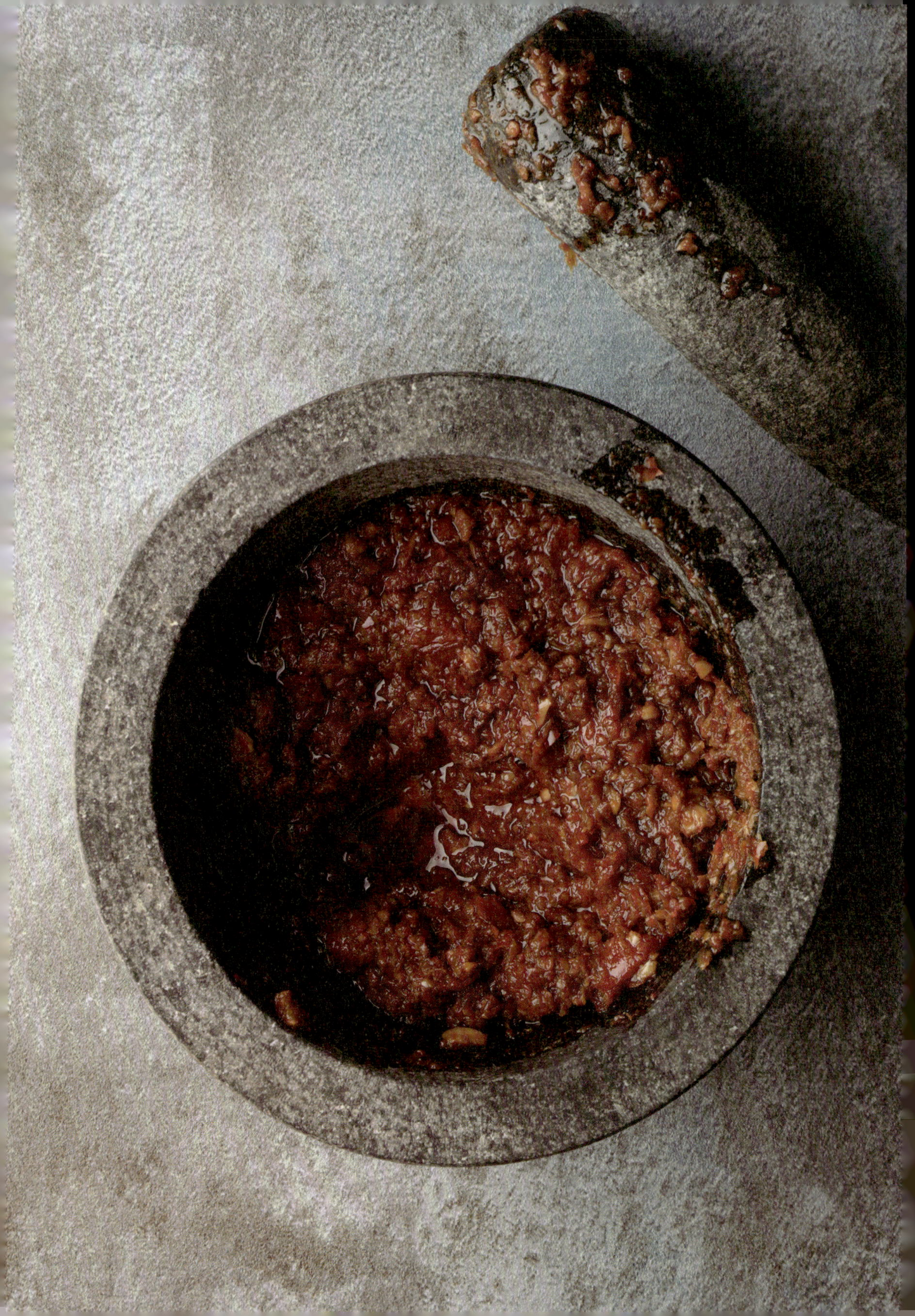

## 馬來西亞熟參峇

熟參峇可變換各種吃法，擠上金桔，可當沾醬；炒飯或炒麵時加一瓢，香氣立刻升級；炒高麗菜、空心菜、翼豆或秋葵時，加點參峇醬，便充滿南洋惹味，是白飯殺手。想要更進階，只需換成帶殼蝦快炒參峇，馬上能端出宴會菜氛圍，還有參峇小卷、參峇臭豆、參峇天貝……一瓶參峇醬，天下無敵。

**3-4 人份**

**食材**
新鮮番茄 2 顆
油 200 毫升

**調味料**
白糖 1½ 大匙
鹽半茶匙

**辛香料**
乾辣椒 35 克
朝天椒 25 克
新鮮大辣椒 25 克
大蒜 25 克
分蔥 100 克
石栗 30 克
蝦粉（峇拉煎）20 克

**製作方式**
1. 準備石舂石杵或直接使用調理機。番茄洗淨切塊、香料清洗乾淨，備用。
2. 峇拉煎先用平底鍋小火煸香，備用。
3. 全部香料放入調理機打成泥，備用。
4. 起鍋入油，將步驟 3 香料泥、番茄塊倒入鍋中，以小火炒到沒有生味，加糖、鹽調味，再繼續炒至辣椒油浮起，便完成熟醬。
5. 待涼後裝入玻璃瓶，冷藏可保存 1 個月。

### 江湖一點訣

- 乾辣椒須充分浸泡，吸滿水分後才能開始杵搗或用調理機打至細緻。

- 炒的時候，油量應蓋過食材的七分高，油脂是熟成參峇的重要關鍵，也是保存參峇不會變質的元素。

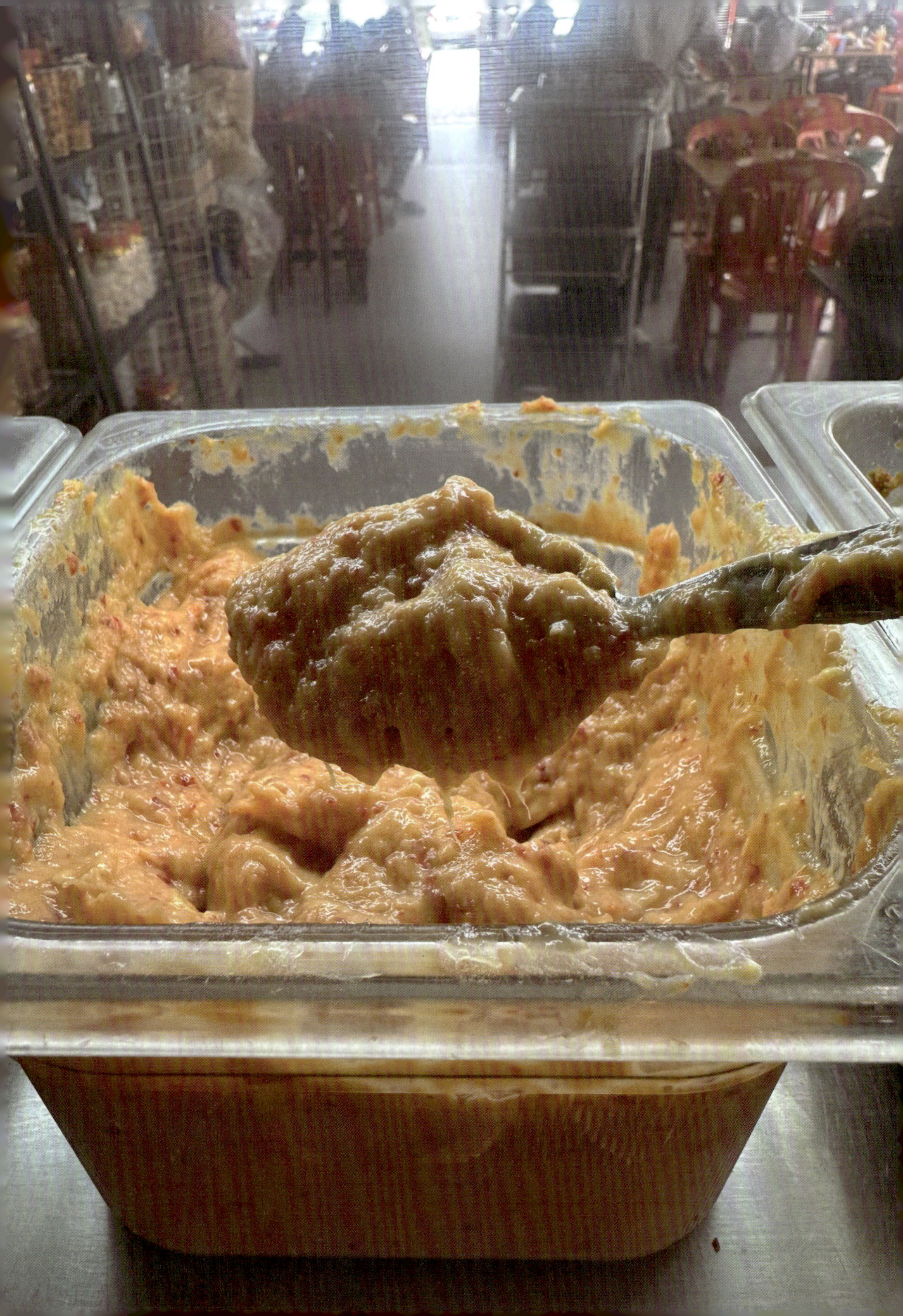

# 榴槤參峇

參峇也有當季限定款。六、七月是芒果參峇；五、六月榴槤產季時，有些賣相不佳或過剩的榴槤，乾脆做成發酵榴槤，再混合辣椒就是榴槤參峇 (Tempoyak sambal)。七、八月接續登場的是庚大利果，咬舌的鳳梨、不甜澀口的楊桃、又酸又澀的沙梨、熟透已微發酵的藤黃果 (Buah cepu)、繽再果等，這些果實正適合入參峇醬，都是餐桌上的美好滋味。

榴槤參峇亦可再做成各種料理，例如著名的淡水魚榴槤參峇 (Tempoyak patin)，發酵後榴槤的濃烈氣味變得溫和，乳香突出，與魚肉鮮味相得益彰，值得一試。

**3-4 人份**

**食材** 榴槤肉 300 克

**調味料** 鹽 1½ 茶匙

**辛香料** 朝天椒 10 克
大辣椒 25 克

**製作方式**
1. 取一個乾淨、全新、沒有沾到油脂的玻璃瓶，洗乾淨後晾乾。
2. 製作發酵榴槤：榴槤果肉用 1 茶匙鹽攪拌均勻，放入玻璃瓶，放置室溫陰涼處發酵兩個禮拜，便可食用。
3. 接續用發酵榴槤來做參峇醬。
4. 把所有辣椒放入調理機，加剩下的 1/2 茶匙鹽打成泥，加入 1 茶匙發酵榴槤即成榴槤參峇醬。

發酵榴槤還可用來做成魚湯等料理。

## 參峇風味圖

- 乾燥辣椒 — 全方位
- 石粟 — 調味(增稠)
- 新鮮辣椒 — 全方位
- 分蔥 — 調味(甘)
- 朝天椒 — 全方位
- 香茅 — 香、調味
- 蝦粉 — 調味(甘)
- 大蒜 — 全方位
- 南薑 — 香、調味

熟食參峇
生食參峇
海鮮專用

## ◆ 風味解析

參峇百變不離其宗，基礎香料、新鮮辣椒與朝天椒兩者必須合力演出，辛度若不夠，參峇很難產生痛感，香度因而下降。製作生食參峇時，分蔥放與不放都可以，少量硫化物能帶動辛辣風味，讓人產生食慾。若要變化水果吃法，可以在生參峇春搗時直接加入拌勻，想要簡單一點，擠上金桔也是不錯的折衷方式。

熟食參峇多一個下鍋炒的程序，故有三種辣椒，尤其乾辣椒有其必要性，能增加鮮紅色澤。蝦粉應事先乾鍋烤過，搗或磨成粉；台灣分蔥含水量較高，比例越高、爆炒的難度就越高，火候控制和時間掌握非常重要，沒炒熟或過熟都會讓參峇吃起來有「苦」味，需要特別有耐心。

至於海鮮專用參峇，則增加香茅與南薑來除腥。學會這三種基本款，馬、印、新料理全在掌握中。

**美食地圖 Data**

### 台灣 🇹🇼

**印尼生參峇**
◆ **讚都**
地址　　106台北市大安區市民大道三段128巷6號1樓
電話　　02-8773-1200
營業時間　11:00-14:00 ／ 17:00-21:00
　　　　（六、日，其他時間請查閱臉書，週一休）

**馬來西亞熱參峇**
◆ **PappaRich 金爸爸 - 南港中信店**
地址　　115台北市南港區經貿二路166號A棟（中國信託金融園區1樓）
電話　　02-2785-7677
營業時間　11:00-15:00 ／ 17:00-21:30

**以參峇延伸多種餐食**
◆ **Sayang 南洋茶室**
地址　　802高雄市苓雅區海邊路55號
電話　　07-201-0108
營業時間　11:30-21:30

## Otak
### 南洋

# 蒸蛋的異想世界——烏達

蒸水蛋,是福建人再熟悉不過的家常菜。食材簡單,卻很考驗蛋與水的比例,掌握火候更是一門學問,水還未達沸點就要放入炊籠。小時候總納悶為什麼鍋蓋總是半掩留一縫,長大才明白,那正是蒸出水嫩細緻又光滑的撇步。一杓舀起如波光抖動,閃閃發亮,食慾大開。

後來潮汕母親當家,換成冬菜蒸肉餅,又從家裡寄居的廣府人明哥那裡偷學,加入少許馬友鹹魚和剁碎絞肉,再加少許澱粉抓醃,使肉表面形成一層保護膜,撒上白胡椒除腥,淋醬油打底色,甩打成團,壓扁,再和入一顆全蛋添少量水,蒸熟出鍋鮮美湯汁隨之溢出。冬菜蒸肉餅口感結實,肉嫩湯鹹香,十足白飯殺手。

七〇年代家族開枝散葉,遠親娶了一房娘惹媳婦,她的拿手菜「烏達」(Otak) 就這樣走進我家餐桌,一吃成主顧。

# 娘惹烏達開啟味蕾探索

「烏達」一詞，從馬來文 otak 直譯而來，形容質地像腦漿。有人打趣說因為這道菜容易做，不需要用腦[1]，隨便拌一拌、蒸熟便可食。外來者或許覺得這名字有點嚇人，但對我們這些生活在新加坡、馬來西亞、泰國、印尼的人來說，絲毫不以為意，早就習慣了。

未走出馬來西亞之前，我對烏達的印象一直停留在北部娘惹版[2]。將鯖魚肉剁下，與南薑、香茅、薑黃等香料混合，再加入比例很高的蛋液層層拌勻，幾乎呈現水稀狀態；接著把它包進香蕉葉，摺成如托特包的外型，這包法難度極高，一方面要防止餡料外溢，一方面需趁香蕉葉尚未變形之前，用牙籤固定。好不容易層層闖關以為完成了，手藝精巧的娘惹卻未就此罷休，竟然還幫托特包再編上一條腰帶。我少時總感嘆自己手拙、屢做屢敗，只好樂得被餵食。

時間一到，掀開蒸籠，一陣炊煙裊裊，隨即聞到一股柑橘調性的卡菲萊姆葉（Kaffir lime）香氣，質地軟糯、魚肉鮮嫩，蛋香以外每一口都伴隨著層次分明的香料，相信

外表像托特包的娘惹版烏達。（圖片提供／李佩純）

[1] Tak payah guna otak，意為不需要用腦，簡稱 Otak。
[2] 娘惹乃馬來西亞的一個特殊族群。大約在15世紀，隨著中國移民來到馬來半島，部分華人男子與當地女性通婚，這些女性可能來自暹羅、蘇門答臘、爪哇或其他島嶼的南島民族，兩族聯姻所生的子女，男性稱為「峇峇」，女性則稱為「娘惹」。

# 新加坡人後花園 廖內群島

我，只要嚐一口，就會立刻愛上。

從此，蒸水蛋、冬菜蒸肉餅和烏達便交錯出現在我家的餐桌上，不只如此，還有許多新加坡、馬來西亞與印尼人的日常配菜，也漸漸成為餐桌上的一部分。

你可曾想過，我們入口的食物，到底從哪裡來？

烏達，是娘惹自創？還是麻坡人原創？我相信沒有人聽過廖內群島上有烏達，要不是偶然看到一份二〇二二年的文章〈烏達烏達：作為當地傳統食物，能夠增加廖內群島沿海社區收入〉，我簡直不敢相信原來和武吉斯人（Bugis）有密切關係。

廖內群島（Riau Island）距離新加坡不到二十公里，隸屬印尼，超過百分之九十九的人認為，「烏達」是島上最具代表性的食物，能帶來豐碩收入，養活一家大小。住在民丹島（Bintang）西邊丹戎檳榔（Tanjung Pinang）的第四代華裔印尼人楊秀芳（Sofiah Jo）回憶，小時候媽媽就靠著賣烏達做出名號，她接手之後再從武吉斯人的作法中吸取養分，加以改良，沒想到竟大受歡迎。

廖內省有一千三百多個大小島嶼，遍布南中國海與納土納群島（Kabupaten Natuna）之間，其中民丹島（Bintang）與巴淡（Batam）最接近新加坡。一九九〇年印新雙方簽訂發展觀光，協議將民丹島租給新加坡八十年，成為免稅港口，從新加坡丹娜美拉碼頭（Tanah Merah）到民丹島班達本單特拉尼（Bandar Bentan Telani）只要一小時，就能從充滿高壓的國家瞬間切

214

換成度假模式，可說是新加坡人的後花園。

根據楊秀芳的說法，島上居民多從事漁業，早年為了解決漁獲保存問題，研發出許多魚製品，如魚丸、魚餅，烏達的材料也以魚肉為主。不過華人和武吉斯人做的烏達版本不同，她堅持只用馬鮫魚（土魠魚），講究真材實料，相較於武吉斯人愛粉感彈牙的口感很不同。十五歲從母親手中繼承至今，儘管已經有現代化設備，她還是堅持純手工製作，「做到手都變形了」她笑著說。

廖內群島的烏達外型極具特色，利用生長在周邊沼澤潮間帶的亞答棕櫚葉，削成長而扁平狀，為了工作順暢，楊秀芳還特別訂製一套「烏達馬鞍座」，一次可容納四十條；將餡料抹在兩片亞答棕櫚葉（Nipah leaf）中間，再順勢夾在馬鞍縫中，避免傾斜栽跟斗，遠看就像古代臣子參奏的笏板。內餡選料一點也不馬虎，時有小卷或鮮蝦的大眾版，也有混入魚骨、魚眼增加風味的大人版，兩端再用牙籤固定，在炭火上反覆燒烤，炭香味鮮，是當地人喜歡的點心，一次出手都訂購二、三十條，實現烏達自由。

亞答棕櫚葉質地挺，以此包裹的烏達長而扁，彷如古代笏板。

亞答棕櫚葉葉脈呈直線狀，能將食物自然收口。

特製的烏達馬鞍座，方便製作時能順勢夾在馬鞍縫中固定。

215

# 東方的腓尼基人

武吉斯人原來居住在印尼東邊的蘇拉威西島（Sulawesi），和島上另一民族望加錫（Makassarese）人同樣因土地貧瘠、不適合耕作，轉而從事海上貿易。他們販售的商品琳瑯滿目，從野味、燕窩、蜂蜜、玳瑁、海參、沙穀椰子澱粉，到鄰近島嶼盛產的香料、海鹽，皆牢牢掌握源頭。

當時他們對前仆後繼來到西里伯斯海（Celebes Sea）的葡萄牙、丹麥、英國及法國人實施自由開放貿易政策，這點與後來一心想壟斷香料貿易的荷蘭人背道而馳，一六六七年，一紙《旁卡耶協議》（Treaty of Bongaya），荷蘭人以強勢手段斬斷武吉斯人所有貿易鏈，迫使他們遷出蘇拉威西，離散至廖內群島、蘇門答臘（Sumatera）、加里曼丹（Kalimantan）和柔佛（Johor）3 等地。

失去賴以維生的海上貿易後，武吉斯人

錫江
原食原味版（白色、滾筒型）

印尼

小巽他群島　　東帝汶

3　柔佛位於西馬最南端的一州，最接近新加坡。在16世紀，由麻六甲蘇丹後裔所建立，稱柔佛蘇丹國（Kesultanan Johor；1528-1914年）。
4　許少峰，1987，〈略論18世紀布吉斯人在馬來亞的活動和影響〉，《東南亞研究》第1-2期。
5　土地面積涵蓋現今印尼蘇門答臘廖內省、廖內群島、大馬彭亨州、雪蘭莪州以及登加樓。
6　麻六甲被荷蘭人佔領，蘇丹馬末沙退居柔佛，繼續以麻六甲蘇丹名義伺機復國，最後未能如願，改由其子阿拉烏丁繼位，最終也以失敗收場，從此放棄麻六甲蘇丹稱號。
7　15世紀被越南後黎朝攻陷，一部分占族人逃亡到蘇門答臘，在西端班達亞齊（Banda Aceh）定居，15世紀與柔佛蘇丹國和葡屬麻六甲三強鼎立，為搶奪麻六甲海峽控制權與胡椒、錫礦而戰。

216

轉而立基於廖內群島，搶奪往來麻六甲海峽的歐洲船隻，時而受雇於荷屬東印度公司擔任傭兵，誰能出得起錢，他們就為誰效力。儘管如此，武吉斯人從未真正臣服，他們就為誰效力。儘管如十八世紀初期，輾轉漂泊三十多年後，終於在馬來西亞西部的雪蘭莪州定居。這裡有河谷和隱密的紅樹林沼澤，可攻可守，是海岸線也是當時的貿易線4。產錫的雪蘭莪同時也引來荷蘭人覬覦，想要開拓新資源，沒想到武吉斯人行動更快、占得優勢，嶄露英勇善戰的性格，這也讓他們成為馬來半島各小國爭相拉攏的對象，迅速擴張勢力。

真正讓武吉斯人入主馬來半島是在一七二二年。當時最南端有一柔佛蘇丹國（Johor Riau Empire）5，正值多事之秋6，好不容易結束和荷蘭人長達二十五年的復國纏鬥，同一時期還遭受亞齊蘇丹國（Sultanate of Aceh）7威脅，內憂外患雙重夾攻，原與鄰國占卑和親卻因故取消，對方惱羞成怒出兵討伐，導致瀕臨亡國

217

邊緣，沒想到米南加保人[8]這時出兵欲占領柔佛國土地──廖內，蘇丹心有不甘，向武吉斯人求救，允諾成功之後將立武吉斯人為副王，不料事成後卻臨時反悔，被武吉斯人捷足先登，最後入主柔佛國並打造成為權力中心。

## 掌握香料卻不入菜

武吉斯人遷徙到馬來半島後，食物文化亦隨之落地生根，並傳播到鄰近島嶼。例如娘惹族群的香蘭椰漿雙色糕（Nona manis）[9]、三角椰絲糕（Kuih koci）[10]，馬來人社群的蒸香蕉糕（Kuih lepat pisang）[11]，以及馬印地區常見的龍登（Lontong）[12]。然而，令人意外的是，幾個世紀積累下來，這個曾掌握香料群島貿易、航海技術高超的民族，日常飲食中卻很少使用香料入菜。為了查證此事，我數度走訪錫江（Makassar），當地耆老表示，當時由於耕地少，逼使他們盡可能將手中香料變現出售，因此自己反而少吃。從烏達這道代表性料理的作法可以看出端倪。

基本上，烏達由四個部分所組成，海鮮、新鮮香料、全蛋和椰漿，風味鮮香辛辣，單吃或者配飯，無懈可擊。

說到烏達，十之八九認為馬來西亞柔佛州麻坡市（Muar）最有

[8] 米南加保人是現在住在蘇門答臘巴東的高山南島族人。
[9] 武吉斯名稱與娘惹同，作法亦同，完全沒有改變。
[10] 武吉斯名為 Kue bandang pisang，作法一如娘惹 Kuih koci。
[11] 武吉斯人也有一模一樣的糕點，稱為 Roko-roko，在南蘇拉威西每家每戶的老人都會製作，一種家的味道。
[12] 武吉斯人稱 Buras，外型較小，方便攜帶，早期出外航行，帶在身上隨時可補充主食。

龍登是一種米飯糰，跟著武吉斯人千里迢迢從東邊來到西邊。

名，現任馬來西亞南方大學學院華人族群與文化研究所所長莫家浩博士說：「麻坡人一早吃椰漿飯配烏達不稀奇，粿條仔湯裡放烏達、配雞飯，烏達做成包子、夾進麵包當內餡、甚至烏達炒粿條……」這些吃法再度刷新我的三觀。

烏達在原鄉錫江的作法，是將馬鮫魚肉絞成泥，以香蕉葉包裹，兩端用竹籤固定，呈圓柱形，先蒸熟，可吃冷或再炭烤加熱，口感接近台灣魚丸，調味除了胡椒、青蔥，再也沒有半點其他香料，十足中華料理風味。

然而遷徙到柔佛麻坡之後，有了一百八十度大翻轉，絞魚肉中豪邁加入分蔥、大蒜、南薑、薑黃、香茅、卡菲萊姆葉與石栗，抹在亞答棕櫚葉片上，以釘書針固定，直接從生烤到熟，帶濃濃炭烤香。從十八世紀至今，麻坡人吃烏達少說有三百餘年歷史，內餡從魚肉到蝦肉、螃蟹肉、蘇冬13到啦啦14，深入市井小民日常。

## 娘惹家庭轉譯

話說武吉斯人入主柔佛國後，勢力繼續拓展至麻六甲、雪蘭莪、霹靂，一路北上抵達吉打，大膽推測，隨著部分武吉斯女性後來嫁入峇峇家庭，烏達也就順理成章地出現在聯姻餐桌上。不過，

廖內烏達充滿燒烤風味。

錫江烏達原食原味，需要沾醬增加風味。

13 蘇冬是馬新人的說法，指的是小卷。
14 啦啦就是台灣人口中的海瓜子。

219

北娘惹[15]與南娘惹[16]所做的烏達，在外觀、配方上有著顯著不同。

北娘惹因為承襲暹羅飲食文化，加入假蒟葉，提高椰漿與蛋的比例，口感水嫩，乳化效果更好，在外型上更講究，改以香蕉葉為包材，做成立體托特包，外加一條腰帶，大大提高製作難度。一打開是討喜的金黃色澤，彷如一尾富貴鯉魚[17]，凸顯娘惹在長桌宴(Tok panjang)[18]費盡心思，以手藝博得夫婿歡心，藉此鞏固在家裡的地位。

南娘惹版的烏達口感則較接近麻坡原創版，用香蕉葉裹成立體長方形，粉少魚肉多，綿密扎實，象徵富裕。

如果說廖內版烏達是小家碧玉，那麼，經娘惹之手轉譯後的烏達則華麗轉身，變成大家閨秀。

中馬麻六甲娘惹版烏達用清蒸方式烹調。

北娘惹版烏達質地水嫩，包法需要更高技術。

[15] 南娘惹指的是麻六甲娘惹。
[16] 北娘惹係指檳城娘惹。
[17] 檳城娘惹烏達又稱作鯉魚包。
[18] 峇峇家庭經常宴請商貿客戶或是高官顯要，娘惹常在此刻扮演重要角色，擬菜單或親自下廚做菜，也是唯一展現廚藝的好時機。

## 核心香草

# 買麻藤（南島民族野菜）

我吃野菜的經驗，大部分啟蒙自東馬沙勞越(Sarawak)，買麻藤便是其中之一。這類野菜被歸類為「烏蘭滿」(Ulaman)，多半野生，南島人從森林中採摘後生食為主，即便烹煮，也只是簡單汆燙，以保留維生素C、葉黃素和多酚的食療作用。

沙勞越的南島族伊班人(Iban)稱買麻藤為Daun Sabong，在六、七月熱帶水果的盛產季節，若遇見哭巴榴槤，雖口感欠佳卻棄之可惜，便會取肉與買麻藤葉一同煮湯。印尼中部是少數的盛產地，尤其日惹(Yogyakarta)人特別喜歡，會將買麻藤的核仁搗碎，拌入分蔥與辣椒做成參峇，再加入嫩葉煮成野菜酸湯(Sayur asem melinjo)，或乾脆和辣椒醬一起快炒，簡單一碟就很下飯。

## 買麻藤核果仁——恩餅

儘管買麻藤嫩葉是島嶼東南亞人的愛，在台灣卻不易取得。不過，在東南亞商店可以買到外包裝寫著Emping melinjo的生樹仔片，中文譯為恩餅，分成已炸熟和未炸兩種。

買麻藤的果實內有核仁，印尼人會將其取出，用石杵搗成扁平狀，日曬至乾燥後保存，食用前再油炸成酥脆口感。

說到油炸功力，不得不讚嘆印尼人是高手，萬物皆可炸，種類琳瑯滿目。從鹹的肉丸(Bahwan)、蚵嗲(Ote-ote)、炸粿(Cakue)，到甜的炸香蕉、炸波羅蜜(Cimplung nanka)、椰糖流心木薯球(Kue jemblem)，還有蝦餅、魚餅、米餅、豆餅以及恩餅，各種可愛造型、顏色，酥脆是這些炸物的共通點。不只是喙食物仔(tshuì-tsiah-mih-á)，也是佐餐非常重要的配菜，若店家沒提供一兩樣炸物，印尼人甚至會覺得這頓飯沒有吃飽。

於是，天然的買麻藤核果仁用來油炸，也是剛好而已。

# 買麻藤

| | |
|---|---|
| 學名 | *Gnetum gnemon* L. 喬木／買麻藤科 |
| 名稱 | Gnetum（英文）、Phak miang（泰文）、Melinjo（印尼文）、Melinjau（馬來文）、Khế tàu（越南文） |
| 別名 | 倪藤果、木花生 |
| 主要成分 | 甘草素（核仁）、葡萄糖苷、皂苷、類黃酮和酚類物質 |
| 食療 | 抗氧化、調節血糖 |
| 食用部位 | 嫩葉、花、種仁、果皮 |
| 保存方法 | 葉片可冷藏3天 |
| 禁忌 | 無 |

◆ **辛香料屬性**

辛料　　　香料　　　**調味料（上色）**
單方／複方

◆ **六味屬性**

辛　甘　酸　**苦**　鹹　澀

◆ **風味表現**

中層段 Mid-palate

◆ **五感**

聽覺　觸覺　視覺　嗅覺　**味覺**
（空）（風）（火）（土）（**水**）

**風味筆記**

- 嫩葉可作為蔬菜食用，炒蛋、煮湯或與海鮮搭配。印尼人會將嫩葉加入參峇辣椒醬內搗碎，拌飯食用，主要是民間對它有極高評價，含豐富維生素及蛋白質、鉀、鎂、胡蘿蔔素，滋味獨特苦中帶甘，能緩和舌腔辛辣或產生味覺上的頓點，減緩沉重味道帶來的疲憊感。
- 台灣無法取得新鮮葉子，但可在東南亞商店買到倪藤果餅乾，外包裝寫著Emping melinjo，為果實內的核仁敲扁曬乾製成，除了是零嘴，也可當成前菜或與沙拉搭配，想要變化花樣，還可撒在甜點上裝飾，苦後回甘，有解膩效果。

**適合搭配**

| | |
|---|---|
| 海鮮 | 魚類、貝類、頭足類、甲殼類 |
| 肉類 | 家畜、野味 |
| 萃取純露 | 茶、調酒 |
| 調配 | 香料鹽 |

# 錫江烏達

烏達原鄉是位於蘇拉威西南部的錫江，十四世紀時曾是香料貿易的重要樞紐。擅長航海的武吉斯人，同時也是捕撈好手，善於將漁獲做各種加工。最初的烏達版本不像西部那般會添加辛香料以除腥疊香，反而多保留魚肉原味，口感像煮熟的魚丸，沾上花生風味的醬料一起食用。

**食材**
土魠魚或白色魚肉 350 克
蛋白 1 顆
少量冰塊
香蕉葉 1 大片

**醃製香料**
蒜末 1 茶匙
分蔥 2 茶匙
椰漿 30 毫升
白胡椒 1 茶匙
青蔥 20 克

**粉類**
沙穀米粉（或太白粉）1 大匙

**調味料**
細砂糖 1/2 茶匙
海鹽 1/2 茶匙

**淋醬**
熟的去皮花生 100 克
蒜末 1 大匙
辣椒 1 根
棕糖 20 克

**製作方式**
1. 將魚肉、蛋白以及少量冰塊一起放入攪拌機打至細碎，接著加入所有醃製香料（青蔥除外）與粉類打均勻。
2. 最後拌入調味料、青蔥，便成魚內餡。
3. 香蕉葉洗乾淨，放在爐火上燒過軟化，裁成 20×15 公分大小，把香蕉葉光滑的一面朝下，將魚內餡鋪在香蕉葉上，捲起再用牙籤固定。
4. 將淋醬材料放入攪拌機打成泥，倒入鍋中煮沸，即為沾醬。

楊秀芳製作的烏達，混合了辣和不辣口味，雙重享受。

## 廖內群島烏達

廖內群島位於新加坡外海不遠處，被譽為「新加坡的後花園」。據楊秀芳說，每逢新加坡學校假期，熟門熟路的顧客總會提前來電預訂。她的烏達口味多，甚至首創兩種口味結合的「綜合版」，白色為原味，紅色是辣味魚肉，用料實在。以下作法為白色版本。

**食材**
土魠魚或白色魚肉 350 克
少量冰塊
亞答棕櫚葉

**粉類**
太白粉 1 大匙

**調味料**
細砂糖
海鹽各 1/2 茶匙

**醃製香料**
蒜末 2 茶匙
分蔥 1 大匙
椰漿 30 克
南薑泥 2 茶匙
香茅泥 2 茶匙
白胡椒粉 1 茶匙
買麻藤葉數片

**製作方式**
1. 將魚肉及少量冰塊一起放入攪拌機打至細碎，接著加入所有醃製香料（買麻藤葉除外）和粉類打均勻。
2. 最後加入調味料與切碎的買麻藤葉拌勻，便成魚內餡。
3. 亞答棕櫚葉洗乾淨，裁成 20×16 公分大小，塗一抹在內葉，再用釘書針夾起來固定。
4. 用乾鍋或炭火（電爐也可以）烙熟即可食用。

### 江湖一點訣

烏達所需香料繁瑣，滋味豐富，作法不算難，唯要備齊香料需要費點心思。可趁秋收季節把有機香料全都搗碎成泥，密封冷凍，需要時方便使用，取等量香料泥與新鮮魚肉拌勻，放入抹少許油的瓷盤蒸熟即可享用。

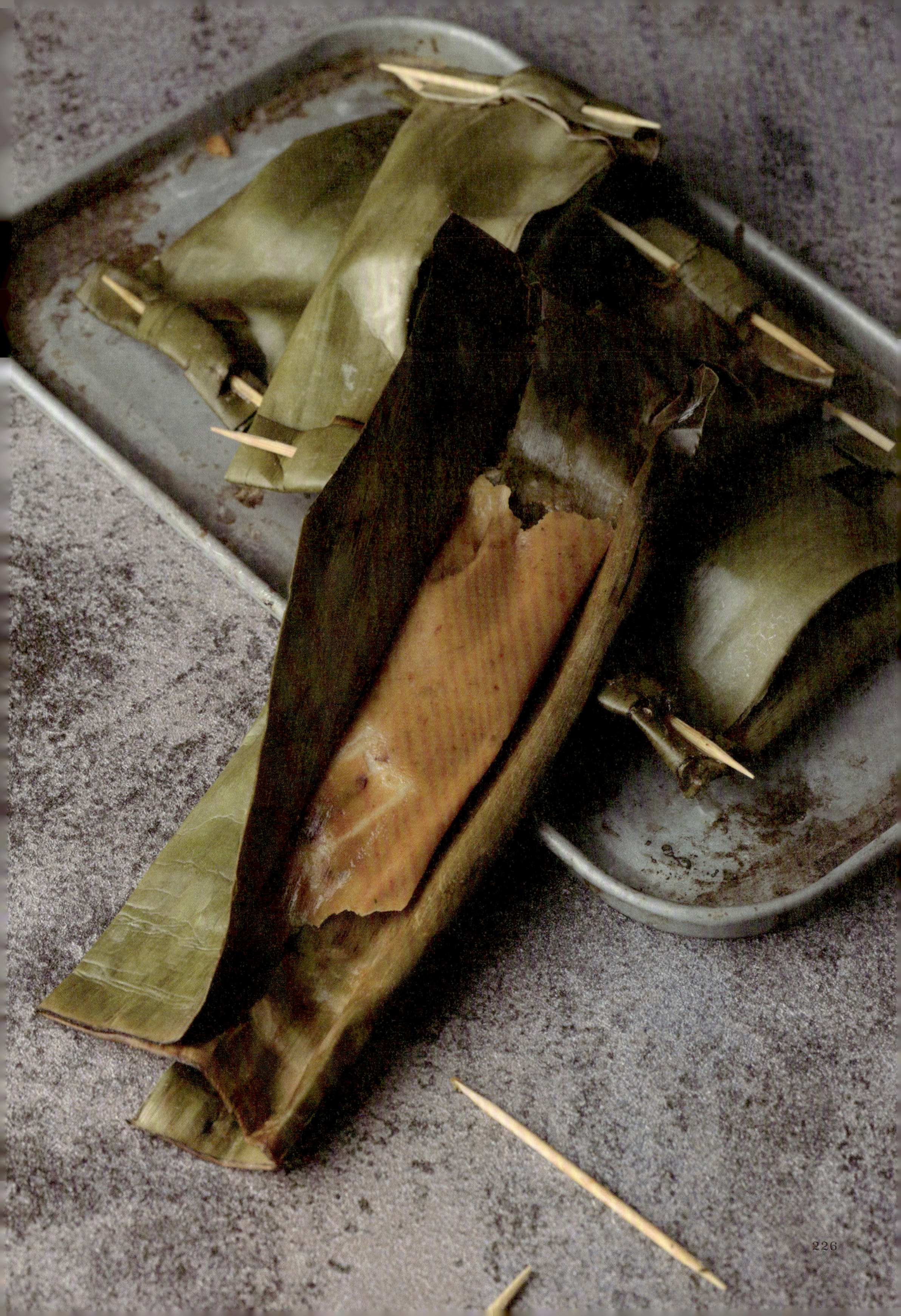

## 麻坡烏達

位於馬來西亞南部柔佛州的麻坡市，受到廖內群島風味影響，烏達的配方保留絕大部分元素，惟搭配的香料更多元，其中最核心的香草是檸檬葉，又稱卡菲萊姆葉（請見《辛香料風味學》檸檬葉篇）。

**食材**
土魠魚或白色魚肉 350 克
少量冰塊
亞答棕櫚葉（或改圓形盤子）
全蛋 1 顆

**粉類**
太白粉 1 大匙

**調味料**
細砂糖 1/2 茶匙
海鹽 1/2 茶匙
食用油 2 大匙

**醃製香料**
乾辣椒泥 15 克
分蔥 100 克
蒜泥 8 克
薑泥 8 克
薑黃 10 克
香茅 2 根
新鮮紅辣椒 2 根
石栗 3 顆
蝦粉 1 茶匙
白胡椒粉 1/2 茶匙
卡菲萊姆葉（去梗）2 片
椰漿 150 毫升

**製作方式**
1. 將魚肉及少量冰塊一起放入攪拌機，打至細碎，備用。
2. 所有醃製香料（卡菲萊姆葉、椰漿除外）放入攪拌機打成泥，再與步驟 1 材料、太白粉拌均勻。
3. 加入調味料、切碎的卡菲萊姆葉與椰漿拌勻，便成魚內餡。
4. 亞答棕櫚葉洗乾淨，裁成 20×16 公分大小，塗一抹魚內餡在內葉，再用牙籤夾起來固定。
   若用盤子盛裝，可在盤面先抹上少許油再倒入餡料。
5. 用乾鍋或炭火（電爐也可以）兩面烙熟即可食用。
   若以盤子盛裝，可放入鍋中蒸熟，約 25 分鐘。
6. 完成的烏達有各種吃法：可以夾進麵包，作為炒飯、炒麵或炒粿條的配料，或搭配椰漿飯等。

## 錫江、廖內群島與麻坡烏達 風味圖

- 沙穀米粉 →(替代)→ 太白粉
- 太白粉 ←→ 石栗　調味（增稠）
- 亞答棕櫚葉／香蕉葉 →
- 蝦粉　調味（鮮）
- 買麻藤葉　調味（苦）

圓環內：
- 生薑　全方位（駕馭）
- 辣椒 *2　全方位
- 薑黃　調味（上色）
- 香茅　香、調味（除腥）
- 生蒜　全方位（增鮮）
- 分蔥　調味（基底）
- 白胡椒　全方位（駕馭）
- 卡菲萊姆　香、調味（增加表層香氣）

地域性／在地香草植物／食療功能

- 錫江風味烏達
- 椰漿　調味（增稠／綿密）
- 青蔥　調味（甘、辛）

## ◆ 風味解析

烏達從原鄉錫江傳播至廖內群島，隨武吉斯人入住柔佛權力中心再度移植麻坡，三地的烏達各有特色，皆以分蔥作為基底鋪陳。

錫江烏達以原味著稱，沒有加入太多辛香料，靠花生沾醬提升風味。廖內群島則以潮州華人和武吉斯人兩種烏達版本佔據市場；華人版強調魚肉的比例較高，真材實料，南島人則粉加得比較多，口感偏硬，容易保存。

外型上，有裹香蕉葉的軟嫩版，也有抹在亞答棕櫚葉的立體版，各有千秋，主要差別在於粉的比例多寡。風味表現上，越多辛香料堆砌則層次越豐富，尤其是辣椒加得越多，整體烏達的香氣越見飽和，吃得到明顯魚鮮、蛋香以及新鮮香草在中間層跳躍，越吃越唰嘴，適合搭配啤酒作前菜。

228

### 核心香草 假蒟

假蒟是多年生木本攀緣植物，屬胡椒科（Piperaceae），生命力極強，耐寒又耐熱，是插枝就能活的植物，非常容易栽種，在台灣常見於行道樹旁或半遮蔭處，果穗可做藥用，葉片大而光亮。

與島嶼東南亞國家相比，假蒟在大陸東南亞如泰國、寮國、柬埔寨、越南、緬甸更受歡迎，不僅以假蒟葉作為擺盤裝飾，嫩葉還可生食，也常用於食物調香和調味。可能是受到原鄉廣西人的影響，他們稱假蒟為假蔞或蛤蔞葉，偶受風寒時便採摘假蒟葉加丸子煮湯，或將葉片剁碎煎蛋，民間相信有驅寒作用。

假蒟一開始是傳統草藥，用來治療牙痛或發燒、咳嗽、哮喘。至今，在印尼和馬來西亞偏遠地區，人們仍相當依賴傳統草藥。

馬來西亞西北部與泰國接壤的幾個州：玻璃

## 少數民族的愛

大部分食用假蒟的民族分布在馬來半島以北及大陸東南亞國家。其葉片可以捲肉炭烤、油煎或炸酥，越南著名的假蒟肉（Chả cuốn lá lốt）便是一道常見家常菜。

生食吃法則有泰國的面康（Miang kham），這是一道非常具特色的開胃小菜，假蒟葉搭配蝦米（乾貨鮮香）、南薑（不同層次香氣）、花生（堅果香）、辣椒（辛辣）、帶皮檸檬角（酸澀）、洋蔥或分蔥（硫化物）及椰子絲（甘味），一口嚼食記憶深刻。

泰馬邊界也有類似的食用方式，暹羅話稱為青葉飯（Khao jam），將切碎的假蒟葉與熱白飯拌勻調味，凸顯其獨特的胡椒鹹風味，是我吃過兼具美味、健康的一道地方特色，讓人印象深刻。

另一道料理是拉布（Larb）系列中的魚沙拉（Goi），傳說是給最尊貴之人享用的菜餚，做工複雜，須細剁魚肉並與多種香草拌勻，最後取一片假蒟葉包裹而食，滋味美妙。

假蒟葉經過低溫乾燥，前段有青草香帶輕微樟木味，中層散發明顯胡椒味，尾韻則有如薄荷般的清涼感。適合調配香料鹽，可組合成四種基本調性。酸性清香型：搭配水果、辛辣濃郁型：搭配肉類、蕈菇鮮味型：適合蔬菜根莖、煙燻草本型：搭配醃漬品。

市（Perlis）、吉蘭丹（Kelantan）、吉打（Kedah）及檳城（Penang），因為移民、聯姻頻繁，相互影響下才有吃假蒟的習慣。咎咎家庭食譜中的烏達是其一，另外如假蒟蝦咖哩、著名的醃魚肚酸辣咖哩（Perut ikan）、烏蘭飯（Nasi ulam）等，皆有假蒟的參與。

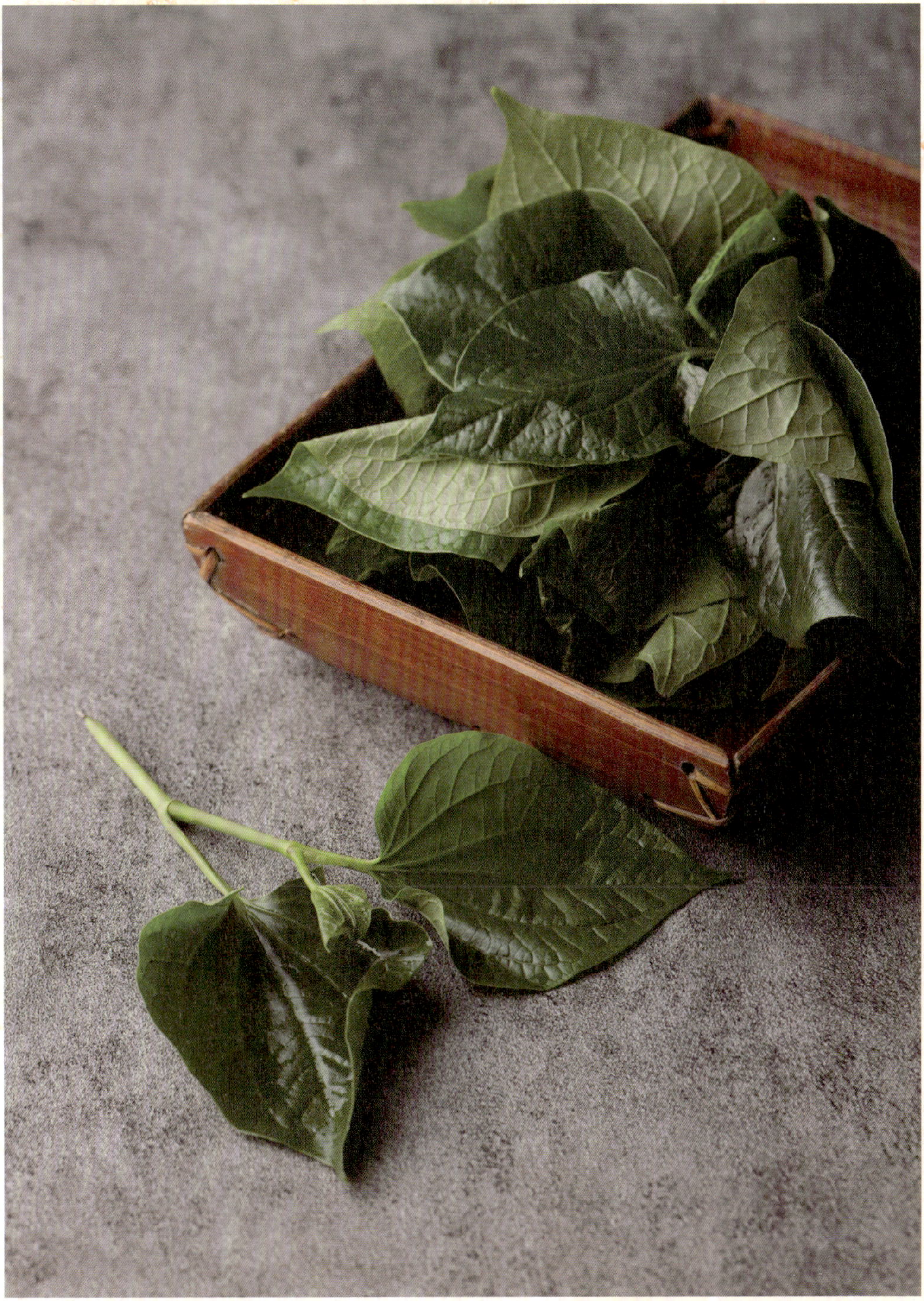

# 假蒟

| | |
|---|---|
| 學名 | *Piper sarmentosum Roxb.* 草本／胡椒科 |
| 名稱 | Sarmentose peooer herb（英文）、Lá lốt（越南文）、ชะพลู（泰文）、Kaduk（馬來文） |
| 別名 | 哈蒟、假荖、豬嘛菜、大柄蔞、巴岩香、假蔞、蛤蔞葉、越南洛葉 |
| 主要成分 | α- 和 γ- 細辛腦 (asarone)、洗辛醚 (asaricin) |
| 食療 | 祛風止痛、解毒消腫、增強食慾 |
| 食用部位 | 嫩葉、果實 |
| 保存方法 | 以白報紙包裹冷藏可保存 3 天 |
| 禁忌 | 孕婦、哺乳期婦女 |

### ◆ 辛香料屬性

辛料　　香料　　調味料

單方＜複方

### ◆ 六味屬性

(辛)　甘　(酸)　(苦)　鹹　(澀)

### ◆ 風味表現

中層段 Mid-palate／尾韻 After Taste

### ◆ 五感

| 聽覺 | 觸覺 | 視覺 | **嗅覺** | 味覺 |
| (空) | (風) | (火) | **(土)** | (水) |

**風味筆記**

- 假蒟如生食，一入口會感覺辛辣，不久隨即出現酸和苦味，最後帶有澀感。
- 自古以來，南島族或東南亞少數民族皆取之當成天然抗生素入菜，保健效果大於追求美味，作為現代預防醫學的香草植物，十分可行。
- 剁碎或取汁揉入派皮，經過高溫烘烤，前者作法能聞到些許胡椒香氣及辛感，清爽不油膩是其特點，能呈現翠綠色澤，辨識度高，極具風味。
- 採擷浸泡做酊劑，或者取純露製作手工皂，馨香明顯，亦具保健作用。

**適合搭配**

| | | | |
|---|---|---|---|
| 海鮮 | 魚類、甲殼類、貝類、頭足類 | 飲料 | 新鮮撕碎單喝或與熟茶搭配 |
| 肉類 | 家禽、家畜 | 沙拉／開胃菜 | 嫩葉可生食 |
| 米食 | 五穀雜糧、白米飯、糙米飯 | 調配香料鹽 | |

# 娘惹烏達

歷史上，15世紀異族聯姻所衍生的娘惹族群經常被討論。隨著武吉斯人勢力迅速拓展西馬版圖，大量參與當地政治與經濟活動，可合理推測其族內女性有機會嫁入擅長經商的峇峇家庭，進一步促成文化交融。烏達即呈現出南北風格的差異。北娘惹因為鄰近泰國，除了卡菲萊姆葉外，包裹時還特別加入假蒟葉提香，以香蕉葉包成托特包造型，又稱鯉魚包。南娘惹則口味上更接近麻坡版，將烏達外型做成立體長方形，魚肉比例高，大大提升烏達質感，成為娘惹代表菜。

**食材**
土魠魚或白色魚肉 350 克
全蛋 2 顆
香蕉葉

**粉類**
玉米粉 1 大匙

**調味料**
細砂糖 1/2 茶匙
海鹽各 1/2 茶匙
魚露 1/2 茶匙

**醃製香料**
乾辣椒泥 3 大匙
新鮮紅辣椒泥 3 大匙
分蔥 3 大匙
蒜泥 2 茶匙
薑黃泥 1 大匙
香茅泥 3 大匙
南薑泥 3 大匙
石栗 3 顆
薑末 1 茶匙
蝦粉 2 茶匙
卡菲萊姆葉（去梗）2 片
假蒟 1-2 片
椰漿 250 毫升

**製作方式**
1. 所有醃製香料（卡菲萊姆葉、假蒟葉、椰漿除外）放入攪拌機混合均勻。
2. 魚肉切塊，與步驟 1 香料泥、玉米粉、全蛋、椰漿拌均勻。加入調味料及切碎的卡菲萊姆葉拌勻，便成魚內餡，放入冷藏至少 2 小時使其入味。
3. 香蕉葉洗乾淨，裁成 18×20 公分大小，另外準備 3×30 公分香蕉葉腰帶，放入煮沸的水燙 5-6 秒，撈起擦乾備用。
4. 將香蕉葉霧面朝下，取 1 片假蒟葉置中，再取 2 大匙魚內餡放在假蒟葉上，以托特包形狀包起來，中間再繞一圈腰帶並以牙籤固定。
5. 以蒸籠或電鍋蒸 20 分鐘。可以搭配米飯食用。

## 南、北娘惹烏達 風味圖

- 假蒟 ✕ 全方位
- 石粟 調味（增稠）
- 卡菲萊姆 香、調味
- 香蕉葉 →
- 薑黃 調味（上色）
- 辣椒 *2 全方位
- 南薑 香、調味（清香）
- 蝦粉 調味（甘、增鮮）
- 分蔥 調味（甘、基底）
- 椰漿 調味（甘） ↓
- 香茅 香、調味
- 生薑 全方位（滲透）
- 生蒜 全方位

## ◆ 風味解析

烏達進入峇峇家庭後，在質地和調味上有很大的變化，尤其是北娘惹版烏達。

如果細細品嚐娘惹手裡的烏達，質地表現可媲美福建名菜蒸水蛋，南薑和香茅加更多，以椰漿替代水，香氣和乳化是質地更加滑嫩的主要因素，北娘惹用香蕉葉包裹成托特包外型，也是全部烏達版本中最細緻的表現。

值得一提的是，北娘惹受到泰國南部人影響，喜歡用假蒟葉墊底，淡淡胡椒味在品嚐至中層段時，會緩緩在口腔中釋出。檸檬葉（卡菲萊姆葉）的風味則凌駕所有，出現在第一口，香氣清爽淡雅，大大加分，緊接著薑黃色澤表現更亮眼，充滿視覺效果。

絕大部分南娘惹不用假蒟葉做調香、調味，卻強調魚肉比例高，內餡真材實料，畢竟能吃得起魚表示家庭富裕。椰漿比例低於北娘惹，烏達蒸過之後更立體，好夾取，新鮮香料必須處理得更細緻。

相較於前面三種烏達，辣味表現中等但不失層次感。娘惹果然在華人峇峇味覺上做出相當程度的體貼和改造，堪稱烏達天花板。

234

## 美食地圖 Data

**印尼**

錫江烏達
◆ **Toko Otak - otak Ibu Sanny**
地址　　Jl. Lasinrang No.47, Mangkura, Kec. Ujung Pandang, Kota Makassar, Sulawesi Selatan 90114
電話　　0821-9216-8888
營業時間　08:00-20:00

廖內群島烏達
◆ **楊秀芳（Sofiah Jo）**
地址　　印尼廖內群島省 (Riau) 丹戎檳榔 (Tanjung Pinang)
電話　　0813-6599-1636（需事先預訂）

**馬來西亞**

麻坡烏達
◆ **Ah Boon Otak-Otak**
地址　　158, Jalan Utama, Taman Utama Satu, 84000 Muar, Johor Darul Ta'zim, 馬來西亞柔佛州麻坡
電話　　+60 12-357 3721
營業時間

**台灣**

麻六甲娘惹烏達
◆ **老王去野餐**
地址　　402台中市南區美村路二段41號
電話　　04-2375-2338（需事先預訂）

## Laksa 南洋

# 叻沙

## 因愛而生，混血麵食代表作──

二〇二二年，美國有線電視網（CNN）票選「亞洲五十大最佳街頭美食」，以斗大聳動的標題將亞參叻沙譽為「死前必吃美食」之一，一時之間造成轟動，從此之後，叻沙便成為網路搜尋的熱門關鍵字。

# 多元多重混搭

叻沙在不同國家和地域有著多種樣貌，一開始從哪裡來已難追溯，不過從風味圖中的香料鋪陳仍可窺見一二。從我的家鄉馬來西亞檳城出發，自有記憶以來就是「亞參叻沙」(Asam Laksa)，以此往西南部移動，十五世紀的麻六甲聚集許多外來移民，包括來此買香料的中亞人、很早就征服海洋並參與貿易的南亞人，以及陸續遷至南洋的中國各地華人。

在這樣多元的環境下，彼此交流飲食、互相模仿學習，從對方文化中擷取可接受的元素，例如開始吃辣，或在料理中加入薑黃、小茴香等香料。隨著異族聯姻日趨頻繁，逐漸將不同的調味帶入華人餐桌，經過一代又一代的融合，「娘惹叻沙」(Nyonya Laksa) 相應而生。

往北輻射，沿著西北部海岸繼續延伸，在檳城稱之為咖哩麵所發展出「咖哩叻沙」(Curry Laksa)，在檳城稱之為咖哩麵。一道食物能歷經不同族裔之手，一次次吸收、組合、再創，足以證明它廣被喜愛和接納。這款檳城咖哩麵的風味最接近華人手法，辛度較低，香氣多層次，且充滿椰漿濃郁感；配

娘惹叻沙與咖哩叻沙為同門師弟。　　　　　亞參叻沙。

菜也甚有意思，裡面有潮汕人標誌——血蛤（Tegillarca granosa）**1**，還有油泡（大馬稱豆卜）吸收湯汁精華。檳城在二〇〇八年被列為世界文化遺產後，遊客蜂擁而至，另一款「白咖哩麵」（White curry mee）突然出現，強調來自椰漿的白湯底，風味讓人驚艷。

繼續北上，抵達與泰國邊界接壤的四個州，歷史上他們曾經是暹羅藩屬**2**，口味喜愛酸辣，多用香草植物**3**，於是，玻璃市（簡稱玻州Perlis）和吉打州（Kedah）便出現了「暹羅叻沙」（Siam Laksa）。有意思的是，這款叻沙既想加羅望子增酸、又想添椰漿增稠，風味組合上這兩者本是相互牴觸的關係，如何拿捏平衡，做出好湯頭永遠是艱鉅考驗。

說到這裡，不得不提霹靂州（Perak）的「乾撈咖哩麵」，在一片湯湯水水中殺出一條血路。根據在地獨立飲食記者戴志強報導「追溯乾咖哩麵起源」一文中提到，怡保**4**在二十世紀初期已出現乾撈咖哩麵的吃法，由兩位來自廣東中山的媽姐**5**獨創，至今已傳承三代，成為怡保專屬特色。

繼續往東海岸前進則有「吉蘭丹州叻沙」（Kelantan

暹羅叻沙與亞參叻沙系出同門。　　咖哩叻沙。

**1** 潮汕人每到祭祀必備血蛤，燙熟後食其肉，此時外殼呈現白色，看似古代銀兩，因而取其寓意賺錢賺飽飽，吃了發大財。
**2** 這四個州原來都是馬來半島各自獨立的小國家，礙於暹羅強大勢力逼近數度成為藩屬，一直到1909年，暹羅和英國簽訂曼谷條約，將玻璃市、吉打、吉蘭丹和登加樓劃給英國成為保護國。
**3** 泰國常用香草為亞洲系列：香菜根、檸檬羅勒、卡菲萊姆葉、聖羅勒、香茅、刺芫荽等。
**4** 霹靂州的首府。

238

Laksam），將米漿炊熟後捲起切段，一如廣東人的豬腸粉外型，佐以椰漿、鮮魚熬出白皚皚的醬，在眾多叻沙紅林[6]中異軍突起。

住在隔壁州的登加樓延續紅湯叻沙（Terengganu Laksa）的風格，長達兩百四十公里的海岸線有源源不絕的豐富魚種，於是豪邁下足料，鮮魚、鹹魚雙管齊下，配方中承載著多代異族聯姻的交融——暹羅、華人、南島族，還有後來遷徙而來的馬來族[7]，各自的味道皆在此濃縮成一碗米食。

馬來半島繼續南下會抵達新山，柔佛叻沙（Johor Laksa）在此體現混融風味——裡面有泰國羅勒（Thai basil）、以及在地俗稱豆腐魚所做成的魚丸，前者係武吉斯人（Bugis）日常生活中藥食慣用的香草植物，後者乃潮汕人家常味，比起馬來社群，這碗湯汁相對濃郁，還使用義大利麵條，可謂中西合璧的混血叻沙。

跨過新柔大橋，新加坡有加東叻沙（Katong Laksa），椰漿濃、滑、順，辣度低，湯頭用炭火熬出油水，粗米粉條剪短，吃的時候要用湯匙，頗有滋味。跨過爪哇海峽到印尼有巴達威叻沙（Laksa Betawi），一旁蘇門答臘省則是

登加樓叻沙。（照片提供／Velvet）　　東海岸吉蘭丹州叻沙用的是米捲。

5　古代未婚女性會梳一條長辮子，結婚時由母親或家中長輩挽成髮髻，若立志不嫁的女性，便透過儀式，自行將頭髮盤起已示終身不嫁，謂之媽姐。
6　絕大部分叻沙是紅湯。
7　住在蘇門答臘東南部的一個民族。

## 一碗混搭湯麵，各自表述

關於叻沙的名稱，有幾種來自各族裔的表述。廣府話稱 l't sā（辣沙），是因這道麵食的湯底使用很多碎魚肉與大量辛香料，大火煮沸後呈現如砂狀般質地，於是得名。另一說與歷史背景有關，當時正值大航海時代，南洋聚集很多中東阿拉伯國家的商人，其中一個波斯人[8]的背景有關，當時正值大航海時代，南洋聚集很多中東阿拉伯國家的商人，其中一個波斯人[8]的

巨港叻沙（Lakso Palembang）。至此，叻沙腳步並未停歇，一如人類因為重重原因不斷遷徙，帶著食物和記憶中的味道翻新再創。越過南中國海後，出現了另一版沙勞越（Sarawak）叻沙，色澤暗紅，堅果和參峇辣椒醬香氣突出，是沙勞越遊子的思鄉味。

新加坡加東叻沙表面呈現椰漿油水分離現象，俗稱破油，是其特色。

沙勞越叻沙。

[8] 現在的伊朗人。

240

詞彙Lakhshah，原意是「如細絲般的粉絲」（實為米粉）；對來自沙漠地區的人們來說，米是一種奢侈品，因此這碗米粉料理也格外珍貴。第三種說法則是移民南洋最多的閩南人覺得這碗麵似曾相似，卻烏漆麻黑，便直接叫它lah-sap（骯髒）的湯，音譯剛好與叻沙同音。

從辛香料配方來俯瞰亞參叻沙，或其他各地版本的叻沙，動輒使用十幾種、甚至二十餘種香料，複合分子彼此激盪、碰撞，食材組成充滿起承轉合，具備潛在、顯現、長韻、中層段、尾韻及回韻等各種風味表現，一口就千變萬化，令人記憶深刻。

叻沙配料亦網羅各族群的飲食文化，有生食亞系香草，如越南芫荽（Laksa leaves）、火炬薑、咖哩葉、香菜、薄荷、泰國羅勒等，再融合馬來族群所愛的椰漿、華人擅長的米麵食與海鮮，一碗之中集視覺、味覺、嗅覺，何止演繹了辛、甘、酸、苦、鹹、澀這六味，更已超越味覺的範疇。

## 定義叻沙，源自印地語

綜合以上各種叻沙，大致能梳理出叻沙組成的四個重點：米食（麵食）、湯色、香料和配料。

這碗米食（麵食）很可能是在十五世紀後才出現的，當時許多華人男子隻身南下討生活，離鄉背井，娶了異族女子為妻，這些女子來自爪哇、暹羅、蘇門答臘的米南加保地區，或是從錫江遷徙至馬來半島的武吉斯後裔。她們擅長運用各種辛香料烹食，在當時以夫為尊、儒家思想的社會氛圍下，這道熱騰騰的麵食就這樣誕生了，意外深得夫婿們歡心。

雖然無法考證原始版本源自何地，但能從各處風味的異同中找出一絲線索。叻沙使用的麵

體多以米製品為主，有滑順軟糯的瀨粉，或能吸附濃郁湯汁的米粉；湯底則有四種基底，分別為椰漿的白湯、辣椒的紅湯、薑黃的黃湯，與深褐色的酸湯。

南洋氣候濕熱，為了促進食慾，印度咖哩香料也加入這碗叻沙的陣容，當時馬來半島香料貿易蓬勃，合理推測是來自沿海居民的豐盛發想。不過檳城的亞參叻沙卻跳脫框架，大量使用泰國香草混合花苞植物：越南香菜（Vietnam coriander）及火炬薑（花苞香），湯頭的酸味來自藤黃果和羅望子，碗裡鋪滿各種蔬菜水果：鳳梨、小黃瓜、福山萵苣、紫洋蔥絲……色香味俱全。最後再放上那一瓢靈魂蝦膏，拌入湯麵是全場最高潮，酸、甜、苦、辣、鹹、澀齊聚碗中，展現驚人的豐富層次。

叻沙大部分的配料離不開海鮮——蝦、魚、血蛤、魚餅，澎湃大氣款會再加上雞肉、排骨和半顆蛋，香料用來堆疊香氣之外，也有抑菌、去濕之效。她們用非常高比例的胡荽籽調甜味，接著以分蔥、薑黃、南薑、大蒜、香茅、卡菲萊姆葉、越南芫荽鋪陳清柔香氣，可明顯看出，配方中的新鮮香料比例大於乾燥香料；增加辛辣的醬料則另以湯匙配在一旁，最後成就一份來自妻子設計給夫婿的體貼心意——南洋混血叻沙。

行文至此，才突然明白，原來印地語中的 Laksha ——意指「十萬種」，正好完美詮釋了這一碗叻沙的複雜與包容。

242

## 核心香草

# 越南芫荽

多年生草本，蓼科春蓼屬，葉子暗綠。據台東香料品牌「香辛深淵」主理人凱爾所說：「溫度會影響葉片表面的V型斑塊，越冷越明顯。」像極了馬來黑熊的U型胸章，具可愛的辨識度。

越南民間相傳，它是一種抑制性慾的香草，建議初孕期間及經期女性避免食用，容易引起出血，亦可能降低男性精子數量與性慾，不過，近代醫學發現，只有大量或一次性食用超過五公斤時，才有此疑慮，日常可安心使用。

作為藥草，可用於退燒、止吐、利尿，也能治療皮膚癬症。民間療法常將其搗碎取汁服用，若腸胃脹氣，直接碾碎塗抹在肚臍處，不久即可緩解。越南朋友還說，渣滓敷在蛇咬傷處也有效果，簡直是個神奇草藥。

## 能除海鮮腥味

越南香菜，總讓人聯想到鴨仔蛋。一入口辛辣明顯，帶有雙倍的香菜香氣，尾韻出現微微甜感。與海鮮最合拍，家禽、家畜類食材次之。嫩葉質地柔軟、顏色較淺，適合生食，東南亞少數民族喜愛，馬來半島的馬來族取之當野菜食用。它融合香菜與薄荷的氣息，尾韻有明顯胡椒味，若搭配清淡食材，反倒會勾出柑橘或微妙的麝香調。

老葉則辛辣強烈，苦澀味較重，不適合直接入口，但很適合拿來調味。經低溫乾燥後打碎，與全方位辛香料混合能補足流失的香氣，做成蔬菜調味鹽特別對味。

毫無懸念，海鮮料理中加入越南香菜不僅能去腥，還能提升鮮甜。亞參叻沙中的叻沙葉正是這味靈魂香草，泰國稱它ผักไผ่（Phak chi farang），以東北部依善（Isan）人最為喜愛。泰北著名的涼拌菜叻沙咖哩雞（ต้มยำใบผักไผ่）、牛肉冬蔭公、咖哩魚等，無一不靠它提香去腥。

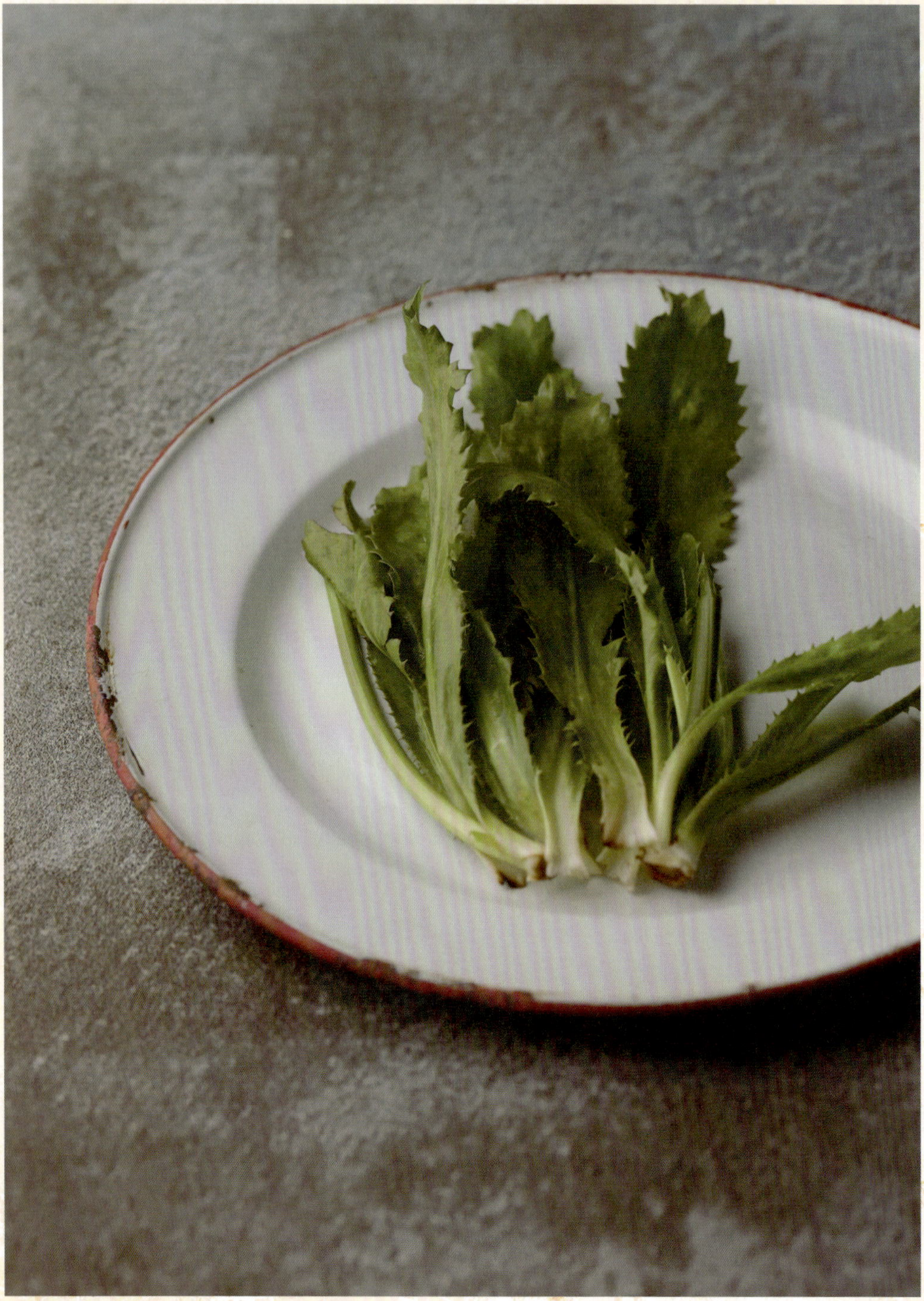

# 越南芫荽

| | |
|---|---|
| 學名 | *Persicaria odorata* (Lour.) Soják　草本植物／蓼科 |
| 名稱 | Vietnamese coriander（英文）、Rau răm（越南文）、Daun kesum（馬來文）、Pak dam（寮文）、Phak phai（泰文） |
| 別名 | 叻沙葉、馬來香蓼、辣薄荷、香辣蓼、越南薄荷 |
| 主要成分 | 癸醛（28%）、十二醛（44%）、倍半萜類化合物（15%）、α-葎草烯、β-石竹烯 |
| 食療 | 利尿劑、解熱劑、消食 |
| 食用部位 | 莖、葉 |
| 保存方法 | 以白報紙包裹冷藏7天、冷凍3個月 |
| 禁忌 | 懷孕期間及經期避免食用 |

◆ **辛香料屬性**

辛料　　　　香料　　　　調味料

單方／複方

◆ **六味屬性**

⊙辛　⊙甘　⊙酸　苦　鹹　澀

◆ **風味表現**

長韻之味 Body Taste ／尾韻 After Taste

◆ **五感**

| 聽覺 | 觸覺 | 視覺 | 嗅覺 | 味覺 |
|---|---|---|---|---|
| （空） | （風） | （火） | （土） | （水） |

**風味筆記**

越南芫荽單方或複方使用皆宜。葉片有香菜般的氣味和辛辣感，辛香中帶胡椒味，嫩葉可生食，吃得到全方位特性，有辛（痛感）、香及調味能力。食材搭配以海鮮為第一順位，其次為家禽類，生食、快炒、燜煮都合味。類似香菜的風味在素食料理中尤能扮演爆香要角；中華料理則和生薑、洋蔥、分蔥相得益彰。老葉與梗可以熬湯，增加去腥功效。

**適合搭配**

| | | | |
|---|---|---|---|
| 海鮮 | 魚類、甲殼類、貝類 | 飲料 | 嫩葉適合搭配花茶、清茶 |
| 肉類 | 家禽、家畜 | 香料鹽 | 適合與全方位辛香料調配 |

## 核心辛香料 火炬薑

別名瓷玫瑰，火炬薑花瓣肥厚有光澤，遠看雍容華貴，堪稱花界武則天！從小我就對火炬薑有特殊情感，當地人稱之為叻沙花，對檳城人而言，它幾乎與亞參叻沙劃上等號，吃亞參叻沙若沒撒上一瓢火炬薑，簡直是滔天大罪。曾幾何時，叻沙花已經和火炬薑慢慢脫鉤，因為遊客不愛這味。

娘惹族群常將之切碎拌入蔬菜、做涼拌菜或烹煮咖哩，如醃漬魚肚酸辣香草咖哩（Perut ikan）便是代表作，涼拌娘惹米粉（Kerabu mee hoon）則以它來添加香氣。

火炬薑為大型草本植物，高可達三層樓，花莖從地下塊莖直接抽出，彷如矗立的火炬般，開深紅、大紅、粉紅色的花。

初來台灣時，想念亞參叻沙的滋味，從不擅烹調到學會烹煮，但少了那熟悉的火炬薑，吃著吃著總覺得缺了什麼，於是萌起全台尋找火炬薑之旅。某天我在花市遠遠看見一朵朵艷紅苞片，如熊熊烈火綻放，近看竟是朝思暮想的火炬薑，當下內心感動難以言喻。

火炬薑入菜僅取未開花的花苞，花開表示纖維已老，難以用作香料。因富含花青素，不宜加熱，當地人多直接切碎拌入食物，有柑橘、檸檬和薑的綜合清香。葉、花、莖、根莖皆含酚、類黃酮、糖苷、皂角苷、單寧與萜類化合物，傳統用於抗發炎、美白，馬來族及南島族女子產後常以其沐浴去除體味。

蘇門答臘的米南加保人更偏好另一種吃法：花謝後會結出蒴果，果實外觀像放大版鳳梨，將其一顆顆剝開、去皮，烹煮魚蝦貝類別有滋味，沒有生食花苞的強烈香氣，口感軟糯、綿密細緻，「我們煮海鮮不放生薑，用果實就能去腥味。」除此之外，果實可治耳痛，葉能清潔傷口，無論飲食或藥用，皆是辨識度極高、具有獨特氣味的香料。

246

## 海鮮的好朋友

走訪馬來西亞、新加坡、印尼西部與爪哇地區，甚至泰國、菲律賓等地，這些地區的飲食八成以上以海鮮為主，從涼拌、沾醬到湯品、咖哩，火炬薑都是畫龍點睛的關鍵。因富含花青素（Cyanidin-3-glucoside），花苞一經加熱顏色就會變淡，抗氧化活性也降低，因此，從小到大的印象中，火炬薑都是生食——花苞切碎直接撒在菜餚上，或起鍋前才加入添香。

前面提到，檳城亞參叻沙搭配金帶花鯖（Indian mackerel）（大馬稱甘望魚），火炬薑便在其中擔綱去腥角色，對半切、入湯鍋熬煮，但這種作法會削弱其功能與香氣，所幸最後上桌前，會撒上關鍵的一瓢新鮮花苞碎，補足香氣，一碗具備辛、甘（鮮）、酸（羅望子）、苦（薑苔）、鹹（調料）、澀（火炬薑）的亞參叻沙，才算真正到位。

火炬薑中的糖苷與水形成氫鍵可溶於水，故可用浸泡方式萃取，亦可製成酊劑調酒，或冷泡取其花香。適合與輕柔香草或辛香料搭配，例如薄荷、佛手柑、稻米草、粒狀的胡荽籽、鹽膚木、香茅與黑種草等。

其揮發油中含有薑醇（Gingerol），但薑味內隱，反而柑橘調突出，清香感明顯、帶點辛嗆味，尤其生食香氣最明顯。在花苞欲開未開之時，剖半密封兩週，凝脂取香，能製成天然香膏。另外，火炬薑有天然抗氧化物與酚類成分，可抑制酪胺酸酶活性，減少黑色素生成，有助於提亮膚色，從花萃中萃取純露，調製成美白精華液，甚好。

至於食物調味，特別推薦與鰹魚或鮪魚涼拌，最對味。

火炬薑是亞參叻沙的花香來源。

火炬薑的蒴果乍看像鳳梨。

# 火炬薑

| 學名 | *Etlingera elatior* (Jack) R.M.Sm.　大草本／薑科 |
|---|---|
| 名稱 | Torch ginger／Pinus ginger／Philippine waxflower（英文）、Bunga kecombrang（印尼文）、Bunga kantan（馬來文）、Dara daeng（泰文）、Sagalasang（菲律賓文） |
| 別名 | 瓷玫瑰、薑荷花、菲律賓蠟薑花、玫瑰薑 |
| 主要成分 | 酚、類黃酮、糖苷、皂角苷、單寧 |
| 食療 | 消炎、皮膚增白、抗衰老、傷口癒合 |
| 食用部位 | 花序、嫩芽、嫩莖、果實 |
| 保存方法 | 花苞以濕紙巾包裹密封可冷藏14天 |
| 禁忌 | 無 |

◆ 辛香料屬性

辛料　　　香料　　　調味料
單方／複方

◆ 六味屬性

辛　甘　**酸**　苦　鹹　**澀**

◆ 風味表現

顯現之味 Apparent Taste

◆ 五感

聽覺　觸覺　視覺　嗅覺　味覺
（空）（風）（火）（土）（水）

**風味筆記**

- 火炬薑大多生食，風味鮮明，適合搭配氣味輕柔的香草。
- 在台灣料理中入菜需斟酌，個人認為用於調酒或酊劑的可能性更廣。宜設計清爽型或花香調性，例如玫瑰、荔枝、桂花、菊花，都能幫助火炬薑轉化強烈辛香，使整體風味更協調。
- 調製機能性飲料也是不錯選擇，火炬薑、苦橙葉、肉桂加橘皮，可創造出意想不到的驚豔感。

**適合搭配**

| 海鮮 | 魚類、甲殼類、貝類 | 調酒 | 適合搭配水果類 |
|---|---|---|---|
| 蔬菜 | 適合根莖類 | 香料鹽 | 適合清柔、淡香的香料，避免搭配花香。 |
| 湯品 | 以辛、酸為主調 | | |

## 核心 辛香料

# 藤黃果

東南亞人稱藤黃果為亞參皮（Asam keping），盛行於馬來西亞北部、泰南地區與蘇門答臘，甚至跨過南中國海的婆羅洲。原產於印度，故別名馬拉巴羅望子，隨著移民傳入東南亞各地。

在阿育吠陀中，它被用於清除體內堆積的毒素（Ama），其所含的有機酸能抑制脂肪，現代醫學研究則著重於它的減脂與抗菌功效。印尼、馬來西亞風行的傳統草藥飲品「賈姆」（Jamu）中，藤黃果是清熱解毒、瘦身和子宮保養關鍵材料之一。泰國南部亦如法泡製，將藤黃果乾、生薑與卡菲萊姆葉泡水飲用，據說能排除身體內淤積，促進代謝；印尼則會加入南薑、薑黃、蜂蜜，再放少許檸檬或金桔，適口感更好、更受歡迎。

市面上所見多為藤黃果切片後日曬發酵而成，一片片出售，至此我從未看過本「果」，直有一次下鄉田野調查，主人家指著一籃黃澄澄、扁球形、兩端凹陷的果實說：「這便是藤黃果，最大一顆可重達兩公斤。」當下我彷如劉姥姥初進大觀園，訝異得說不出話。

「吃過未必看過，看過未必理解是同一種東西」，這正是多數東南亞人對香料的真實寫照。

## 機能性飲品與酸香魅力

藤黃果常用於烹煮酸調性咖哩，搭配海鮮的頻率遠高於肉類。著名的亞參叻沙與暹羅叻沙，會同時使用兩種酸味來源：羅望子與藤黃果。羅望子的酸很柔軟，但缺乏持續性；藤黃果的酸雖尖銳，卻能一路彰顯存在感，兩者搭配恰能巧妙平衡。

現代研究多偏向於藤黃果的機能性飲料應用，為了好喝又吸睛，台灣常以洛神花來調色，藤黃果、甘草加上少許羅漢果，便是一杯酸甜、富果香的配方，不僅有美容效果，也能清腸排

便、促進代謝。我私心更喜歡花香基調，選用洋甘菊、新鮮蘋果和胡荽子，佐以冬瓜茶，顏色剛好與藤黃果相襯，幫助消化。

藤黃果的酸味與番茄是天生一對，很適合設計成南洋風味的沾醬，搭配各種蔬果沙拉，醒腦開胃；又或者熬煮成果醬，各種澀味苦味瞬間轉換。

炎夏來一碗歐式冷湯，藤黃果的酸和羅勒家族非常合拍，大蒜、紅黃椒、橄欖油、芥末醬，芹菜與細香蔥相互搭配，最後來些薄荷點綴，藤黃果也能跨越族裔與文化，展現時尚風味。

新鮮藤黃果。

曬乾後的藤黃果酸味更明顯。

# 藤黃果

| 學名 | *Garcinia atroviridis* Griff. ex T. Anderson　喬木／藤黃科 |
|---|---|
| 名稱 | Brindleberry / Malabar tamarind（英文）、Asam gelugur（馬來／印尼文）、Som khaek（泰文） |
| 別名 | 馬拉巴羅望子、亞三皮、亞參果 |
| 主要成分 | 檸檬酸、蘋果酸、果膠、纖維 |
| 食療 | 促進消化、提升胃酸分泌、腸道蠕動、調節血糖 |
| 食用部位 | 果皮、果肉 |
| 保存方法 | 室溫乾燥處 |
| 禁忌 | 少量使用 |

◆ 辛香料屬性

辛料　　　香料　　　**調味料**

複方＞單方

◆ 六味屬性

辛　甘　**酸**　苦　鹹　澀

◆ 風味表現

**顯現之味 Apparent Taste**

◆ 五感

| 聽覺 | 觸覺 | 視覺 | 嗅覺 | **味覺** |
|---|---|---|---|---|
| （空） | （風） | （火） | （土） | **（水）** |

**風味筆記**

- 市售多為乾燥藤黃果，帶有強烈的發酵果香與明顯酸味。果皮含天然果膠，須先浸泡軟化後再加入果醬中熬煮，增添深層酸香與多層次餘韻。
- 適合用於湯品調味，尤其搭配根莖類或肉類食材。果肉中的羥基檸檬酸有助於軟化食材，促進膠原蛋白或纖維的分解，使口感更細緻。
- 亦可作為酊劑原料浸泡於基酒中，有發酵和少許煙燻風味。

**適合搭配**

| 海鮮 | 淡水魚、養殖魚 | 調酒 | 熱帶水果 |
|---|---|---|---|
| 蔬菜 | 根莖類 | 醬料 | 沾醬、沙拉 |
| 湯品 | 以辛、酸為主調 | 酊劑 | 威士忌、伏特加 |

## 咖哩麵、咖哩叻沙、娘惹叻沙與加東叻沙

這幾款叻沙系出同源，差異主要在於辛香料與椰漿的比例不同。檳城咖哩麵相較咖哩叻沙更輕柔淡雅；娘惹叻沙的椰漿比例約為六成，而咖哩叻沙、加東叻沙最高可達八成，湯頭厚實、滑順、過癮。必須拿捏得恰到好處，就像走在鋼索邊緣般地剛剛好，需要一定的經驗和功力。

**4 人份**

**食材**
- 鮮蝦 350 克
- 血蛤 200 克
- 開陽 80 克
- 豬血 100 克
- 油泡（豆卜）60 克
- 白煮蛋 2 顆
- 米粉 400 克
- 油麵 200 克
- 豆芽菜 80 克
- 水 300 毫升
- 油 200 毫升
- 雞高湯 2 公升

**基底醬辛香料**
- 蝦粉 1 大匙
- 分蔥 10 瓣
- 乾辣椒 10 克
- 新鮮辣椒 4 條
- 香茅 2 大根
- 大蒜 5 瓣
- 胡荽子粒 3 大匙
- 白胡椒粒 1 茶匙
- 小茴香 1 茶匙
- 茴香子 2 茶匙
- 薑黃粉 1½ 茶匙

**拌醬辛香料**
- 新鮮辣椒 3 條
- 乾辣椒 10 克
- 分蔥 20 克
- 大蒜 3 瓣
- 蝦粉 2 茶匙
- 鹽少許
- 糖少許
- 油 4 大匙

**調味料**
- 椰漿 400 毫升
- 冰糖 2-3 大匙
- 海鹽 1-2 茶匙

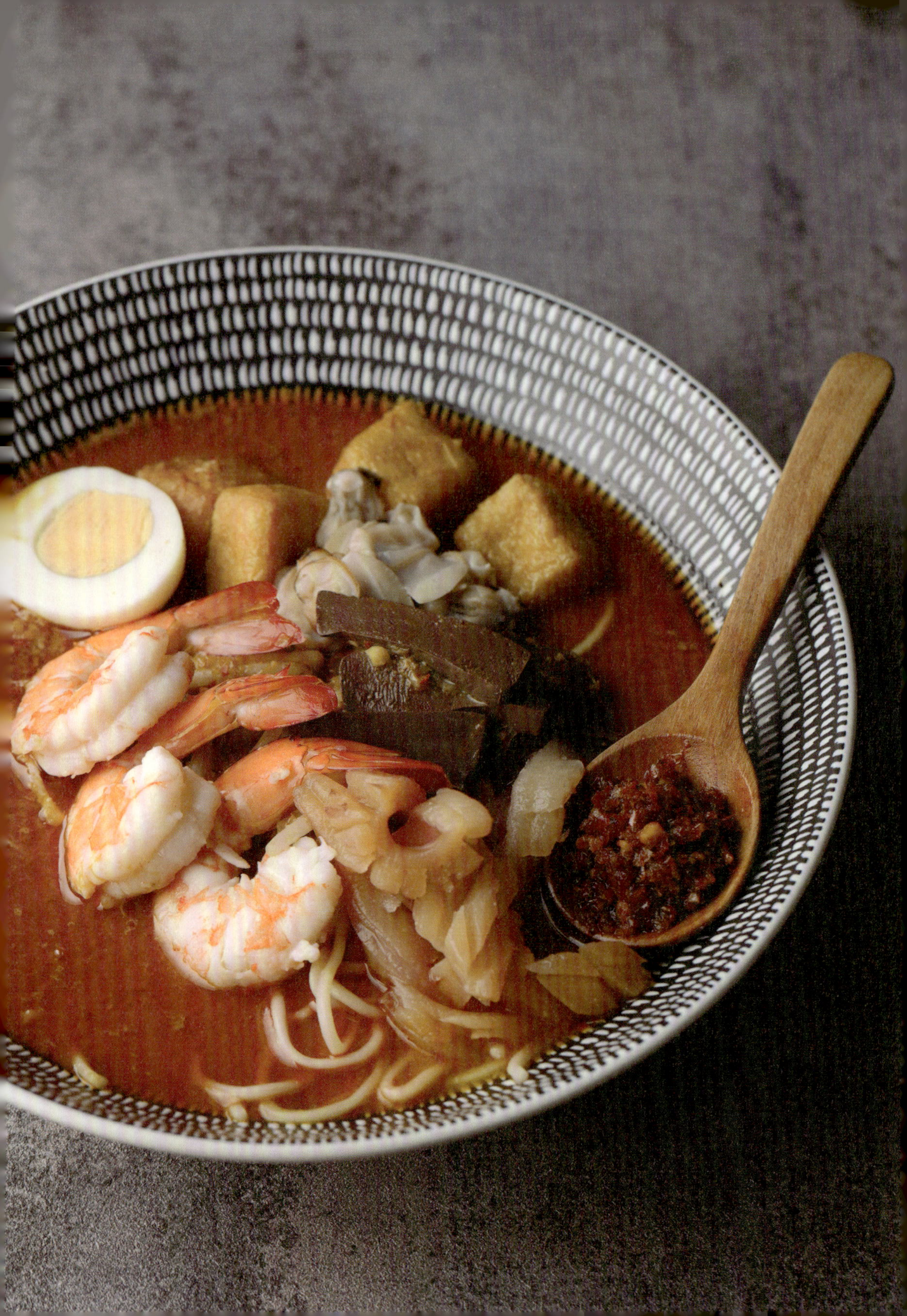

**製作方式**

1. 配菜前置：鮮蝦去殼、去腸泥，蝦殼留下備用。血蛤燙熟取肉，開陽用溫水浸泡約20分鐘後瀝乾。豬血切長條形、油泡切半，汆燙備用，白煮蛋切對半。米粉泡軟瀝乾，與油麵、豆芽菜分開汆燙後，瀝乾備用。
2. 起鍋放入少許油炒蝦殼直到轉紅，加入水300毫升，熬煮蝦湯30分鐘，順便把蝦子燙熟備用。
3. 炒基底醬：分蔥切半，乾辣椒浸泡溫水至少40分鐘，新鮮辣椒切段，香茅只取頂部白色莖切小段。準備調理機，將所有基底醬辛香料（包括粒狀香料）放入，打成泥狀。起油鍋，將香料泥炒至有香氣後盛起。
4. 炒拌醬：拌醬辛香料（油除外）也以同樣作法，放入調理機打成泥，入油鍋炒香。兩種醬必須分開炒，用途不同。
5. 瀝出步驟2蝦高湯，混入雞高湯，加基底醬和椰漿煮至沸騰，加冰糖、鹽斟酌調味，即為叻沙湯。
6. 組合：取湯碗，鋪上已燙好的米粉、油麵及豆芽菜，淋上叻沙湯，把所有配菜鋪在湯麵上，最後加入一瓢拌醬，趁熱上桌。

## 風味解析

以檳城咖哩麵為主軸，配方分別由濕性和乾性辛香料所組成，其中的乾辣椒與新鮮辣椒，是支撐所有飽和度及香氣平衡最重要的關鍵。由此再往其他三種叻沙延伸。

濕性辛香料是醬體重要的口感來源，佐以乾性辛香料的香氣，風味層層包覆。其中胡荽子占比最大，提供甘味；香茅扮演輕柔角色，能舒緩椰漿帶來的沉重感；其他如小茴香、茴香子屬於咖哩重要添分子；薑黃在這裡則純粹調和湯色；蝦粉是鮮味來源。這道叻沙為紅湯。

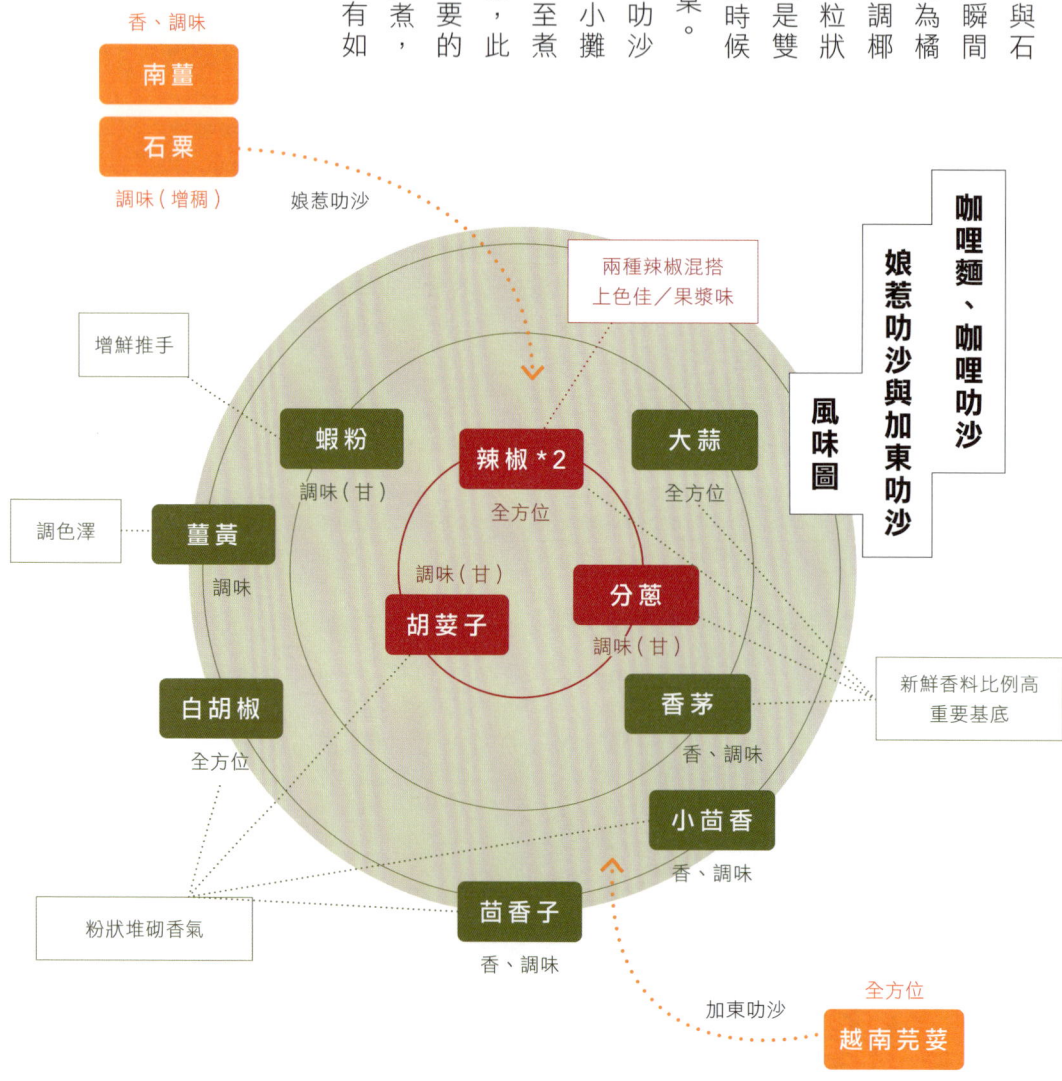

若在此基礎上加入南薑與石栗，並將薑黃比例加倍，則瞬間轉換風味頻道，湯色從紅轉為橘黃偏褐，即是娘惹叻沙。強調椰漿濃、辛度低、香度高，故粒狀辛香料需往上加半匙，尤其是雙茴（小茴香與茴香子）。吃的時候再撒薄荷，附上金桔一同上桌。

新加坡加東叻沙與娘惹叻沙是同一脈，椰漿更為濃郁，小攤商一營業就好幾個小時，甚至煮到幾近油水分離（俗稱破油），此時，越南芫荽就扮演至關重要的角色，不僅需與湯底一起熬煮，起鍋上菜時也要多撒一點，有如香菜般的風味能緩解膩感。

## 咖哩麵、咖哩叻沙 娘惹叻沙與加東叻沙 風味圖

**香、調味**
- 南薑

**調味（增稠）**
- 石栗 ········ 娘惹叻沙

**兩種辣椒混搭 上色佳／果漿味**

**增鮮推手**
- 蝦粉 — 調味（甘）
- 辣椒 *2 — 全方位
- 大蒜 — 全方位

**調色澤**
- 薑黃 — 調味
- 胡荽子 — 調味（甘）
- 分蔥 — 調味（甘）

**新鮮香料比例高 重要基底**
- 白胡椒 — 全方位
- 香茅 — 香、調味
- 小茴香 — 香、調味

**粉狀堆砌香氣**
- 茴香子 — 香、調味

**全方位**
- 越南芫荽 ········ 加東叻沙

256

## 檳城亞參叻沙與暹羅叻沙

亞參叻沙顯然受到暹羅人的影響，嗜酸好辛辣，佐以各種亞系香草與食材一同熬煮，另外則保留一部分拌入麵生食，如此，既有融在湯裡的香，也有香草原汁原味的硫化物、揮發性精油如火炬薑及薄荷醇帶來的涼感。

暹羅叻沙則強調椰漿與藤黃果風味達到平衡狀態，加入更多香草增香除腥，風味更溫潤。先嚐暹羅叻沙、後試亞參叻沙，更能理解其中奧妙。

**4人份**

**食材**
鯖魚 600 克
水 1200 毫升
萵苣絲 40 克
鳳梨條 60 克
小黃瓜絲 40 克
辣椒絲 20 克
洋蔥絲 30 克
火炬薑花苞碎 20 克
番茄沙丁魚罐頭
叻沙粉 300 克
（可用台灣粗米粉替代）

**香草**
越南芫荽（叻沙葉）70 克
新鮮薄荷 30 克

**調味料** 海鹽、冰糖適量

**辛香料 A**
大辣椒 60 克
朝天椒 40 克
乾辣椒 20 克
洋蔥 200 克
分蔥 160 克
薑黃 20 克
南薑 25 克
蝦粉 35 克

**辛香料 B**
蝦膏 50 克
溫水 20 毫升
羅望子 30 克
熱水 15 毫升
香茅（大）3 條
火炬薑（大）1 棵
藤黃果 30 克
油 200 毫升

**製作方式**

1. 鯖魚與 1200 毫升水燒開後，煮 20 分鐘，取出剝肉。剩下魚骨再額外加水（水量淹過魚骨即可），繼續熬 10 分鐘後過濾，並與前面熬的湯頭混合。
2. 配菜前置：萵苣絲、鳳梨條、小黃瓜絲、辣椒絲、洋蔥絲、火炬薑碎皆為熟食處理，備用。
3. 辛香料 A 裡的兩種新鮮辣椒切段，乾辣椒泡水至少 30 分鐘；洋蔥、分蔥、薑黃、南薑等去皮切小塊；以上材料與蝦粉放入調理機全部打成泥狀。起油鍋，將香料泥炒至有香氣後，備用。
4. 蝦膏用 20 毫升溫水調稀備用。羅望子加 15 毫升熱水浸泡至完全釋出味道，過濾備用。
5. 香茅去除外皮硬梗只取白色部分橫剖，火炬薑橫剖，放入步驟 1 魚高湯熬煮，再加入叻沙葉、羅望子水與藤黃果乾一起熬煮出味道。放入番茄沙丁魚罐頭、所有鯖魚肉，試味道，若不足以海鹽、冰糖調味。
6. 水煮開，叻沙粉（粗米粉）燙熟後、撈起瀝乾。
7. 碗中放入叻沙粉，淋入熱湯，鋪上步驟 2 配菜，撒上薄荷葉，最後把調稀的蝦膏配在一旁，趁熱上桌。

## 風味解析

兩種叻沙系出同門，皆承襲自暹羅。亞參叻沙後由華人詮釋，後者則多由暹羅後裔，或暹羅女子嫁入華人家庭後演繹。儘管今日兩者大多由華人烹煮，但理解歷史脈絡後，不難發現其中的共通之處與差異。

前面提到，最難之處便是椰漿與酸味（羅望子）的比例拿捏，過與不及都很容易讓這道暹羅叻沙偏離風味。椰漿若過量，會與酸味產生衝突；羅望子若過酸，則會失去椰漿濃郁感，兩者之間需剛好達到聚香且不膩的效果。

這張風味圖是以亞參叻沙為核心，每一種香料角色都明確分工，缺一不可。要做到六種味道（辛、甘、酸、苦、鹹、澀）到

## 檳城亞參叻沙與暹羅叻沙風味圖

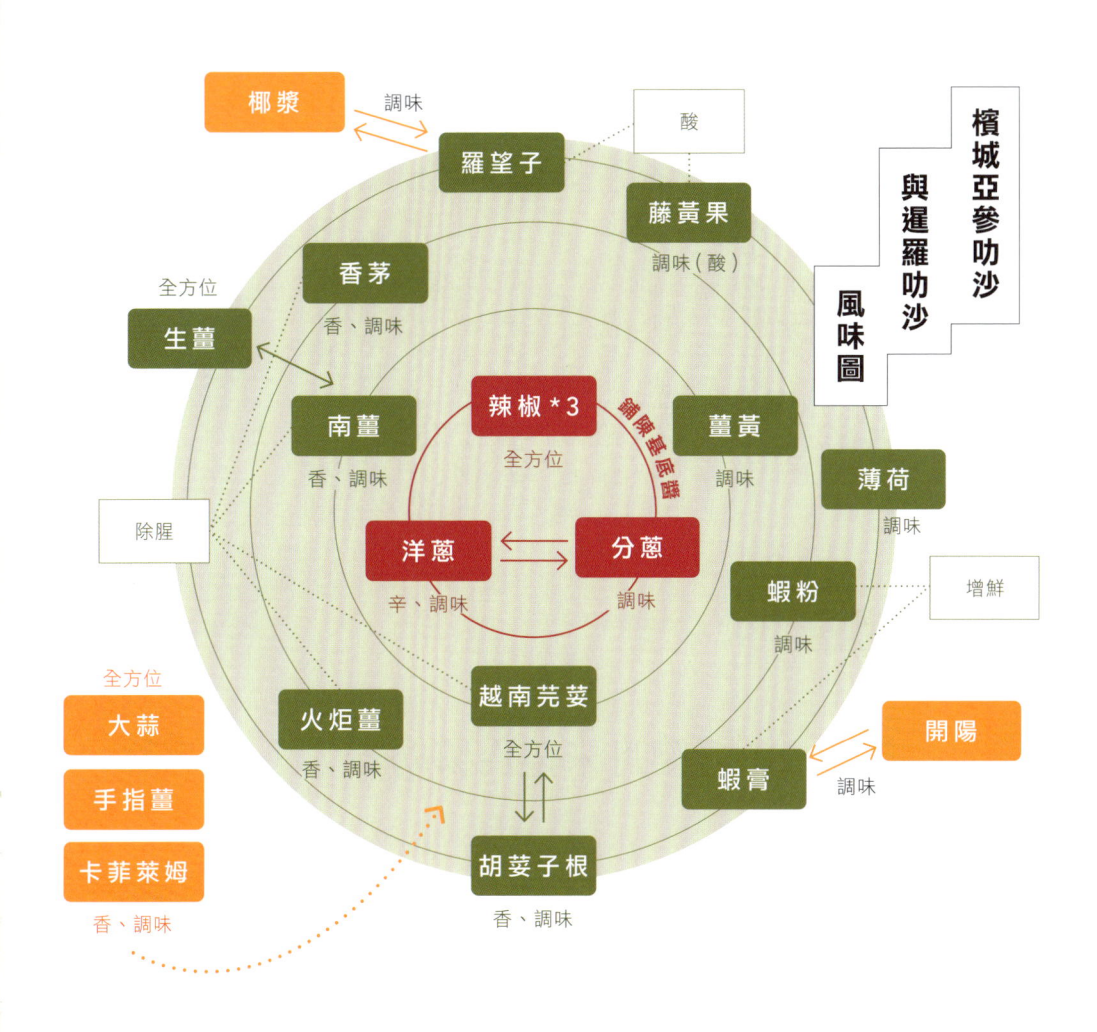

- 椰漿 ⇌ 調味
- 羅望子 — 酸
- 藤黃果 — 調味（酸）
- 香茅 — 香、調味
- 生薑 — 全方位
- 南薑 — 香、調味
- 薑黃 — 調味
- 薄荷 — 調味
- 辣椒 *3 — 全方位
- 洋蔥 — 辛、調味
- 分蔥 — 調味
- 蝦粉 — 調味
- 蝦膏 — 調味
- 開陽 ⇌ 調味
- 越南芫荽 — 全方位
- 火炬薑 — 香、調味
- 胡荽子根 — 香、調味
- 大蒜 — 全方位
- 手指薑
- 卡菲萊姆 — 香、調味
- 除腥
- 增鮮
- 鋪陳呈底蘊

位，除了香料鋪陳，還仰賴配料食材的原味呈現。

再來談暹羅叻沙，圖中相對箭頭所示，暹羅叻沙不及亞參叻沙重視鮮味，以乾貨替代蝦膏，香氣表現上更喜歡輕柔，所以用香菜根替代越南芫荽，接續用手指薑和卡菲萊姆葉鋪陳疊香，火炬薑的強烈風味也削去一半，只用不到百分之五十輕輕帶過。

至於雙箭頭所指的椰漿、羅望子、生薑及南薑，表示暹羅叻沙的使用量皆為亞參叻沙的一半，椰漿拿捏是依入鍋的材料經烹煮後的二分之一計算，需要多多斟酌。

259

# 東海岸叻沙——紅白雙醬

吉蘭丹與登加樓位於馬來半島東側，東臨南中國海。早在十三世紀以前，便有海上貿易的紀錄，許多閩南與廣東人南下時，會在此地靠岸補給，甚至定居。唐代起，華人出洋人數漸多，除了商貿，還有宗教活動。從當地出土的北宋、南宋銅錢可證明，宋代貨幣流通至登加樓，顯示貿易往來相當活絡。

因此，有沒有可能，這款叻沙才是原創？歷史脈絡先擺一邊，動手試做嚐嚐風味，讓味道說話。

## 吉蘭丹米捲白醬叻沙

**2人份**

| | |
|---|---|
| **食材** | 巴浪魚6條（＋水600毫升）<br>小黃瓜1條<br>菜豆2條<br>高麗菜30克<br>豆芽菜20克<br>金桔3顆（或檸檬半顆） |
| **米卷食材** | 粘米粉95克<br>澄粉15克<br>玉米粉12克<br>木薯粉5克<br>油10-15毫升<br>水286毫升 |
| **辣椒醬** | 大辣椒5條　鹽少許<br>朝天椒4條　糖少許<br>蝦粉少許<br>白醋2大匙 |
| **辛香料** | 生薑8克<br>大蒜4瓣<br>分蔥5瓣<br>洋蔥1顆<br>藤黃果4片<br>丁香2顆 |
| **香草** | 越南芫荽20克<br>火炬薑半顆 |
| **調味料** | 海鹽少許<br>椰漿2罐<br>椰子糖1½大匙<br>黑胡椒粉1茶匙 |

**製作方式**

1. 做米捲：粘米粉、澄粉、玉米粉、木薯粉混合均勻加入水、油攪拌成米漿。起平底鍋開火抹少許油，倒入米漿做成一片片，捲起放一旁備用。

2. 把魚、600毫升水、2片藤黃果、丁香一起煮開直到魚完全熟透，撈起剝下魚肉，魚高湯過濾備用。剩下的魚頭、魚骨放入調理機，加少許水淹過，打成泥，過濾備用。

3. 把生薑、大蒜、分蔥、洋蔥放入調理機，取步驟2魚高湯350毫升一起打成泥（若不夠可自行再添加），最後再放入魚肉打成細緻的魚醬。

4. 另起鍋，加入步驟3魚醬、椰漿一起熬煮，加入另2片藤黃果，以海鹽、椰子糖、黑胡椒粉調味後，便是白醬。

5. 做辣椒醬：所有辣椒、蝦粉放入調理機打成泥，再加白醋、鹽、糖即完成。

6. 熟食處理：小黃瓜切絲、菜豆切細末、高麗菜切絲、豆芽菜洗乾淨、越南芫荽切末、火炬薑切末，金桔對半切，備用。

7. 準備淺盤，把米捲切成一截截，淋上白醬，旁邊鋪上步驟6蔬菜，吃的時候擠上半顆金桔。

## 江湖一點訣

- 無論是哪一種版本的叻沙，醬汁或湯頭的味道都必須做到濃郁；香氣表現則分為三個層次：一是表層香氣的襯托、二是乾燥香料粉的堆疊，三則是那最後一瓢拌醬，有畫龍點睛之效。

- 湯汁偏酸的亞參叻沙食材著重魚鮮，去腥處理格外重要，多由藤黃果擔綱重任，既能壓腥又扮演調酸味的角色，雖然羅望子也做得到，但會讓湯色偏黑，影響賣相，風味也略顯沉悶。

- 側重椰漿的叻沙，可煮至油水分離，讓辣椒色澤浮於湯面，更具誘人色澤，也更貼近原鄉風格。

# 登加樓紅醬叻沙

**4 人份**

| | |
|---|---|
| **食材** | 巴浪魚 6 條<br>鹹魚 25 克<br>叻沙粉（粗米粉替代）<br>豆芽菜<br>金桔 4 顆<br>油 120 毫升 |
| **香草** | 越南芫荽絲 15 克<br>火炬薑絲 15 克<br>檸檬羅勒絲 15 克 |
| **調味料** | 海鹽 1 茶匙<br>糖少許<br>椰漿 2 杯<br>椰子糖 3 茶匙<br>乾燥椰子粉 2 大匙 |
| **辛香料** | 藤黃果 3 片<br>丁香 2 顆<br>洋蔥 3 顆<br>大蒜 2 瓣<br>生薑 8 克<br>南薑 10 克<br>乾辣椒泥 3 大匙<br>綜合辛香料粉 2 大匙 |
| **綜合辛香料粉**（全部混合打成粉狀備用） | 胡荽籽 3 大匙<br>茴香籽 2 大匙<br>小茴香籽 1 大匙<br>小豆蔻 1 大匙<br>丁香 7 顆<br>錫蘭肉桂 1½ 茶匙<br>黑胡椒粒 1½ 茶匙<br>肉豆蔻粉 1/2 茶匙<br>八角 1 大顆<br>辣椒粉 4 大匙 |

**製作方式**

1. 豆芽菜以及各種香草熟食處理。
2. 起鍋加入 2 杯水燒開，放 2 片藤黃果、2 顆丁香，與魚一起煮至熟，撈出香料、過濾魚湯、魚肉剝下。剩下魚頭、魚骨放入調理機，加水淹過打成泥狀後，過濾備用。
3. 鹹魚用水泡 15 分鐘軟化後取出，以平底鍋煎香，剝下魚肉。將步驟 2 過濾出的兩份魚湯、魚肉、鹹魚肉放入調理機，打成魚肉漿備用。
4. 洋蔥打成泥。大蒜、生薑、南薑、乾辣椒泥與 2 大匙綜合辛香料粉一起打成膏狀。
5. 鍋中入油 120 毫升，爆香步驟 4 直到破油。加入步驟 3 的魚肉漿、椰漿、乾燥椰子粉和椰子糖，剩下 1 片藤黃果此刻加入（若嚐不出明顯酸味可再多加 1 片），最後以鹽、糖調味，即是紅醬。
6. 起一鍋水將叻沙粉（或米粉）燙熟，撈起瀝乾，鋪在碗裡；淋上紅醬，豆芽菜，撒上香草，放半顆金桔，吃時擠在上面增加風味。

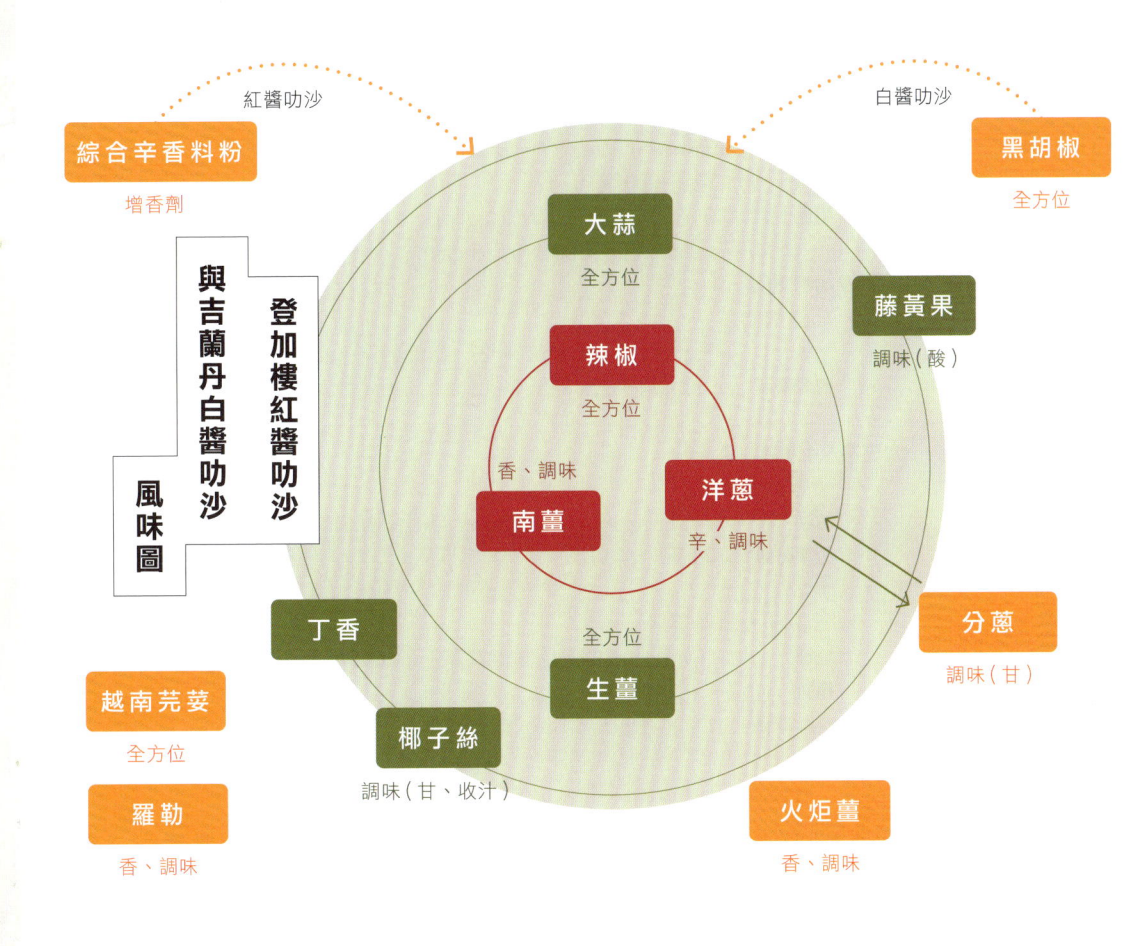

## 登加樓紅醬叻沙與吉蘭丹白醬叻沙風味圖

- 綜合辛香料粉 — 增香劑
- 紅醬叻沙
- 白醬叻沙
- 黑胡椒 — 全方位
- 大蒜 — 全方位
- 藤黃果 — 調味（酸）
- 辣椒 — 全方位
- 洋蔥 — 辛、調味
- 南薑 — 香、調味
- 分蔥 — 調味（甘）
- 丁香
- 生薑 — 全方位
- 椰子絲 — 調味（甘、收汁）
- 火炬薑 — 香、調味
- 越南芫荽 — 全方位
- 羅勒 — 香、調味

### ◆ 風味解析

東海岸的兩種叻沙風味接近，紅醬另調入增香劑，白醬則強調椰漿的油潤與香滑。大致可分為三個部分：高湯、基底、表層風味。傳統作法只用藤黃果去腥，但考量到取得不易，也可用丁香替代。鋪陳可用分蔥或洋蔥，紅醬又較白醬濃郁，因為以椰子絲收汁。

這款叻沙與暹羅叻沙有幾分雷同之處，皆在酸、甘、鮮之間取得絕妙平衡。最後表層香氣由羅勒、越南香菜與火炬薑堆砌，為這道特色料理留下鮮明記憶點。

## 新加坡

**登加樓叻沙（吉隆坡可預約）**
◆ **Mek Wee (Velvet Wee)**
地址　　東海岸料理
電話　　016 2422855 ／ WhatsApp
　　　　velvetwee0506@gmail.com

**新加坡加東叻沙**
◆ **結霜橋叻沙**
地址　　Top 33 KopitiamBlk 27, Jalan Berseh, #01-100, Singapore
營業時間　09:30-16:00（週三休）

**大巴窯94叻沙**
◆ **意好咖啡店**
地址　　94, Lorong 4 Toa Payoh, #01-30, Singapore
營業時間　06:30-14:00

## 台灣

◆ **巴生仔大馬料理店**
地址　　100 台北市中正區羅斯福路三段284巷13號1樓
電話　　02-2368-3505
營業時間　11:30-15:00 ／ 17:00-20:30

◆ **mama says yes 南洋叢林 | 內湖本店**
地址　　114 台北市內湖區內湖路一段737巷51弄7號
電話　　02-2658-8778
營業時間　11:00-14:30 ／ 17:00-20:20

**東馬沙勞越叻沙**
◆ **面對面**
地址　　104 台北市中山區錦州街310號
電話　　02-2517-1517
營業時間　11:00-14:30 ／ 17:45-21:30

◆ **新加坡風味小吃台中店**
地址　　411 台中市太平區振福路235號
電話　　04-2395-6536
營業時間　11:00-14:00 ／ 17:00-20:00（週一、二休）

### 美食地圖 Data

## 馬來西亞 🇲🇾

### ◆ 檳城隱藏版亞參叻沙
| | |
|---|---|
| 地址 | 1189飲食中心22, Medan Angsana 1, Bandar Baru Air Itam, Penang |
| 營業時間 | 10:00-23:00（週五休） |

### ◆【新關仔角海邊夜市】亞參叻沙73號攤位
| | |
|---|---|
| 地址 | 172, Solok Gurney 1, Pulau Tikus, 10250 Jelutong, Pulau Pinang |
| 營業時間 | 16:30-23:00（週二休） |

## 暹羅叻沙

### ◆ 金成咖啡店
| | |
|---|---|
| 地址 | 20, Jalan Sungai Air Putih, Bandar Baru Air Putih, Balik Pulau, Penang |
| 電話 | +60 12-428 6235 |
| 營業時間 | 09:30-16:00（週一、二休） |

## 吉隆坡咖哩叻沙

### ◆ 新聯興咖喱面（新聯興茶室）
| | |
|---|---|
| 地址 | 88, Jalan Rukun 2, Taman Continental, Kuala Lumpur |
| 營業時間 | 07:30-21:00 |

## 吉隆坡咖哩叻沙

### ◆ 全美咖喱叻沙（全美食茶室）
| | |
|---|---|
| 地址 | 34, Jalan 28/70A, Taman Sri Hartamas, Kuala Lumpur |
| 電話 | +60 17-506 5551 |
| 營業時間 | 06:30-14:30 |

## 麻六甲娘惹叻沙

### ◆ Baba Low
| | |
|---|---|
| 地址 | 486, Jalan Tengkera, Melaka |
| 電話 | +60 62831762 |
| 營業時間 | 07:30-16:00（週五休） |

## 吉蘭丹叻沙

### ◆ Laksam Special by T
| | |
|---|---|
| 地址 | Lot 1336, Jln Raja Perempuan Zainab II, Kampung Panji, Kota Bharu |
| 電話 | +60 13-980 9343 |
| 營業時間 | 14:00-19:30（週六休） |

◆

**Sate**

南洋

# 變溫的食物美學——沙嗲與醬

Satay 或者 Sate[1]一字對東南亞人而言，就是將肉串在竹籤上，炭火直烤，毫無懸念它就是沙嗲串。

不過，對港澳台的朋友來說，沙嗲也是一種醬，即是熟悉的那罐「沙茶醬」。從沙茶炒牛柳、沙茶魷魚、到台式沙茶炒麵、沙茶火鍋，它在廚房調味區佔有明確的一席之地。

究竟一種烤肉、一種醬料為什麼會被兜在一起？這裡先賣個關子。我們不妨從源頭出發，釐清食物的脈絡，這道風靡整個東南亞的料理，卻在不同地區又擁有各自的特色、風格鮮明。要怎麼區分泰國、馬來西亞、印尼、越南的沙嗲？各族裔間（如馬來人、華人）又各有怎麼樣的演繹？

---

[1] 沙嗲最先在南島族群發酵，因此以馬來文發音。

阿拉伯人 **傳入燒烤**
印度人 **香料製醬**

**7-11世紀室利佛逝版圖**

麻六甲海峽

巽他海峽

## 阿拉伯貿易加速燒烤文化傳播

這道食物很可能是出現於七至十一世紀之間，當時靠海上貿易起家的室利佛逝（Sri Vijaya）擁有鄰近重要港口的優勢，掌握麻六甲、巽他海峽等交通要道，並將鄰近島嶼的農林漁產集中到自己的地盤，吸引許多阿拉伯商賈前來採購香料，也因此傳入燒烤這項技藝。原來燒烤在沙漠地區就是一種節約能源的烹調方式：堆起石塊防風再點燃柴火，將肉串起直接炙烤，產生誘人的梅納（Maillard）反應，焦香味撲鼻；這樣的烹調方式很快就被馬來半島人接受，加上當地木材、枯枝、枯葉等資源豐富，加速了燒烤文化的發展。

一開始烤肉的目的僅是把肉烤熟，大塊且粗獷的吃法隨著時間慢慢演化。一〇二五年，南印度的注輦王朝取代室利佛逝，更多印度、中國和阿拉伯商賈大規模參與島嶼東南亞國家的[2]香料買賣，範圍擴大到今日的東爪哇和摩鹿加群

[2] 島嶼東南亞國家包括馬來西亞、新加坡、印尼、汶萊、菲律賓及東帝汶。

島，根據史料與時間軸推算，爪哇本島最先出現沙嗲這種吃法。隨著市集食肆活絡蓬勃，原先只求吃飽的沙嗲，開始轉變為吃巧，當地人就地取材，用亞答樹（Nipa palm）或砂糖椰子（Areng palm）的葉梗將肉串起，現烤現賣，即熟即食。這樣的沙嗲一開始並沒有沾醬。

用香料醃製羊肉的技術，最早源於阿拉伯世界，掌握千年貿易的他們擅長以香料入菜，滿足調香、調味的同時，又能抑制羊騷味、起防腐作用。後來爪哇人採藉這樣的烹調概念，充分應用在各種食材中，發展出一種包含胡荽籽、胡椒、肉豆蔻、小茴香和丁香的調味組合，稱作巴部爾（Bambu）[3] 調料。

至於醬的出現，極有可能在十三世紀信訶沙里（Singhasari）[4] 王國時期。當時大批泰米爾人和古吉拉特語穆斯林商人抵達印尼，將印度飲食中「咖哩[5]」的概念帶入，逐漸發展出醬汁，用以彌補食物在燒烤中流失的水分，適口性更佳，獲得食客喜愛。

到了十四世紀，隨著商旅往來頻繁，沙嗲迅速傳播至各個島嶼。而十九世紀，大量福建華人移民來到馬來半島，在多數人不識字的年代，「沙嗲」被音譯成福建話「三塊」（sar tae），因此往後新馬一帶的沙嗲大多一串三塊肉，成為地域食色。

---

[3] Bambu 印尼、馬來西亞國家亦稱作香料泥，將多種粒狀辛香料或香草植物以石舂搗成泥。

[4] 位於東爪哇瑪琅地區，奉行印佛混合崇拜的國家，被蒙古要求歸降遭拒，最後滅亡。

[5] 米爾語 kaṟi (கறி) 意喻醬汁。

令人垂涎欲滴的沙嗲。

268

# 沙嗲和醬既能分也能合，再創沙茶醬

沙嗲淋一瓢醬汁，一直是天經地義的事，不過就在十九世紀至二十世紀期間，大量華人來到馬來半島討生活，一切有了轉變。沙嗲和醬開始分家，一旁的沾醬被稱作「呱」(Kuah)，可能是因應不同族群，在吃辣與不吃辣之間的彈性存在，尤其是初來乍到的華人。

炭烤肉串搭上以香料、花生混合的醬，風味迷人，是絕配！不過沾醬卻不是每個地方的標配。有一次在峇里島吃到沙嗲利利(Sate lilit)便是如此，肉事先醃漬入味，不再需要沾醬各地串烤的食材也不同，例如龍目島(Lombok)的沙嗲部夙(Sate pusut)，是海鮮混合牛肉、雞肉的組合，海陸風味一串滿足；而印尼蘇拉威西望加錫的沙嗲(Sate makassar)，調香、調味時便已一次到位，我還一度懷疑老闆是否忘記附醬？左顧右盼老半天才恍然大悟：「喔！原來這種沙嗲沒有醬。」當下若有所失。

然而，醬太多會不會也是一種困擾？我在印尼加里曼丹(Kalimantan)島就碰上過一回。那天，看著路邊小攤老闆正在炭烤沙嗲，一口氣點了十串，這時聽見鄰桌有人大聲吆喝：「湯多一點！」心裡正納悶時，只見老闆三兩下就將沙嗲烤好，澆上醬，接著再補一瓢高湯。原來，在這裡沙嗲既是沾醬也是湯，一邊吃還能順便清盤子，好主意！

唯獨，一直到我離開馬來西亞之前，壓根兒沒有把沙嗲的醬和沙茶醬聯想在一起。

269

## 擷取沙嗲醬元素，沙茶醬走入常民家

根據多年走訪東南亞各地的經驗，我認為沙嗲與其沾醬可以從兩個方向來分析：其一是醃製肉類的香料，離不開新鮮紅蔥、大蒜、辣椒、薑黃、薑末、石栗、香茅、南薑。其二為沾醬配方，粉狀香料與新鮮香料的比例約為七比三，其中胡荽籽占比最高，其次是八角、丁香、肉桂、小茴香、茴香籽以及大量花生。

由此可見，或許早就為沙茶醬埋下伏筆。

小時候每逢過年前，做沙茶醬是家裡的傳統。母親說，陳姓阿公早年回中國家鄉省親時，必會囑咐家裡炒製沙嗲醬當作伴手禮。有一年聽說原鄉親戚把原版配方再改良，加入更多乾貨如蝦米、扁魚，將醃漬沙嗲的香料和沾醬材料合而為一，於是創造出名滿天下的沙茶醬。之後傳至兩廣、閩南一帶，再次演變，爾後傳到香港與台灣，成為家常不可或缺的調味醬料。

## 四大門派醬料

東南亞沙嗲醬究竟有多少種？大致上分成清爽、醬香、堅果型及果香風味。

泰國、越南醬體柔和，幾乎吃不出香料味。鄰近的寮國、柬埔寨、緬甸亦相去不遠，側重

香茅是其中除腥要角。

270

堅果型沙嗲，以花生為主調。

果香型沙嗲，以羅望子為主調。

醬香型沙嗲，印尼甜醬油為主調。

亞系香草：香茅、檸檬葉、香菜根、南薑與大量椰漿，使之淡雅清爽。馬來西亞、新加坡、汶萊及菲律賓南部等地則不然，大量用胡荽籽、小茴香、茴香籽、八角、丁香等數十種香料加總，各種層次相互交融，風味起承轉合，尤其強調羅望子的酸和椰子糖的甜達到平衡，促使花生堅果香氣更加立體，是醬香與堅果的綜合體，沒有人不愛！

回到最初沙嗲故鄉——波諾羅戈（Ponorogo），感受原味。雞肉豪邁切成長條狀，肉串與肉串間增加一塊肥油做緩衝，增加油脂潤滑度。用大量印尼國民調味料甜醬油（Kecap manis）醃漬，再和分蔥、蒜末以及南薑調和成水醬料浸泡肉，就這樣邊烤邊泡、邊泡邊烤，肉吸飽水醬料，自然滑嫩。醬料則是以驚人的花生量、棕櫚糖（讓醬汁呈深褐色澤）、蝦醬與辛香料組合而成，相較於馬來半島，味道更濃，花生現炒現磨，堅果香爆表，吃的時候再擠上檸檬汁

271

提味解膩。

望加錫（Makassar）位於印尼蘇拉威西島南部，當地的沙嗲醬一入口即充滿果香，這種酸味與馬來半島西部慣用的羅望子截然不同，光用聞的，就酸到下巴快掉下來，眼眉瞬間瞇成一條線。不過一旦煮過，醬料隨即轉化，饒富層次，反而為沙嗲肉增添開胃、解膩的效果，令人留下深刻印象。

談到果香沙嗲醬的代表，馬來西亞的海南人版本更是不能錯過。他們會將新鮮鳳梨切碎拌入醬中，果粒酸澀咬舌，中和香料帶來的辛辣之餘，讓整體風味更協調，意外地為彼此都加了分。

## 食材裡的秘密，看見多元性

一串沙嗲肉，完全視宗教、文化、種族、飲食習慣而有所差異。

以新馬地區來說，華裔向來不食牛肉，多以雞肉、豬肉、豬內臟為主要食材；信奉印度教的印度裔也不食牛肉，改以羊肉或雞肉；馬來人信奉回教則禁食豬肉，牛肉、雞肉大行其道。

而地大物博的印尼，從最東邊巴布亞（Papua）到最西邊的蘇門答臘，沙嗲的食材範圍更是包羅萬象：牛乳房、海鮮、羊內臟、兔肉、蛇肉、蜥蜴肉、馬肉、鳥肉。其中最令人驚嘆的是峇里島，信奉印度教的

醬香型沙嗲，印尼甜醬油為主調。　　　　　　果香型沙嗲，以羅望子為主調。

272

居民會將豬肉與海龜肉剁碎混合，做出別具風味的沙嗲，真是嘆為觀止，越在地就越獨特。

吃沙嗲也不只有肉，各地自有一套搭配方式。配熱白飯很常見，以香蕉葉包的飯糰（Ketupat）更普遍，常見還會附上大黃瓜和生洋蔥來解油膩。西瓜哇人則有一種非常特殊的沙嗲，以火炬薑、糯米粉和辛香料醃製入味，使之與肉緊緊巴在一起，雖沒有任何沾醬，卻有一股獨特花香，搭配泡菜一起吃，頗有華人口味。

在菲律賓南端的民答那峨島（Mindanao），沙嗲有一套獨門吃法，當地人會用易上色的胭脂籽（Annatto seed）❻勾成茨汁，就是一頓豐富的早餐，現已成為遊客必嘗美食之一，「越在地，越國際」，一點也沒錯。

沙嗲在重要慶典上也扮演重要角色。峇里島有一古老傳統，每年會舉行香蘭葉格鬥（Mekare kare）：住在登安南（Tenganan）村落的男人們左手握持編織盾牌，右手掌以棉線捆綁一疊香蘭葉當武器，率先將對方皮膚劃傷，血色染紅葉片的勇士即是征服者，慶典結束後，眾人會一起吃烤沙嗲慶祝。

在馬來西亞的麻六甲、檳城等地，早年中國移民與當地族群通婚，延伸出峇峇娘惹，他們結合沙嗲醬與火鍋概念，發明沙嗲鍋（Satay celup）和沙嗲涮涮鍋（Lok-lok）的吃法。顧名思義，將串好的食材放入滾燙的鍋中燙熟，唯兩地一南一北吃法迥異。南部如麻六甲有專門店，服務人員會不時前來攪拌鍋底，防止湯汁沾黏焦化；北部則是把沙嗲鍋直接放在攤車上，現場開火一直處在沸騰狀態，客人站在街邊現涮現吃，吃畢再依照竹籤顏色計價，奢儉由人。

沙嗲和醬，最後名揚四海，各自安在、各自精彩。

❻《辛香料風味學》一書有收錄使用方法。在台灣東部有新鮮胭脂籽可用。

## 核心辛香料 沙薑

兩廣人最自豪的三種辛香料，分別是南薑、沙薑與生薑。南薑多見於潮汕家庭，在馬來西亞、新加坡與印尼的客家廚房中，常用來搭配雞肉料理；至於生薑[8]，則是最日常廣用的香料。

[7]；沙薑，亦稱山奈，在馬來西亞、新加坡與印尼的客家廚房中，常用來搭配雞肉料理；至於生薑[8]，則是最日常廣用的香料。

客家人遷徙至南洋後，仍習慣住在山上，所居地多沙石土礫，沙薑正適合這種環境，耐旱、貼地叢生，不需過多照料。彼時醫療尚不發達，時有寒濕霍亂，沙薑因能辟瘴癘、祛濕寒，在民間佔有一席之地。

沙薑源自古印度，早在阿育吠陀醫學中即有記載，作為祛痰、利尿與驅風之用。隨著印度人移居馬來半島，當地的甘榜（Kampong）族群更廣泛應用沙薑，烹煮咖哩。印尼的傳統療法賈姆（Jamu）[9]中也有沙薑，具多種食療，從孩童食慾不振、婦女調理到緩解咳嗽皆有效果。爪哇街頭常見兜售賈姆的婦人，像個調酒師，片刻間即調

沙嗲中重要的沙薑是印尼國民飲料賈姆的素材。　　沙薑塊莖較小。

[7] 見《辛香料風味學》南薑篇。　　[8] 見《辛香料風味學》生薑篇。　　[9] 爪哇 Jawa 與癒合 Djampi，取兩字縮寫成 Jamu。

配出一杯客製化藥草飲，「多喝對身體好」，印尼人總是這麼說。

明代李時珍在《異物志》中記載：「生沙石中，似薑，大如螺，氣猛近於臭。南人以為薑。其法削皮，以黑梅及鹽汁漬之，乃成也。」清楚描述了沙薑的生長環境與植物形態。南方人喜歡將其當辛香料，或削皮醃漬食用，入口辛辣明顯，香氣濃醇。清代廣東詩人屈大均也在《廣東新語》提到：「三藾，根似薑而軟脆，性熱消食，宜兼檳榔嚼之，以當蒟子。或以調羹湯，微辣而香。」無怪乎受南方人青睞至今。

在東南亞國家，市場裡可買到新鮮沙薑，嫩葉可用在許多料理，不光是客家人愛用，爪哇人更愛將其春搗成泥，連同葉子一起入咖哩，吃了保健康。

## 沙薑的氣

沙薑含有一種酯類化合物——桂皮酸乙酯（Ethyl cinnamate），屬於芳香揮發油，呈無色液體。新鮮嚼食會有一股特殊氣味，我將其解釋為一種「氣體」的感受。這種味道不在台灣人的風味資料庫中，因此有些人可能因不習慣而產生排斥感。

既然是揮發油，就有解決之道。將新鮮沙薑切片，入鍋猛火熵炒，邊炒邊下酒，藉酒精的揮發作用，把氣體揮發出去，吃的時候便不會留「氣」惱人。反之，若要留住此種風味，則無需加太多酒以免過度揮發，而是炒香後迅速加入醬油等調味料，其芳香氣味就會完整被食物吸收。

話說沙薑此氣體風味，若應用於酊劑泡酒，可調製花香系列，適合搭配琴酒、萊姆。無酒精版本適合柑橘調性；與苦精搭配則能相互激香，改變整體酒感風味，賦予尾韻立體感，相當有潛力。

此外，沙薑浸泡油（油萃）也是一種價值高的運用方式。內含甲基肉桂酸、丁香酚具抗菌作用，山奈酚、槲皮素為抗老化成分。用於手工皂時，搭配檀香能展現木質調；若與廣藿香、迷迭香調和，則能營造森林氣息。

## 從古至今用作「虀[10]」

古人將沙薑列為「虀[10]」，完全是因為它具有揮發油分子，剁碎作為沾醬，脆口並有清香土味，雲南人就是其中擁護者：沙薑剁碎後加入醬油、檸檬汁、辣椒末成為一道蘸水，或沾、或澆入燙熟的雞腳中拌食，是一道開胃家常菜。

另一道號稱滇南十八怪的石屏烤豆腐更是一絕。一個個小巧圓滾的小豆腐，在網上烤至金黃膨脹，若擔心卡路里爆表也可以選擇水煮，重點還是回到蘸水，沙薑與豆腐恰如唱雙簧，誰也離不開彼此。

我家嫂子是客家人，嫁入潮汕家庭後，餐桌上偶爾就會出現焗雞。每當她開始備料，我隨著她左右，看她又舂又搗、再和入鹽巴攪拌均勻，把雞裡裡外外抹一遍、醃漬半天，最後用棉紙包裹，把雞埋入高溫粗鹽中，開小火焗個把小時。掀鍋時香氣四溢，一向只吃腿骨的孩子們竟連雞胸也啃得精光，原來好吃的秘訣就是沙薑！

再轉回馬來西亞、泰國、緬甸等國家，北馬一帶及鄰近泰國邊界的峇峇娘惹族群，只取沙薑嫩葉製作香料飯（Nasi ulam），嫩葉有微辛辣感及澀感，又具消食作用，華人峇峇從另一半那裡學會了吃沙薑葉，並傳承至今。一位親友曾告訴我，她的高齡一百零九歲祖母是蘇門答臘原住民，早年嫁入福建籍夫家，餐桌上最常出現的就是沙薑炒香蕉花（Tumis kencur jantung pisang），成為她記憶中的味道。

泰國與交界的緬甸有一種共通吃法：將大量沙薑嫩葉切細，準備辣椒末、蒜末、紅蔥頭，加入從河裡捕獲的鮑魚肉片，下鍋大火快炒，最後以蝦醬調味即起鍋。正應了詩人屈大均在《廣東新語》所言：「……以調羹湯，微辣而香。」不禁揣想，究竟是南遷的客家先民影響了當地飲食，抑或沙薑早已在不知不覺中跨過族群籓籬，還真說不準。

## 擅長除腥、增鮮味蕾

客家人食用沙薑主要重其食療面，具理氣、氣通與止痛之效；料理時能除去雞肉、豬肉的低腥羶味，引出鮮甜。新鮮沙薑在網路上可買到，

---

[10] 「虀」：切碎或醃漬、鹽漬的調味料，用作佐餐食用。

276

沙薑葉可以生食或做香料。

東南亞地區則能在市場取得，買回來應埋在沙土中保鮮，以維持脆口質地；因沙薑的氣味是否濃郁取決於根莖水的含量。其具備秘辭、清新和幽香，部分海南雞醺醬用少許沙薑來提鮮，非常適合白灼烹調法，引出食材原味以外，薑科的「肉桂酸乙酯」有木質調性且具親水性，適合浸滷。另豆蔻及香桃木氣味能竄行於食材深層，對於難入味的食材有加分作用，若能搭配少許五香則更上一層樓，進階至鹽焗或清蒸料理可達聚香效果。

事實上，新鮮沙薑遠比乾燥沙薑更好用，乾品看似濃郁，實質後繼無力，需要靠時間醃漬入味，或烤、或快炒才能顯現特色。沙薑雖為薑科，和日常的生薑搭在一起卻有再昇華作用，野性風味瞬間變成調和者，一時之間無法接受沙薑風味的人也不會產生排斥感。

# 沙薑

| | |
|---|---|
| 學名 | *Kaempferia galanga* L.　草本／薑科 |
| 名稱 | Sand ginger / Aromatic ginger（英文）、Cekur（馬來文）、Kencur（印尼文） |
| 別名 | 山奈子、三奈、三藾、山辣、番鬱金 |
| 主要成分 | 木犀草素、芹菜素、黃酮類山奈酚 |
| 食療 | 促進消化、抗菌 |
| 食用部位 | 根莖、嫩葉 |
| 保存方法 | 新鮮根莖可冷藏12天（或打成泥狀分裝冷凍）；沙薑粉宜放置陰涼處。 |
| 禁忌 | 孕婦忌用、兒童慎用。陰虛血虧、胃有鬱火者慎用。 |

◆ **辛香料屬性**

辛料　　　　香料　　　　調味料
單方／複方

◆ **六味屬性**

| | | | | | | |
|---|---|---|---|---|---|---|
| 新鮮沙薑 | ⓧ辛 | ⓧ甘 | 酸 | 苦 | 鹹 | 澀 |
| 新鮮嫩葉 | ⓧ辛 | 甘 | 酸 | 苦 | 鹹 | ⓧ澀 |
| 沙薑粉 | 辛 | ⓧ甘 | 酸 | 苦 | 鹹 | 澀 |

◆ **風味表現**

中層段 Mid-palate

◆ **五感**

| 聽覺 | 觸覺 | 視覺 | 嗅覺 | 味覺 |
|---|---|---|---|---|
| （空） | （風） | （火） | （土） | （水） |

**風味筆記**

新鮮沙薑：含水量高，有揮發油，無須介質即能發揮清新和幽香風味。
乾燥沙薑：適合堆疊香氣，有聚香效果。
新鮮沙薑嫩葉：含精油，可生食，有水果甜香風味。

**適合搭配**

葷食　　家禽、家畜、內臟
酒類　　適合搭配花香型／脂香／蜜香

## 核心辛香料 洋蔥

洋蔥和分蔥是世界上用途最廣、栽種面積最大的香料植物，尤以洋蔥為最。法國知名新聞週刊《Le Point》曾有一句話形容得極為傳神：「洋蔥才是偉大的蒙古征服者。」意指成吉思汗曾征服半個世界，而洋蔥則讓全人類臣服於它的硫化合物魅力。

洋蔥之所以能跟著人們遷徙而廣為流傳，不外乎幾個原因：用途廣泛、攜帶便利、耐寒、易儲存，無論生食、半熟或炒至焦糖化，都能展現不同風味，因此橫跨全世界每一種菜系。大洋洲常用於沙拉或菜餚，美洲多將其燉煮或炒至熟化，不只佐餐還是每日餐桌配菜。歐洲則拜美索不達米亞的阿卡德王朝諸位國王的征戰路線，把洋蔥帶入地中海國家。傳說古代奧林匹克競技前，選手必喝滿滿一杯洋蔥汁，因其含有促進血液循環的成分，讓人充滿能量，於是間接傳言有壯陽效果，大家趨之若鶩。在非洲，洋蔥則用作

洋蔥、分蔥都是重要基底。

## 洋蔥擅長調味

綜觀全球使用洋蔥的方式，雖有生食，但比例仍不若熟食高，原因可歸納於其用途多落在「調甘味」的範疇。生食時，是享受硫化物帶來的辛嗆風味，藉以轉化肉類蛋白質的油膩感。以沙拉為例，洋蔥中的氨基酸衍生物與氣體分子能補足其他蔬菜的甘味與脆度，亦能平衡某些澀感，例如搭配紅、黃、青椒與紫甘藍、唐生菜時，因為有洋蔥硫辛香分子的加入，而達到風味上的適口性。若再佐以番茄的酸、炙燒南瓜或地瓜焦糖化的甘味，並融合柑橘調性、添少許生薑，如此組合無論在食療角度或口味上都已達滿分。

洋蔥也適用於醃製食物，但光靠洋蔥仍不足以調香，若搭配大蒜，香氣就能達到互補，再來點青蔥、花椒聚集，香氣輪廓漸漸明朗，若再有百里香、羅勒加入，即能慢慢跨越地理與風味的邊界，隨著百里香酚（Thymol）、檸檬烯（Limonene）與沉香醇的柔和調性，瞬間回到地中海。

洋蔥的調味角色自古以來歷久不衰，在印度料理中永不缺席，每年必須保持一定產量，價格也不能隨意波動，稍有不甚便會撼動國本。舉凡各種咖哩料理、燜煮炒炸，只要經過大火或時間淬鍊，洋蔥便能釋出濃郁甘香，一道道甘味豐盈醬汁就可以滿足不同族群、國界的人們。

炒基底爆香，在資源相對不豐的地方，洋蔥成了重要救贖。亞洲是洋蔥的天下，從涼拌、醃漬到咖哩入菜，創造出無數經典料理，至此從未停歇。

---

11　2019年洋蔥價格暴漲將近2倍，人們因為買不起而怨聲載道差點引起暴動，洋蔥是唯一會左右印度選情的香料。

# 洋蔥

| 學名 | *Allium cepa* L. 草本／石蒜科 |
|---|---|
| 名稱 | Onion（英文）、Bawang besar（馬來／印尼文） |
| 別名 | 玉蔥、胡蔥、大粒蔥頭 |
| 主要成分 | 有機硫化物、槲皮素、丙烯基硫氧化物 |
| 食療 | 抗氧化、抗發炎、降血脂 |
| 食用部位 | 鱗莖 |
| 保存方法 | 懸吊在通風處 |
| 禁忌 | 胃酸逆流、胃潰瘍患避免生食 |

◆ **辛香料屬性**

| 洋蔥 | 辛料 | 香料 | 調味料 |
|---|---|---|---|
| 生洋蔥 | 辛料 | 香料 | 調味料 |

複方／單方（可上色）

◆ **六味屬性**

生洋蔥　㊛辛　㊛甘　酸　苦　鹹　澀

◆ **風味表現**

顯現之味 Apparent Taste
中層段 Mid-palate ／尾韻 After Taste

◆ **五感**

| 聽覺 | 觸覺 | 視覺 | 嗅覺 | 味覺 |
|---|---|---|---|---|
| （空） | （風） | （火） | （土） | （水） |

**風味筆記**

- 生食洋蔥富含硫化物，具有嗆辣與刺激性，搭配生魚片或半熟肉品時，能釋放出丙烯基硫氧化物，不僅提升風味層次，亦有抗菌效果。經微炒至透明狀後，辛味減弱而甘味上升；若繼續炒至焦糖化，則可帶出濃郁深邃的甜度。
- 在許多東南亞料理中，分蔥與洋蔥常被用作醬料基底。為避免產生反苦味，通常需炒至完全熟化。若擔心熟度掌握不易，可先將洋蔥送入烤箱烘乾至半透明，再入鍋炒出香氣，如此可縮短不少時間。

**適合搭配**

| 飲料 | 生薑、芹菜類、蒔蘿、番茄 | 發酵 | 各種不同種類的鹽／糖／醃漬 |
|---|---|---|---|
| 蔬菜 | 葉菜類、根莖類 | 醬料 | 沾醬、基底醬 |
| 烘焙 | 麵包類、餅乾 | 調酒 | 將洋蔥製作成糖漿再後調 |
| 湯品 | 家禽、家畜 | | |

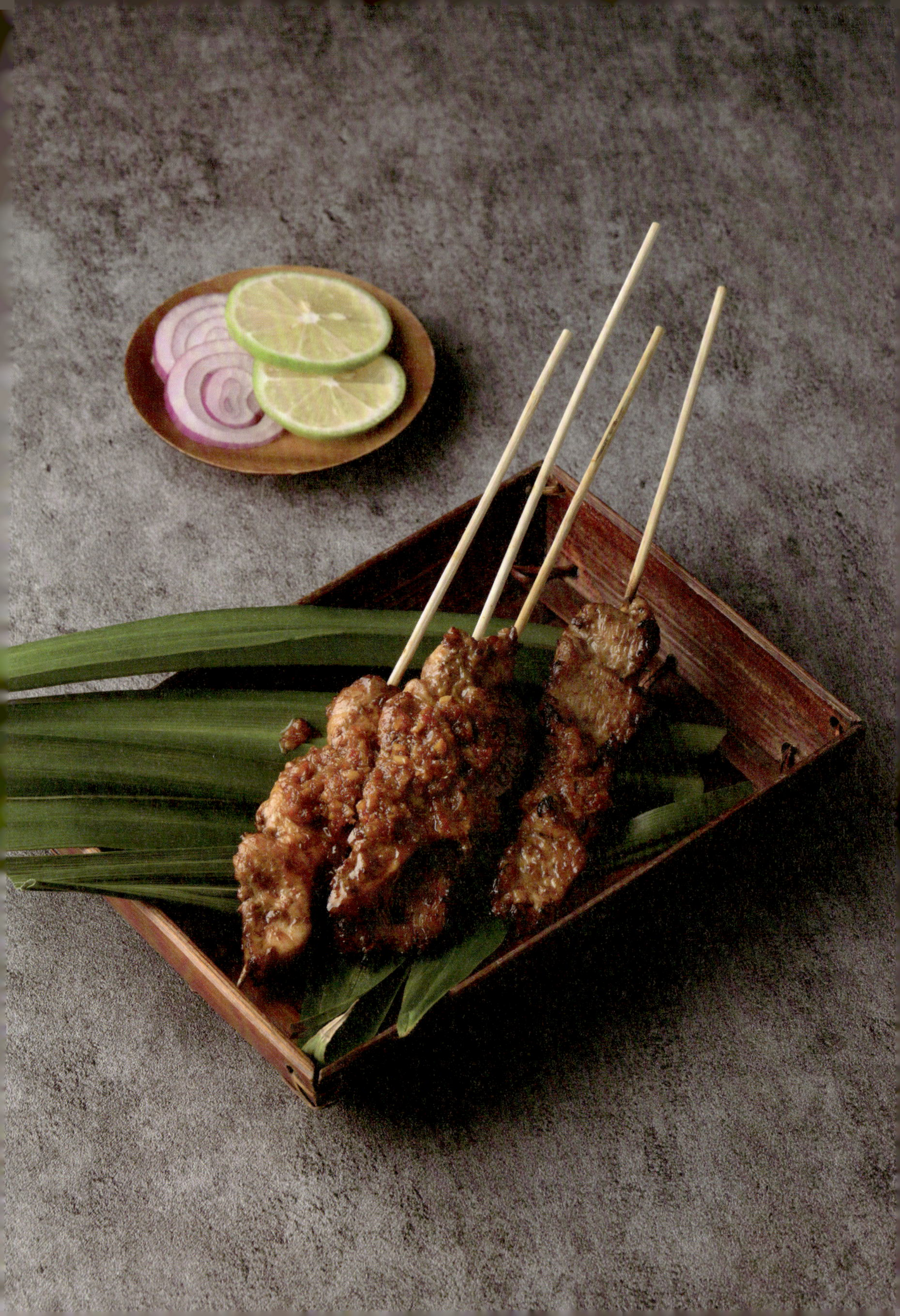

# 印尼沙嗲
## （波諾羅戈版）

這款來自印尼中爪哇波諾羅戈的沙嗲，是沙嗲最初被記載的地方。突出的風味來自甜醬油和花生醬，最適合新手。此版本的醬料是直接淋在肉串上，搭配白飯或生菜一起食用。

**食材**
- 雞胸肉 600 克
- 牛油脂 100 克
- 竹籤 16 支

**醃製香料**
- 蒜末 2 茶匙
- 分蔥 4 茶匙

**調味料**
- 印尼甜醬油 2 大匙
- 鹽少許
- 糖少許
- 水少許

**淋醬**
- 原味無鹽熟花生 50 克
- 蒜末 15 克
- 分蔥 30 克
- 石栗 8 顆
- 大辣椒 3 條
- 胡荽子粉 1 茶匙
- 棕櫚糖 20 克
- 海鹽 1 茶匙
- 水 3 大匙

**製作方式**
1. 雞胸肉切長薄條狀，加入醃製香料、調味料，醃製時需順時鐘攪拌至材料完全被雞肉吸收。
2. 準備串肉：先串一條雞肉、再串一條牛油脂，重複三次即完成一串，以此類推完成所有的肉串。
3. 準備炭烤，或放入 180 度烤箱烤 15 分鐘（各台烤箱溫度不同，請自行拿捏）。
4. 製作淋醬：將所有淋醬材料放入調理機打成泥。起鍋，倒入煮至沸騰，即是沙嗲淋醬。
5. 組合：把醬淋在烤好的沙嗲上，趁熱食用。

# 印尼沙嗲
## （峇里島版）

峇里島是度假勝地，相信許多人一定品嚐過當地沙嗲，在廣闊的印尼疆土，這裡也是少數信仰印度教的地方，因此才有了豬肉版。絞肉鑲在新鮮香茅梗上，直火燒烤，多種香草風味同時綻放，是少數沒有醬料的沙嗲。

**食材**
豬絞肉 350 克
椰漿 35 毫升
玉米粉適量（香茅表面用）

**新鮮香料**
卡菲萊姆葉 2 片
整枝香茅（鑲肉用）8 根
大辣椒 2 條
分蔥 5 瓣
大蒜 3 瓣
生薑約 5-6 片
薑黃 2 公分
沙薑 3 公分
油適量（調理機用）

**乾燥辛香料**
印尼月桂葉 1 大片
白胡椒粉 1/2 茶匙
胡荽子粉 1 茶匙
小茴香粉 1/4 茶匙
蝦粉 1 茶匙

**調味料**
甜醬油 2 茶匙
棕櫚糖 50 克
油約 5 大匙

**製作方式**

1. 卡菲萊姆葉去梗切絲；新鮮香茅洗乾淨、瀝乾。乾燥辛香料先以乾鍋炒香。
2. 將其餘新鮮香料去皮、切小塊或片，放入調理機，加適量油打成泥。
3. 步驟 2 香料泥再加入已炒香的乾燥辛香料拌勻，即為醃製醬。
4. 起鍋放入 5 大匙油，炒醃製醬直到破油，放入卡菲萊姆葉絲，加入甜醬油、棕櫚糖、椰漿拌合，起鍋待涼。將醬料拌入豬絞肉，拌勻。
5. 洗淨的香茅撒上少許玉米粉，抓適量肉餡鑲在香茅表面，重複動作直到完成。
6. 可以直火燒烤或放入平底鍋煎上色，也可放入預熱 180 度的烤箱烤約 20 分鐘。

峇里島用整支香茅鑲肉極具特色。

# 印尼沙嗲
## （馬蘭吉版）

以巽他族 (Sunda) 為主的南島族人，分布於印尼爪哇西部地區，馬蘭吉 (Meranggi) 在巽他語中意為「製作劍鞘的工匠」，此地早期聚集一流好手，聞名全國，因此也秉持職人精神製作沙嗲。

這裡的沙嗲工序有別於其他地方，必須事先將串好的肉浸泡醬汁使其軟化入味，再搭配參峇食用。風味層次豐富，具備鹹 (lawana)、辣 (kaduka)、苦 (tritka)、酸 (amba)、濕潤 (kasaya) 和甘 (madura)，不另沾醬是其特色。

**食材**
牛肉（或羊肉）300 克

**醃製辛香料**
大蒜 4 瓣
分蔥 8 瓣
新鮮南薑 5 公分
胡荽籽 2 茶匙
羅望子汁 3 茶匙
甜醬油 2-3 茶匙
棕櫚糖 1 大匙
海鹽適量
油適量（調理機用）

**番茄參峇**
新鮮番茄 2 顆
新鮮辣椒 2 條
朝天椒 1 條
分蔥 3 瓣
大蒜 2 瓣
火炬薑 2 茶匙
萊姆 1 顆
海鹽適量
細砂糖適量

**其他**
甜醬油適量
紅蔥頭酥適量
竹籤（串肉用）

**製作方式**
1. 將所有醃製辛香料放入調理機打成泥。牛肉（或羊肉）切成小塊，與香料泥全部拌在一起直到均勻，封上保鮮膜，冷藏1小時入味。
2. 製作參峇：準備石舂，放入兩種辣椒和海鹽一起搗，再加入分蔥、大蒜及新鮮番茄，搗碎使其釋出味道即可，最後加入火炬薑、萊姆汁、糖拌勻，即為番茄參峇。
3. 竹籤泡在水中約10分鐘，把醃製肉串起，可直火燒烤或放入預熱180度的烤箱烤20分鐘。
4. 擺盤：番茄參峇與沙嗲各放一邊，將甜醬油淋在沙嗲上，撒上紅蔥頭酥裝飾。

肉浸泡醬汁再烤，濕潤不需要沾醬的馬蘭吉沙嗲。

# 馬來西亞加影沙嗲

說到馬來西亞的沙嗲，人們脫口而出就是加影 (Kajang)。儘管現在走在全馬各州的街道，或是進入十之八九的咖啡店 (Kopitiam)，想吃幾串沙嗲並不是難事，但加影依舊被公認為沙嗲的代表地。據說20世紀初期，一位從爪哇嫁來加影的女子開始賣起沙嗲，因為信奉回教，她以雞肉為主要食材，醬料甜香中帶辛，炭烤風味很快擄獲在地人的心，從此聲名遠播。

| 食材 | 雞胸肉 350 克 |
|---|---|
| 新鮮香料<br>（醃製肉） | 香茅 1 大根<br>分蔥 2 大瓣 |
| 粉狀香料<br>（醃製肉） | 小茴香粉 1/2 茶匙<br>辣椒粉 1 茶匙<br>胡荽子粉 1½ 茶匙<br>茴香粉 1/2 茶匙<br>薑黃粉 1 茶匙<br>細砂糖 2 茶匙<br>油適量（調理機用） |
| 配菜 | 紫洋蔥半顆（切片）<br>小黃瓜適量（切滾刀） |
| 沙嗲沾醬 | 原味熟花生 50 克<br>分蔥 5 瓣<br>香茅 1 根<br>南薑 1 公分<br>大蒜 2 瓣<br>乾辣椒 4 條（泡水脹發）<br>胡荽子粉 1 茶匙<br>棕櫚糖 2 ½ 茶匙<br>羅望子汁 1 茶匙<br>甜醬油 1 茶匙<br>海鹽適量<br>油適量（炒香料用）<br>水半杯（炒香料用） |
| 其他 | 刷子 1 支<br>薑黃油（½ 茶匙薑黃粉＋3 大匙油）<br>竹籤適量 |

**製作方式**

1. 雞胸肉切成手指般大小。竹籤先泡水備用。香茅、分蔥切小片。
2. 將新鮮香料、粉狀香料和適量油放入調理機打成泥，醃製雞胸肉使之均勻，放入冷藏至少1小時。
3. 製作沾醬：把泡水脹發的辣椒瀝乾，沾醬材料中的所有新鮮香料切小塊。把所有材料放入調理機打成泥，準備下鍋爆香。
4. 起鍋放油（只要能適度拌炒的狀態即可，若油不足可隨時添加），放入步驟3再加水炒至破油，便是沙嗲沾醬。
5. 準備串肉：一支竹籤串三塊肉。可直接炭烤或放入預熱180度的烤箱烤20分鐘。
   可用薑黃油邊刷邊烤，或半途從烤箱取出刷油再烤。
6. 擺盤：小碗裝沾醬，沙嗲放一旁，可搭配紫洋蔥和小黃瓜一起食用。

邊烤沙嗲邊塗抹油脂是好吃訣竅。

# 泰國沙嗲

泰國早期隨著勢力擴張，觸角延伸至馬來半島，後期則受歐洲飲食文化影響，擅長擷取風味並內化成為自己的一部分，形成酸、甜、鹹、辛四味平衡的獨特體系。加上2002年起力推「泰國世界廚房計畫」(Thai Kitchen to the World)，使沙嗲等經典風味走向國際化。

**食材** 豬肉 350 克

**醃製香料**
胡荽子粉 1 茶匙
小茴香粉 1/2 茶匙
南薑泥 1 茶匙
香茅泥 1 茶匙
白胡椒 1/2 茶匙
椰子糖 2 茶匙
海鹽 1/2 茶匙
薑黃粉 1 茶匙
丁香粉 1/2 茶匙
辣椒粉 1 茶匙
椰漿 200 毫升

**其他** 竹籤適量

**沾醬**
原味熟花生 50 克
紅咖哩醬 10 克
瑪莎曼咖哩醬 10 克
羅望子 2 大匙
棕櫚糖 40 克
冷開水 60 毫升

**糖醋泡菜**
小黃瓜 20 克
新鮮辣椒 15 克
分蔥 15 克
香菜 5 克
白醋 2 大匙
砂糖 1 大匙
海鹽 1/2 茶匙
冷開水 60 毫升

**製作方式**
1. 豬肉切成食指般大小。醃製香料（椰漿除外）全部放入調理機打成泥，與豬肉拌勻，冷藏至少1小時入味。
2. 準備沾醬：將所有沾醬材料放入調理機打成泥，再入鍋煮沸即可。
3. 製作泡菜：小黃瓜切小滾刀、辣椒去籽切小段、分蔥切片、香菜切小段，放入冷開水洗乾淨，瀝乾。
4. 白醋、砂糖、海鹽以小火煮開待涼，放入小黃瓜、辣椒及分蔥，冷藏浸泡入味，吃的時候再撒上香菜。
5. 豬肉醃好後串起，直火炭烤或放入預熱180度的烤箱烤20分鐘。
6. 擺盤：沙嗲沾醬，搭配泡菜一起食用。

# 創作沙嗲與醬的核心筆記

儘管沙嗲因地制宜，隨著物產、族群與飲食習慣有所差異，但整體可歸納出兩種吃法：一是沙嗲肉與醬分開食用，二是不另備醬，以沙嗲肉為主。前者講求濕性與粉狀香料相輔相成，部分與沾醬使用的香料重疊，相互呼應風味和諧，這是必要的。後者因為沒有醬料輔助，必須在醃肉時就將味道調至飽和，佐餐則結合華人醃漬蔬菜一起食用，或者沿用馬來人習慣的參峇與蔬菜生食。

走訪東南亞各國後，我綜合以上幾點，整理出辛香料調配的核心風味與大家分享，簡單不失美味。

肉的部分，建議切成一口大小，預先醃製，粉狀香料與新鮮香草並用最佳：胡荽子粉、辣椒粉、薑黃粉是重點，新鮮香茅、分蔥、蒜和少許薑作為輔助，適量油脂為重要介質。最好醃漬四小時以上，若能隔夜風味更好。

沾醬部分，將甜味花生醬拌入少許鹽，加分蔥或洋蔥、蒜末，以及海鹽或淡色醬油（應避開濃郁醬香味）一同爆香，加油煸炒後香氣立現，即是提味加分的醬料。

若以碳烤方式，建議另備少許薑黃加油脂調成刷醬，邊烤邊刷，能做到嫩滑、辛香料滲透的效果。家庭版則可直接爆炒，方便製作，最適合做成便當菜。

## 江湖一點訣

- 事實上，製作沙嗲一點都不難，若對調味沒有太多講究，只需掌握幾個基本要素：薑黃粉用來上色、胡荽子粉調和甘味、少許辣椒則一定要加，因為微辛的刺激能加強肉類的滲透力道。另外再加入蒜末、少許糖與醬油，就已經稱得上具備「沙嗲」基本風味。

- 凡有香料，就一定要有「油」作為介質。打水也是必要的，能軟化肉質，尤其適用少脂肪的雞胸肉，最後要有少許澱粉，將水分緊緊鎖住。

## 風味解析

沙嗲的香料鋪陳，主要分為新鮮香料與粉狀香料，若兩者俱全，這道食譜就已成功一大半。

肉類選擇上，若是用雞胸肉這類沒有油脂的部位，在醃漬時就需要多打水分，或者以椰漿完全替代所需的液體。分蔥在這裡的角色，則是補足肉的醬汁口感並且增加甘味，吃起來才不覺得乾柴，一舉兩得。

當醃肉的香料層次足夠飽滿，沾醬就可走簡單路線。醬汁的主要風味放在花生，辛的加入是必要關鍵，可以提升風味深度；胡荽與香茅兩種粉狀香料志在表現清爽，形成平衡的口感結構。

### 沙嗲醬風味圖

- 胡荽粉　調味（甘）
- 新鮮辣椒　全方位
- 大蒜　全方位
- 分蔥　調味（甘）
- 香茅粉　香、調味

核心風味

甜味花生醬

新鮮香料比例越高
醬汁基底越濃郁／甘味明顯

## 沙嗲肉風味圖

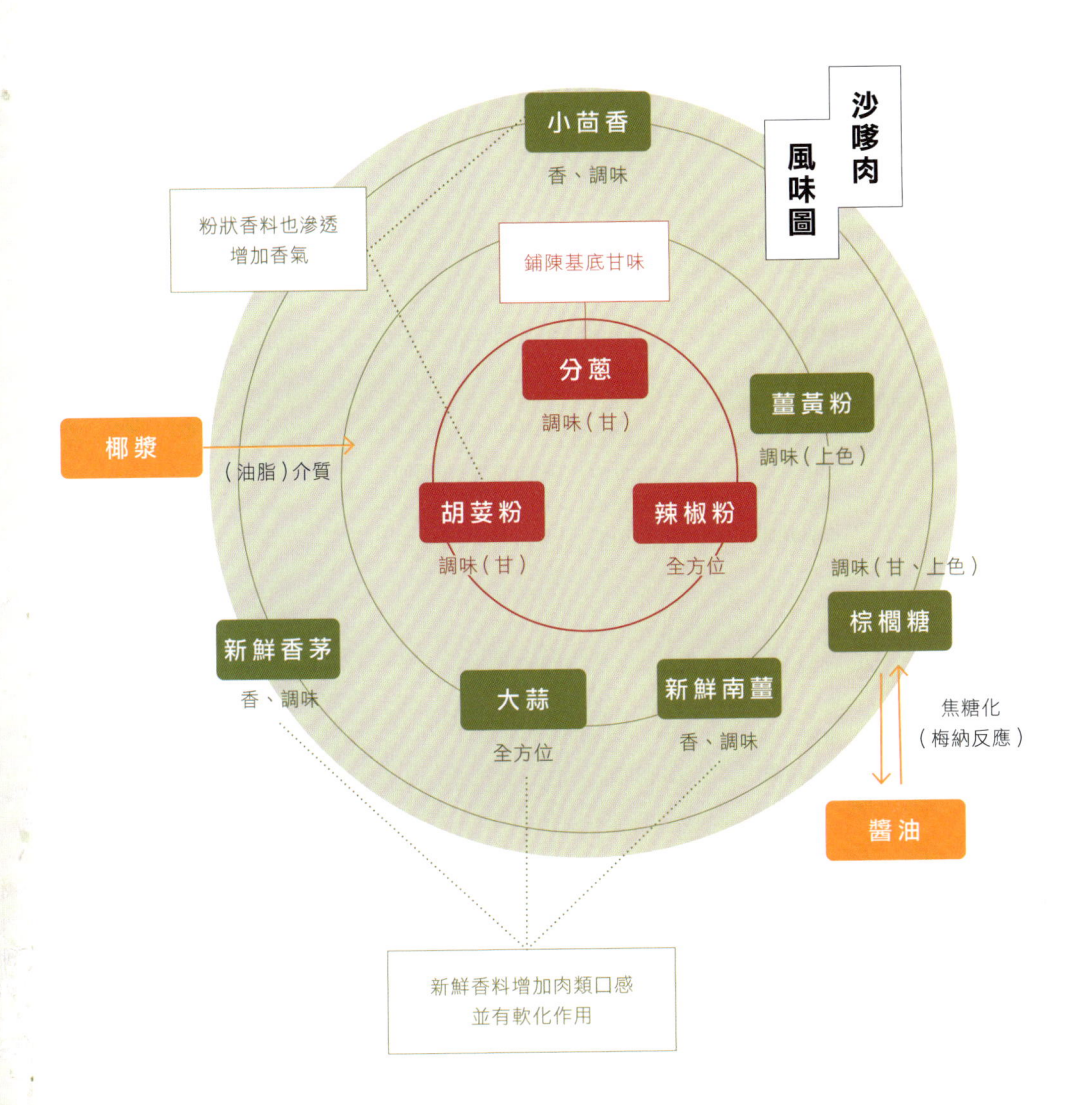

- 小茴香 — 香、調味
- 鋪陳基底甘味
- 分蔥 — 調味（甘）
- 薑黃粉 — 調味（上色）
- 胡荽粉 — 調味（甘）
- 辣椒粉 — 全方位
- 棕櫚糖 — 調味（甘、上色）
- 大蒜 — 全方位
- 新鮮南薑 — 香、調味
- 新鮮香茅 — 香、調味
- 椰漿 —（油脂）介質
- 醬油 — 焦糖化（梅納反應）

粉狀香料也滲透增加香氣

新鮮香料增加肉類口感並有軟化作用

## 台灣

### 印尼沙嗲 - 馬蘭吉版
◆ 磐石坊
- 地址　　　106 台北市大安區樂利路 15 號
- 電話　　　02-2732-5048
- 營業時間　11:30-14:30／17:30-21:00（週一、二休）

### 印尼沙嗲 - 馬蘭吉版
◆ 阿貴印尼小吃
- 地址　　　400 台中市中區綠川西街 175 巷 3 號
- 營業時間　平日 09:00-19:30／週六 09:00-20:30／週日 07:00-20:30

### 馬來西亞 - 加影沙嗲
◆ 池先生 Kopitiam（士林店）
- 地址　　　111 台北市士林區福華路 150 號
- 電話　　　02-2831-0501
- 營業時間　11:30-21:00

### 泰國沙嗲
◆ 初泰信義象山門市
- 地址　　　110 台北市信義區信義路五段 122 號
- 電話　　　02-2722-1369
- 營業時間　13:50-15:00／17:30-22:00

## 美食地圖 Data

### 印尼

**印尼沙嗲 - 波諾羅戈版**
◆ **SATE AYAM PONOROGO**
- 地址　Jl. Adi Sucipto, Jajar, Laweyan, Surakarta (Samping Kakkoii)
- 營業時間　09:00-17:00

**印尼沙嗲 - 峇里島版**
◆ **Nyoman Bledor Pork Satay II**
- 地址　Jl. Raya Sangeh, Sangeh, Kec. Abiansemal, Kabupaten Badung, Bali 80352 印尼
- 電話　+62 852-3875-1301
- 營業時間　10:00-20:00

**印尼沙嗲 - 馬蘭吉版**
◆ **Sate Maranggi Engkoh Haji by Ko Angga**
- 地址　Jl. Surapati No.59, Sadang Serang, Kecamatan Coblong, Kota Bandung, Jawa Barat 40122 印尼
- 電話　+62 856-2224-440
- 營業時間　10:00-23:00

### 馬來西亞

**馬來西亞 - 加影沙嗲**
◆ **Willy Satay**
- 地址　Jalan Ramal 1, Taman Ramal Indah, 43000 Kajang, Selangor
- 電話　+60 13-330 9291
- 營業時間　週二到六 11:30-23:00（週一休）

**泰國沙嗲**
◆ **Pork Satay Nai Song** หมูสะเต๊ะนายซ้ง (เจ้าเก่าหน้าร้านสมบูรณ์โภชนา)
- 地址　991 8 Banthat Thong Rd, Wang Mai, Pathum Wan, Bangkok 10330 泰國
- 電話　+66 81 432 5411
- 營業時間　9:30-22:00

附錄

香草香料
採購地圖

# 東南亞香料

### 東南亞連鎖商店
EEC　www.eec-elite.com
Big King　www.bigkingcity.com.tw

### 台北迪化街
南北乾貨及中藥材的大本營，走一圈即能找到各式香料。
**位置**　台北市民權西路與迪化街交叉口起，至南京西路與迪化街交叉口止。

### 木柵木新市場
聚集了越南、印尼等多家東南亞商店，能買到各式東南亞食材、香料、飲品等。

### 中和華新街
著名的滇緬街，能找到東南亞、印度香料，市場裡也有新鮮的香料植物。

### 桃園／中壢火車站周邊
桃園火車站後站、中壢火車站周邊皆有東南亞商店，假日可見販售新鮮東南亞香料植物的攤販。

### 中壢忠貞市場
有眾多滇緬泰的小吃飲食店，市場裡也可找到新鮮東南亞香料植物。

### 台中東協廣場
靠近台中火車站的台中小東南亞，越南河粉、印尼沙嗲、泰式沙拉、香料食材，應有盡有。

### 高雄大寮越南一條街
高雄市大寮區大明街及大發黃昏市場（光明路二段309號）。
黃昏市場攤位開到夜晚（約15:00-20:00），越南香草、香料、美食應有盡有。

### 高雄三鳳宮河北二路
此段人稱「青草巷」，有販售香蘭、香茅以及越南香草植物。
**位置**　高雄市三民區河北二路，緊鄰三鳳宮及愛河運河旁。

### 異國新鮮香辛料農場
專營東南亞各種新鮮香辛料、香草、水果及野菜植物。
**電話**　0938-499-111
　　　　0938499111.com
**蝦皮賣場**　shopee.tw/aval3388

### 蘋果市集
專門進口並經營越南及泰國等東南亞香料產品。
thaifood.waca.ec

### 藍天商行
販售齊全的東南亞商品與時蔬。
**地址**　新北市新莊區幸福東路16之2號
**電話**　02-2990-5555

### SUGARbISTRO 小食糖
致力於以純淨的棕櫚花蜜糖創作健康美味的甜點。也有販售棕櫚花蜜糖。
www.sugarbistro.tw

**地址**　台北市中正區信義路二段181巷3號
**電話**　02-2396-5965

**地址**　屏東市康定街22號
**電話**　08-7669881

**地址**　屏東市林森路44號
**電話**　0977-600-057

**地址**　高雄市左營區高鐵路123號3樓
　　　　（新光 彩虹市集）
**電話**　0906-215-080

**地址**　高雄市前鎮區中安路1-1號2樓
　　　　（SKMPARK OUTLET）
**電話**　0907-215-080

## 綜合香料

**La Marche 圓頂市集**
提供東西方各式香料、料理組合以及多樣的飲食資訊。
www.lamarche.com.tw

**City Super**
進口食材居多的食品超市，有多種新鮮、乾燥香料與自有香料品牌。
www.citysuper.com.tw

**咖哩香料坊（網路商店）**
印度、中東、泰式、日式……這裡能找到各種咖哩配方所需的香料。
www.curry-spices.com.tw/p2.htm

**歐陸食材小舖 The EU Pantry**
店內有許多異國料理的辛香料、香草、食材，也提供網路購物。
地址　高雄市鼓山區美術南二路 131 號
電話　07-554-6820
www.theeupantry.com

## 新鮮亞洲系列香草

**建國假日花市**
攤位多元，是選購新鮮香料、香草的好地方，種類豐富且價格實惠。
位置　台北市信義路與仁愛路間建國高架橋下橋段
營業時間　每週六、日／09:00-18:00

**台北花卉村（社子花市）**
地址　台北市延平北路 7 段 18-2 號
　　　（洲美快速道路旁）
營業時間　09:00-18:00（週一休）

**晉福田香料農莊**
講究有機與自然農法的有機香藥草園。
地址：台中市東勢區東坑路 795 巷 2 號（往大雪山近 5K 處）
電話　0924-009-186
organic-tea.acsite.org

**芃君草本商行**
新鮮香草盆栽販售，也提供多種乾燥香料選擇。
地址　台中市西區柳川東路二段 61 號
電話　04-2378-6556
www.herblovertw.com

**高雄勞工公園假日花市**
位置　高雄市前鎮區一德路 79 號，沿著復興路到一德路即可抵達。
營業時間　每週六、日／09:00-18:00

**獅山胡椒園**
地址　高雄市六龜區新發里獅山 78 號
電話　07-679-1798
www.facebook.com/ShiShanHuJiaoYuan

**豐滿生技精緻農場（高品質薑黃）**
位於南投八卦山的生態農場，生產的紅薑黃於 2018 年獲得 iTQi 風味絕佳獎章。
地址　南投縣名間鄉豐柏路 77 號
電話　049-258-3688
fmqfarm.com

**葉家香世界辣椒文創館**
專業栽種了一百多種世界各地的辣椒品種，也有設立文創館。
地址　宜蘭縣南澳鄉蘇花路二段 1 號
電話　03-998-2898（南澳店）
www.facebook.com/ChiliHunter2013

**大花農場（有機食用玫瑰花）**
位於屏東縣九如鄉，農場有新鮮和乾燥的有機玫瑰花瓣，可網路購買。
電話　08-739-6588
f88.myorganic.org.tw

## 印度香料

### Trinity Indian Store 印度食品和香料專賣店
印度香料及食材專賣店，想一嚐印度風味的不二選擇。
trinityindianstore.com
www.facebook.com/TrinityIndianStore

**士林店**　台北市士林區中山北路五段535號
**電話**　02-2888-1200

**仁愛店**　台北市大安區仁愛路三段143巷23號6F
**電話**　02-2771-8382

**市府店**　台北市信義區忠孝東路五段71巷35號
**電話**　02-2756-7992

**內湖店**　台北市內湖區成功路四段30巷18號
**電話**　02-2796-2699

### 拾香園
印度辛香料與食材專賣店。
**地址**　台中市北區大義街130街13號
**電話**　04-2235-0968
www.facebook.com/www.spiceuplife.com.tw

### 香料櫥櫃
專賣各式咖哩粉及印度進口辛香料。
**蝦皮賣場**　shopee.tw/spices2714
**露天賣場**　www.ruten.com.tw/store/ariel2714

### 瑞穗生活購物網
刺蔥、馬告、雞心辣椒等台灣原住民傳統香料，是這片土地上的香氣智慧。
**蝦皮賣場**　shopee.tw/ok03056
**露天賣場**　www.ruten.com.tw/store/ok0305

### 各地中藥行
中藥行能買到豆蔻、肉桂、丁香……各種乾燥磨粉的中式藥膳香料和部分印度香料。

## 台灣及進口常見香料品牌

### 小磨坊
超市最常見的台灣香料品牌，從台式到異國香料，有上百種香料產品供選擇。
www.tomax.com.tw

### 飛馬香辛料
從中藥行起家的百年老招牌，餐廳界的愛用品牌。
www.fmspices.com

### 佳輝香料
台灣香料品牌，提供多樣的單一及調和中西香辛料。
www.chia-hui.com

### 美廚
新祥紀食品旗下「美廚」品牌，涵蓋多種辛香料可選擇。
**地址**　台北市士林區延平北路八段2巷151弄41號
www.nsg6649.com

### McCORMICK 味好美
全球最大的美國香料公司。從黑胡椒的進出口開始，擁有超過百年的品牌歷史。
ilovespices.tw

### Carmencita 卡門香料
1920年成立的西班牙香料品牌，從番紅花的貿易起家，為世界知名的香料品牌。
carmencita.com

### The Spice Hunter 香料獵人
成立於1980年的美國香料品牌，以完全天然為主要訴求。有機香料系列通過美國USDA有機認證，是台灣最常見的有機香料品牌。
www.spicehunter.com

附錄

辛香料風味與特性表

## 如何有系統地認識辛香料

辛香料的應用約可劃分為兩大系統：印度的阿育吠陀與中國的本草藥膳學。這兩套系統承載著千年的醫學智慧與飲食文化，內涵豐富、脈絡深遠，如浩瀚海洋般博大精深。因此，建立一套結構化、可查詢的完整香料資料庫，勢在必行。

每一種單方香料皆具獨特屬性，依其用途可大致分為「辛」、「香」、「調味」三大類。具備全方位特質的香料，不僅能駕馭整體風味、掌控場域氣氛，更有如調香師般的控場架勢。香氣不僅僅是氣味的釋放，更能達成疊香效果、去除腥羶，增添食材層次感。而調味料中，有超過七成具備上色功能，且在烹調過程中，隨著火候變化，轉化出迷人風味，為料理增添視覺與味覺的雙重魅力。

接下來是進一步建立次級資料庫：

「六味屬性」所指，為香料在未經烹煮前的原始風味。每一種單方香料皆有其個性與氣質，認識其本貌，有助於使用者建立對單方更深刻的印象。強調的是尊重原味，不強加、不凌駕於食材本身，而是精準配伍，襯托食材之美。

「風味表現」則指香料與食材結合後，在成品料理中所展現的整體風味。不同的單方香料，在烹調中的互動會產生多變結果。有些香料表現強烈、有些則為輔助角色；影響不僅來自使用量，更關鍵的是它們之間的分子作用與協同反應。香料的使用，是一場精密接力賽──每一味都需彼此協作，才能共同創造出令人難忘的味覺記憶。

在「五感」分類方面，學習香料的第一要務是「打開五感」：不只要用鼻嗅、舌嚐、眼觀，還要用手觸、耳聆聽與意念感知。香料的能量，也可對應至阿育吠陀的五大元素（空、風、火、水、土），從更深的角度理解植物本質。例如：

◆ 大蒜屬於嗅覺型植物，在阿育吠陀中對應「土元素」，其根部沉穩、性質重實，具有穩定與滋補之效。

◆ 當歸則具有行血開竅、通經活絡之功，香氣帶有「升發通達」的氣機，與「空元素」中的空間性、擴張性與輕盈感不謀而合。

透過五感與五元素的交叉映照，我們得以更加全面理解香料的多維能量，也讓每一味辛香料的應用，從味覺走向身心整體的療癒。

| 風味表現 | 五感 | 食用部位 | 植物分類 | 頁碼 |
| --- | --- | --- | --- | --- |
| 顯現之味 | 嗅覺（土） | 嫩芽、莖葉、鱗莖 | 草本／百合科 | 40 |
| 顯現之味 | 聽覺（空） | 根 | 草本／繖形科 | 44 |
| 顯現之味、中層段 | 味覺（水） | 嫩葉、嫩莖、嫩芽 | 草本／繖形科 | 46 |
| 顯現之味 | 嗅覺（土） | 根、莖 | 草本／繖形科 | 48 |
| 顯現之味 | 味覺（水） | 花序汁液煉糖、嫩莖可食、莖髓取澱粉 | 大喬木／棕櫚科 | 70 |
| 顯現之味 | 味覺（水） | 果實、雄花序汁液煉糖、莖肉可食 | 大喬木／棕櫚科 | 70 |
| 顯現之味 | 味覺（水） | 花序汁液煉糖、果實（水椰肉、加工成罐頭（亞答籽）） | 灌木／棕櫚科 | 70 |
| 顯現之味 | 味覺（水） | 雄花序汁液煉糖、嫩果實可喝可食、老果刨細絲榨取椰漿 | 大喬木／棕櫚科 | 70 |
| 顯現之味 | 嗅覺（土） | 種籽 | 大喬木／鐘花科 | 72 |
| 潛在之味 | 味覺（水） | 莖髓中淘洗出來的澱粉 | 大喬木／棕櫚科 | 94 |
| 顯現之味 | 觸覺（風） | 全草 | 草本／五加科 | 118 |
| 長韻之味 | 觸覺（風） | 嫩莖葉 | 草本／繖形科 | 121 |
| 長韻之味、中層段 | 視覺（火） | 根、莖、葉子（香草）、種籽（榨油）、花 | 草本或亞灌木／唇形科 | 122 |
| 中層段、尾韻 | 嗅覺（土） | 花、果實 | 大草本／芭蕉科 | 126 |
| 潛在之味、中層段 | 嗅覺（土） | 嫩芽、新鮮或乾燥葉子、果實、樹皮、樹根 | 大喬木／桃金孃科 | 141 |

| 香料名稱 | 辛香料屬性 | 運用範疇 | 六味屬性 |
|---|---|---|---|
| 大蒜 | 新鮮大蒜：辛料、香料、調味料<br>蒜粉：調味料（無上色） | 單方／複方 | 新鮮大蒜：辛、酸<br>蒜粉：辛、甘 |
| 當歸 | 當歸：辛料、香料、調味料<br>當歸粉：調味料（無上色） | 全方位<br>單方／複方 | 當歸：辛、酸、苦<br>當歸粉：辛、甘 |
| 明日葉 | 香料（芹菜香）、<br>調味料（澀、甘、苦／可上色） | 單方／複方 | 甘、酸、苦、澀 |
| 川芎 | 香料、調味料 | 單＜複方<br>（不宜成為主味） | 甘、澀 |
| 砂糖椰子 | 調味料（上色） | 單方／複方 | 甘、酸 |
| 糖棕 | 調味料（上色） | 單方／複方 | 甘、酸 |
| 亞答棕櫚糖 | 調味料（上色） | 單方／複方 | 甘、酸 |
| 椰子糖 | 調味料（上色） | 單方／複方 | 甘、酸 |
| 黑果 | 調味料（上色） | 複方<br>調味＜上色 | 甘、酸 |
| 沙榖椰子 | 調味料<br>有口感、無上色，可用作勾芡 | 新鮮／乾燥 | 甘 |
| 雷公根 | 調味料（上色） | 單方／複方 | 甘、苦 |
| 刺芫荽 | 香料、調味料 | 單方／複方 | 辛、酸、澀 |
| 紫蘇 | 紫蘇葉：辛料、香料、調味料（可上色）<br>白紫蘇／綠紫蘇：辛料、香料、調味料<br>紅紫蘇葉：有上色效果<br>紫蘇籽：香料、調味料 | 單方／複方 | 紫蘇葉：甘、澀<br>綠紫蘇：辛、甘 |
| 芭蕉花 | 調味料 | 單方＞複方 | 苦、澀 |
| 沙蘭葉 | 調味料（矯正風味、平衡） | 單方／複方 | 甘、酸 |

| 風味表現 | 五感 | 食用部位 | 植物分類 | 頁碼 |
|---|---|---|---|---|
| 中層段 | 觸覺(風) | 成熟乾燥果實 | 草本／薑科 | 144 |
| 顯現之味、長韻之味 | 視覺(火) | 果皮 | 喬木／芸香科 | 145 |
| 顯現之味、尾韻 | 嗅覺(土) | 嫩葉、果實 | 喬木／漆樹科 | 167 |
| 顯現之味、中層段 | 視覺(火) | 果實、果皮、種籽 | 灌木／茄科 | 170 |
| 顯現之味、尾韻 | 味覺(水) | 果實、嫩葉、種籽 | 喬木／漆樹科 | 173 |
| 顯現之味、尾韻 | 味覺(水) | 果實、果皮、種籽 | 小喬木／大戟科 | 174 |
| 顯現之味：除腥羶能力強(辛、涼感)<br>長韻之味：駕馭／整合(菸草味、麝香)<br>回韻：飽和度高 | 視覺(火) | 果實 | 著生性藤本／胡椒科 | 197 |
| 中層段、尾韻 | 視覺(火) | 果實 | 著生性藤本／胡椒科 | 198 |
| 長韻之味 | 味覺(水) | 果實、葉子 | 小喬木／酢漿草科 | 202 |
| 中層段 | 味覺(水) | 嫩葉、花、種仁、果皮 | 喬木／買麻藤科 | 221 |
| 中層段、尾韻 | 嗅覺(土) | 嫩葉、果實 | 草本／胡椒科 | 229 |
| 長韻之味、尾韻 | 嗅覺(土) | 莖、葉 | 草本植物／蓼科 | 243 |
| 顯現之味 | 視覺(火)、味覺(水) | 花序、嫩芽、嫩莖、果實 | 大草本／薑科 | 246 |
| 顯現之味 | 味覺(水) | 果皮、果肉 | 喬木／藤黃科 | 249 |
| 中層段 | 味覺(水) | 根莖、嫩葉 | 草本／薑科 | 274 |
| 顯現之味、中層段、尾韻 | 味覺(水) | 鱗莖 | 草本／石蒜科 | 279 |

| 香料名稱 | 辛香料屬性 | 運用範疇 | 六味屬性 |
| --- | --- | --- | --- |
| 白豆蔻 | 香料、調味料 | 單方＜複方 | 苦 |
| 刺花椒 | 辛料、香料、調味料 | 單方＜複方<br>嗆麻／檸檬香氣／清爽酸感 | 辛、酸 |
| 太平洋榅桲 | 調味料（上色） | 單方／複方 | 酸、澀 |
| 樹番茄 | 調味料（上色） | 單方／複方 | 甘、酸、苦、澀 |
| 庚大利果 | 調味料（上色） | 單方／複方 | 甘、酸、澀 |
| 西印度醋栗 | 調味料 | 單方／複方 | 辛、酸、澀 |
| 長胡椒 | 辛料、香料、調味料 | 單方＜複方 | 辛、酸 |
| 蓽澄茄 | 辛料、香料、調味料 | 單方＜複方 | 辛、苦、澀 |
| 三斂 | 調味料 | 單方／複方<br>酸＞上色 | 酸、澀 |
| 買麻藤 | 調味料（上色） | 單方／複方 | 苦 |
| 假蒟 | 辛料、香料、調味料 | 單方＜複方 | 辛、酸、苦、澀 |
| 越南芫荽 | 辛料、香料、調味料 | 單方／複方 | 辛、甘、酸 |
| 火炬薑 | 香料、調味料 | 單方／複方 | 酸、澀 |
| 藤黃果 | 調味料 | 複方＞單方 | 酸、澀 |
| 沙薑 | 香料、調味料 | 單方／複方 | 新鮮沙薑：辛、甘<br>新鮮嫩葉：辛、澀<br>沙薑粉：甘 |
| 洋蔥 | 洋蔥：調味料<br>生洋蔥：辛料、調味料 | 單方／複方（可上色） | 生洋蔥：辛、甘 |

# 附錄
# 參考資料

### 書籍

林金城（2012）。《知食份子2》。馬來西亞：木言社。
張蘊之（2014）。《吳哥深度導覽：神廟建築、神話傳說、藝術解析完整版》出版社：貓頭鷹。
葉寧（2006）。《肉骨茶王者之味，馬來西亞肉骨茶尋寶圖》。馬來西亞：光明日報。
薩德賽，蔡百銓譯（2001）《東南亞史》上，臺北：麥田出版社。
張新民（2006）。《潮菜天下，潮州菜系的文化與歷史》。出版社：山東画報出版社有限公司。
武紅蓮（2022）。《越南美食史：米飯與長棍麵包》。出版社：天培。

### 網路資料

中國網：福建飲食文化：http://big5.china.com.cn/aboutchina/zhuanti/09dfgl/2009-05/22/content_17820036.htm
BBC英倫網：美食考究，馬來西亞的國菜是這個嗎？：https://www.bbc.com/ukchina/trad/vert-tra-50904310
巴生史話：https://klanghistory.blogspot.com/

### 中文期刊

鄺芷人（2005）。〈婆羅門教引論〉，《東海哲學研究集刊》，10.07：11-50。
蕭麗華（2011）。〈唐朝僧侶往來安南的傳法活動之研究〉，《中正大學中文學術年刊》，18.12：189-218。
李貞德（2017）。〈女人要藥考，當歸的醫療文化史試探〉，《中央研究院歷史語言研究所集刊》88.03。
陳旺城（2015）。〈論鄭和與東南亞伊斯蘭教〉，《中國邊政》203.09:25-41。
趙文紅（2009）。〈試論早期東南亞海上貿易的發展與特點〉，《東南亞縱橫》第4期，41-45。
許少峰（1987）。〈略論18世紀布吉斯人在馬來亞的活動和影響〉，《東南亞研究》第1-2期。
馮立軍（2009）。〈試述17-19世紀武吉斯人〉，《世界歷史》，第6期。
陳鴻瑜（2007）。〈西元初期至第7世紀環馬來半島港市國家、文明和航線之發展〉國立政治大學歷史學報第28期，2007年11月，131-188。
安煥然(2024)。〈肉骨茶考源新證：以二十世紀初中期幾則新聞剪報窺探〉世界華人民間文化學刊第二期電子版，頁167-176。

### 中文論文

陳旺城（2015）。〈論鄭和與東南亞伊斯蘭教〉，《中國邊政》，09.01：25-41。
鄭梠元（2008）。〈秦漢時代土木工程特徵之研究-古代國家的經營及其對社會間接資本的運用為中心〉，國立臺灣師範大學。

### 外文期刊

Laurence Tibere et al.2004. Staging a National Dish: The Social Relevance of Nasi lemak in Malaysia. 5.8-51-66.Malaysia: open access by Taylor's Press.

Rispan et al. 2016. Perkembangan pengolahan sagu di desa kiaea kecamatan palangga kabupaten konawe selatan (1995-2014) Jurnal Penelitian Pendidikan Sejarah Edisi 4:1

Benny Agusti Putra.2018.SEJARAH MELAYU JAMBI DARI ABAD 7 SAMPAI ABAD 20.Fakultas Ilmu Budaya Universitas Jambi.Tsaqofah dan Tarikh Jurnal Kebudayaan dan Sejarah Islam 3(1):1

Basrin Melamba.2014.Sago (TAWARO) dan kehidupan etnik tolaki di sulawesi tenggara. Univiversitas Halu Oleo, Kendari.Jurusan Sejarah, Fakultas Ilmu Budaya,Paramita Vol. 24 No. 2 - Juli. Hlm. 222-237

Andi Patiware Metaragakusuma et al.2015.An Overview of The Traditional Use of Sago for Sago-based Food Industry in Indonesia.Japan: The United Graduate School of Agricultural Sciences, Ehime University.Volume 3 (2016) 119-124.

Hajeb et al. 2012. Fermented Shrimp Products as Source of Umami in Southeast Asia.a. J Nutr Food Sci S10:006. doi:10.4172/2155-9600.S10-006

Basrin Melamba.2014.SAGU (TAWARO) DAN KEHIDUPAN ETNIK TOLAKI DI SULAWESI TENGGARA.Jurusan Sejarah, Fakultas Ilmu Budaya, Univiversitas Halu Oleo, Kendari.Paramita Vol. 24, No. 2 .

Quin D. Tulalessy.2016.SAGU SEBAGAI MAKANAN RAKYAT DAN SUMBER INFORMASI BUDAYA MASYARAKAT INANWATAN: KAJIAN FOLKLOR NON LISAN.MELANESIA: Jurnal Ilmiah Kajian Sastra dan Bahasa.Volume 01, Nomor 01.

Thiara L. M. Rodrigues et al.2022. Eryngium foetidum L. (Apiaceae): A Literature Review of Traditional Uses, Chemical Composition, and Pharmacological Activities.Volume 2022 | Article ID 2896895 | https://doi.org/10.1155/2022/2896895

Hiwa M. Ahmed. 2019. Ethnomedicinal, Phytochemical and Pharmacological Investigations of Perilla frutescens (L.) Britt. NLM or the National Institutes of Health. doi: 10.3390/molecules24010102

Ayo Wahlberg.2014.Herbs, Laboratories, and Revolution: On the Making of a National Medicine in Vietnam.East Asian Science Technology and Society an International Journal 8(1):43-56

B. K. Singh et al.2014. Spiny coriander (Eryngium foetidum L.): a commonly used,neglected spicing-culinary herb of Mizoram, India. DOI 10.1007/s10722-014-0130-5

L. Rahmah et al. 2024. Diversity of sate (satay) as Indonesian ancient food.Theory and practice of meat processing 9(2):125-134.DOI:10.21323/2414-438X-2024-9-2-125-134

Martha Sari et al. 2023. Evaluation of quality parameters and antioxidant activity of commercial melinjo (Gnetum gnemon) for functional food.Pharmaceutical Sciences Asia.DOI:10.29090/psa.2023.04.23.406

Nor Asiah ISMAIL et al. 2023. Medicinal potential and health benefits of torch ginger (Etlingera elatior).Notulae Scientia Biologicae 15(4):11489
15(4):11489

Fahranisa Azzahra et al.2023.Otak-otak as a Local Traditional Food Product that is able to Increase the Income of Coastal Communities in the Riau Island.DOI 10.4108/eai.28-9-2022.2328371

Mansura Rahman Trisha et al.2024. Antibacterial effect of ethanolic Gnetum gnemon L. leaf extract on food-borne pathogens and its application as a natural preservative on raw quail eggs. science direct.Volume 10, Issue 16, e35691.

Tasrif Syam.2018.Symbolism Of Javanese Culture. Advances in Social Science, Education and Humanities Research, volume 136.January 2018.DOI:10.2991/icosop-17.2018.69

Nana Najmina et al.2020.The Mitoni Tradition as Social, Cultural, and Spiritual Reinforcement of Javanese Society.Islam Realitas Journal of Islamic & Social Studies 6(2):182

P L I Jayarathna et al.2020.Identification of Physical, Chemical Properties and Flavor Profile of Spondias dulcis in Three Maturity Stages.International Research Journal of Advanced Engineering and Science.DOI:10.5281/zenodo.3695472

Minh N. P.et al. 2018.Fermentation of Ambarella (SPONDIAS DULCIS) Wine.Faculty of Food Technology - Biotech, Dong A University, Da Nang City, Vietnam. International Journal of Applied Engineering Research ISSN 0973-4562 Volume 13, Number 2 (2018) pp. 1324-1327

Intan Tsamrotul Fu'adah et.al. 2022.The Evolution of Pharmacological Activities Bouea macrophylla Griffith In Vivo and In Vitro Study: A Review.MDPI and Academy of Pharmaceutical Sciences (APS).15(2):238.DOI:10.3390/ph15020238

Hardinsyah et al. 2019. Total Phenolic Content, Quercetin, and Antioxidant Activity of Gandaria (Bouea Macrophylla Griff.) Leaf Extract at Two Stages of Maturity.Department of Community Nutrition, Faculty of Human Ecology, IPB University, Bogor.J. Gizi Pangan, 14(2):61-68

Tung Thanh Diep et al.2021.Effect of Tamarillo Fortification and Fermentation Process on Physicochemical Properties and Nutrient and Volatiles Content of Yoghurt. NLM or the National Institutes of Health. 11(1):79. doi: 10.3390/foods11010079

Witrianto, S.S., M.Hum. et al. 2018. TRADISI DAN POLA MAKAN MASYARAKAT TRADISIONAL MINANGKABAU DI KUBUANG TIGOBALEH. Repositori Universitas Andalas.

Muthia Nurmufida et al.2017. Rendang: The treasure of Minangkabau.Journal of Ethnic Foods. Volume 4, Issue 4, Pages 232-235.

Waryono.2021.TRADISI DAN MAKNA FILOSOFI KULINER MINANGKABAU.Universitas Negeri Padang.Jurnal Pendidikan dan Perhotelan.Volume 1, Nomor 2, Halaman 65-74.

Elfahmi et al.2007 .Lignan profile of Piper cubeba, an Indonesian medicinal plant.Biochemical Systematics and Ecology.Volume 35, Issue 7, Pages 397-402.

Vilma L. Tanasale.2011.Kajian agronomi dan pemanfaatan buah gandaria (Bouea macrophylla. Griff).Agrikan Jurnal Agribisnis Perikanan 4(2):69.DOI:10.29239.

Erliana Mohamad et al.2022.Kajian Penghasilan Produk Kuah Laksam dan Laksa Segera Dalam Tekstur Serbuk Menggunakan Ikan Tilapia (Oreochromis niloticus).universiti malaysia perlis. Proceeding International Multidisciplinary Conference (IMC 2022)

Mohammad Syaltut Abduhet al.2023.Effect of Using Andaliman Herbs in Making Traditional Batak Food(Saksang andArsik).TrisaktiInstitute of Tourism, Jakarta, Indonesia.

### 報章資料

Mirqotul aliyah. Sejarah Nasi Uduk, Makanan Silang Budaya yang Menggoda Selera. IDN Times. https://reurl.cc/NXGxDm

Osman Lisut. Oktober 2, 2016 . Ambuyat sajian tradisional masyarakat Borneo.BH online. https://reurl.cc/EnZVzA

JOHN HENDERSON. June 9, 2008 .Historic dish of Brunei is a tough act to swallow.https://www.denverpost.com/2008/06/09/historic-dish-of-brunei-is-a-tough-act-to-swallow/

# 東南亞飲食香料學
南洋經典菜解密、香料與風土交織的味覺地誌

| | |
|---|---|
| 作者 | 陳愛玲 |
| 美術設計 | 黃祺芸 |
| 料理攝影 | 王正毅 |
| | |
| 社長 | 張淑貞 |
| 總編輯 | 許貝羚 |
| 行銷企劃 | 黃禹馨 |
| | |
| 發行人 | 何飛鵬 |
| 事業群總經理 | 李淑霞 |
| 出版 | 城邦文化事業股份有限公司 麥浩斯出版 |
| 地址 | 115台北市南港區昆陽街16號7樓 |
| 電話 | 02-2500-7578 |
| 傳真 | 02-2500-1915 |
| 購書專線 | 0800-020-299 |
| | |
| 發行 | 英屬蓋曼群島商家庭傳媒股份有限公司城邦分公司 |
| 地址 | 115台北市南港區昆陽街16號5樓 |
| 電話 | 02-2500-0888 |
| 讀者服務電話 | 0800-020-299（9:30AM~12:00PM；01:30PM~05:00PM） |
| 讀者服務傳真 | 02-2517-0999 |
| 讀者服務信箱 | csc@cite.com.tw |
| 劃撥帳號 | 19833516 |
| 戶名 | 英屬蓋曼群島商家庭傳媒股份有限公司城邦分公司 |
| | |
| 香港發行 | 城邦〈香港〉出版集團有限公司 |
| 地址 | 香港九龍土瓜灣土瓜灣道86號順聯工業大廈6樓A室 |
| 電話 | 852-2508-6231 |
| 傳真 | 852-2578-9337 |
| Email | hkcite@biznetvigator.com |
| | |
| 馬新發行 | 城邦〈馬新〉出版集團 Cite (M) Sdn Bhd |
| 地址 | 41, Jalan Radin Anum, Bandar Baru Sri Petaling, 57000 Kuala Lumpur, Malaysia. |
| 電話 | 603-9056-3833 |
| 傳真 | 603-9057-6622 |
| Email | services@cite.my |
| | |
| 製版印刷 | 凱林印刷事業股份有限公司 |
| 總經銷 | 聯合發行股份有限公司 |
| 地址 | 新北市新店區寶橋路235巷6弄6號2樓 |
| 電話 | 02-2917-8022 |
| 傳真 | 02-2915-6275 |
| | |
| 版次 | 初版一刷 2025 年 8 月 |
| 定價 | 新台幣 620 元 |
| ISBN | 978-626-7691-50-2 |

Printed in Taiwan
著作權所有・翻印必究

---

國家圖書館出版品預行編目(CIP)資料

東南亞飲食香料學：南洋經典菜解密、香料與風土交織的味覺地誌 / 陳愛玲著. -- 初版. -- 臺北市：城邦文化事業股份有限公司麥浩斯出版：英屬蓋曼群島商家庭傳媒股份有限公司城邦分公司發行, 2025.08
312面；17×23公分
ISBN 978-626-7691-50-2(平裝)

1.CST: 香料 2.CST: 調味用作物 3.CST: 飲食風俗 4.CST: 東南亞

538.7　　　　　　　　　114007646

---

**特別銘謝**

| | |
|---|---|
| 印尼 | Mr Deky The. |
| 馬來西亞 | Datuk Lim Hau Jan |
| 馬來西亞 | 胡栩慈 |
| 馬來西亞 | Pasty |
| 馬來西亞 | Alex Ho |
| 馬來西亞 | 吳梅珍 |
| 台灣 | 胖胖樹的熱帶雨林 王瑞閔 |